I0273677

Printed in the USA

Pashto Language:
101 Pashto Verbs

By Khaista Adamkhel

Contents

Verbs in Pashto 1

To accept – قبولول [qabulawal] 19

To admit – منل [manàl] 21

To answer – جواب ورکول [jawab warkawal] 23

To appear –ښکاریدل [khkaredal] 26

To ask –پوښتنه کول [pokhthna kawal] 29

To be –(په حالت کښې اوسیدل) [pa halath ke osedal] 32

To be able to –(جوګه کيدل) [joga kedal] 35

To become –(کيدل) [kedal] 38

To begin – شروع کول [shro kawal] 41

To break – ماتول [matawal] 44

To breath سا اخستل– [sà akhisthal] 47

To buy اخستل– [akhisthal] 50

To call –ټیلیفون کول [telefon kawal] 53

To can –تونه وتل [thawana wathal] 56

To choose –انتخاب کول [inthekhab kawal] 59

To close –بندول [bandawal] 62

To come –راتلل[rathlal] 65

To cook –پاخه کول[pakha kawal] 68

To cry –ژړل [jral] 71

To dance –ګډیدل [gadedal] 74

To decide – فیصله کول [faisla kawal] 77

To decrease – کم کول [kam kawal] 80

To die –مړه کيدل [mra kedal] 83

To do –کول [kawal] 86

To drink –څکل [skal] 89

To drive –چلول [chalawal] 92

To eat – خوړل [khwaral]	95
To enter – ننوتل [nanawatal]	98
To exit – وتل [wathal]	101
To explain – تشریح کول [tashre kawal]	104
To fall – (غورځېدل) [ghorzedal]	107
To feel – احساس کول [ehsas kwal]	110
To find – پیدا کول [paida kawal]	113
To finish – ختم کول [khatham kawal]	116
To fly – الوتل [alwothal]	119
To forget – هېرول [herawal]	122
To get up – (اوچت کېدل) [ochat kedal]	125
To give – (ورکول) [warkawal]	128
To go – تلل [thlal]	131
To (make it) happen – پېښ کول [pekh kawal]	134
To have – لرل [laral]	137
To hear – اورېدل [awredal]	140
To buy – اخستل [awredal]	143
To help – مرسته کول [mrastha kawal]	146
To hold – نیول [newal]	149
To increase – ډېرکول [der kawal]	152
To introduce – معرفی کول [marfi kawal]	155
To invite – دعوت کول [dawat kawal]	158
To kill – وژل [wazhal]	161
To know – پوهېدل [pohedal]	164
To learn – زده کول [zda kawal]	167
To laugh – خندل [khandal]	170
To kiss – مچول [machawal]	173
To lie down – (څملاستل) [samlasthal]	176

To like – (خوښول) [khwakhwal]	179
To hear – غوږ نيول [ghwag newal]	182
To live – اوسېدل [osedal]	185
To lose – بايلودل [baylodal]	188
To love – مينه کول [mena kawal]	191
To meet – کتنه کول [kathana kawal]	194
To need – ارتيا لرل [arthya laral]	197
To notice – (پام کېدل) [pam kedal]	200
To open – خلاص کول [khlas kawal]	203
To play – لوبه کول [loba kawal]	206
To put –(کيښودل) [kekhodal]	209
To read – لوستل [lwasthal]	212
To receive – حاصل کول [hasal kawal]	215
To remember – په ياد راتلل [pa yad rathlal]	218
To repeat – تکرار کول [thekrar kawal]	221
To return – (ستون کېدل) [sthon kedal]	224
To run – منډې وهل [mande wahal]	227
To say – ويل [wayal]	230
To scream – چېغې وهل [cheghe wahal]	233
To see – ليدل [ledal]	236
To seem – معلومېدل [malomedal]	239
To sell – خرڅول [khars kawal]	242
To send – (لېږل) [legal]	245
To show – (ښودل) [khodal]	248
To sing – سندرې ويل [sandara kawal]	251
To sit down – کښېناستل [kenasthal]	254
To sleep – خوب کول [khob kawal]	257
To smile – موسکا کول [moska kawal]	260

To speak – خبری کول [khabare kawal]		263
To stand – (دریدل) [dharedhal]		266
To start – پیل کول [payl kawal]		269
To stay – توقف کول [thawaqof kawal]		272
To take اخستل [akhisthal]		275
To say – خبری کول [khabare kawal]		278
To teach – (درس ورکول) [dars warkawal]		281
To think – (فکر کول) [fekar kawal]		284
To touch – لاس وهل [las wahal]		287
To travel – سفر کول [safar kawal]		290
To understand – پوهیدل [pohedal]		293
To use – استعمال کول [esthemal kawal]		296
To wait – انتظار کول [enthezar kawal]		299
To walk – قدم وهل [qadam wahal]		302
To want – غوښتل [ghokhthal]		305
To watch – کتل [kathal]		308
To win – گټل [gatal]		311
To work – کار کول [kar kawal]		314
To write – لیکل [lekal]		317

Verbs in Pashto

Verb in Pashto can be defined as a word which in the framework of time denotes an action. It's association with tense is fundamental i.e a verb will always indicate the time in which the action is supposed to have taken place.

Tense and Aspect

Verbs in Pashto can be classified according to *Aspect* (imperfective and perfective) and *Tense* (Present and Past). Aspect is a central characteristic of the verb system but in Pashto it is difficult for non-native speakers to understand it in semantic terms. Generally perfective relates to a verb form in which action is completed (perfected), while the imperfective form of a verb denotes an incomplete action.

In Pashto the classification of verbs is based on the way their various forms are constructed (Present Perfective, Past Perfective, Present Imperfective, Past Imperfective) and are divided in : Simple verbs, Derivative verbs and Doubly irregular verbs

I. Simple verbs:

This class of verbs form their perfective stems by adding the prefix و [wà] to the imperfective stems and their past stems by adding the suffix ل [àl]. Example:

Present perfective	Present imperfective	Past perfective	Past imperfective
وتر [wàtar-]	تر [tar-]	وترل [wàtaral-]	ترل [taràl-]

Simple verb formation: ترل [taràl-] (tie-)

1st person singular	2nd person Singular	3rd person Singular	1st person Plural	2nd person Plural	3rd person Person Plural
ترم [taràm]	تري [tarè]	تری [tari]	ترو [taru']	ترئ [taray']	تری [tari]

Present imperfective forms: ترل [taràl-] (tie-)

1st person singular	2nd person singular	3rd person singular	1st person plural	2nd person plural	3rd person plural
وترم [wàtaram]	وتري [wàtare]	وتری [wàtari]	وترو [wàtaru]	وترئ [wàtaray]	وتری [wàtari]

Present perfective forms: ترل [taràl-] (tie-)

1st person singular	2nd person Singular	3rd person Singular male	3rd person Singular female	1st person plural	2nd person plural	3rd Person Plural male	3rd Person Plural female
ترلم [taràlam]	ترلي [taràle]	تړه [tàrà]	ترله [taràla]	ترلو [taràlu]	ترلئ [taràlay]	ترله [taràla]	ترلي [taràle]

Past imperfective forms: ترل[taràl-] (tie-)

1st person singular	2nd person Singular	3rd person Singular male	3rd person Singular female	1st person plural	2nd person plural	3rd person plural male	3rd person plural female
وترلم [wàtaralam]	وترلي [wàtarale]	وتړه[wàtàra]	وترله [wàtarala]	وترلو [wàtaralu]	وترلئ [wàtaralay]	وترله [wàtarala]	وترلي[wàtarale]

Past perfective forms: ترل[taràl-] (tie-)

II. **Derivative Verbs:**

Representing the biggest group of verbs, these are verbs which are derived from adjectives and nouns. In Pashto languages the majority of adjectives and nouns can be converted into a verb, obviously with some exceptions. Derivative verbs can have transitive and intransitive forms. Intransitive form of derivative verbs denotes a state of being for example: خرڅیږ [kharsèg-] (be on sale). Transitive form on the other hand tends to be causative for example: خرڅو [kharsaw-] (sell).

Structurally derivative verbs consists of a noun or adjective plus either the *intransitive auxiliary* کیږ [keg-] or the *transitive auxiliary* کو [kaw-].

1st person singular	2nd person Singular	3rd person Singular	1st person Plural	2nd person Plural	3rd Person Plural
ښایسته کیږم [xàysta kègam]	ښایسته کیږي[xàysta kège]	ښایسته کیږی[xàysta kègi]	ښایسته کیږو [xàysta kègu]	ښایسته کیږئ [xàysta kègay]	ښایسته کیږی [xàysta kègi]

Present imperfective forms of intransitive derivative verb: ښایسته کیږ-[xàysta kèg-] (become pretty)

1st person singular	2nd person Singular	3rd person Singular	1st person Plural	2nd person Plural	3rd Person Plural
ښايسته شم [xàysta sham]	ښايسته شي [xàysta she]	ښايسته شى [xàysta shi]	ښايسته شو [xàysta shu]	ښايسته شئ [xàysta shay]	ښايسته شى [xàysta shi]

Present perfective forms of intransitive derivative verb: ښايسته کيږ-[xàysta kèg-] (become pretty)

1st person singular	2nd person Singula r	3rd person Singular male	3rd person singular female	1st person plural	2nd person plural	3rd person plural male	3rd person plural female
ښايسته کيدم [xàysta kedam]	ښايسته کيدي[xày sta kedè]	ښايسته کيده [xàysta kedà]	ښايسته کيده [xàysta kedà]	ښايسته کيدو [xàysta kedu']	ښايسته کيدئ [xàysta kedày]	ښايسته کيدي [xàysta kedè]	ښايسته کيدي [xàysta kedè]

Past imperfective forms of intransitive derivative verb: ښايسته کيږ-[xàysta kèg-] (become pretty)

1st person singular	2nd person singular	3rd person Singular male	3rd person singular female	1st person plural	2nd person plural	3rd person plural male	3rd person plural female
ښايسته شوم [xàysta shwam]	ښايسته شوي [xàysta shwe]	ښايسته شه [xàysta sha]	ښايسته شوه [xàysta shwa]	ښايسته شوو [xàysta shwu]	ښايسته شوئ [xàysta shway]	ښايسته شوي [xàysta shwe]	ښايسته شوي [xàysta shwe]

Past perfective forms of intransitive derivative verb: ښايسته کيږ-[xàysta kèg-] (become pretty)

The forms for the transitive derivative verb with ښايسته [xàysta] are:

1st person singular	2nd person singular	3rd person singular	1st person plural	2nd person plural	3rd Person plural
ښايسته کوم [xàysta kawàm]	ښايسته کوي [xàysta kawè]	ښايسته کوى [xàysta kawi]	ښايسته کوو [xàysta kawu']	ښايسته کوئ [xàysta kawày]	ښايسته کوى [xàysta kawai]

Present imperfective forms of transitive derivative verb: ښايسته کو[xàysta kaw-] (cause to be pretty)

1st person singular	2nd person singular	3rd person singular	1st person plural	2nd person plural	3rd Person plural
ښایسته کړم [xàysta kam]	ښایسته کړي [xàysta ke]	ښایسته کړی [xàysta ki]	ښایسته کړو [xàysta ku]	ښایسته کړئ [xàysta kay]	ښایسته کړی[xàysta ki]

Present perfective forms of transitive derivative verb: ښایسته کو[xàysta kaw-] (cause to be pretty)

1st person singular	2nd person singula r	3rd person singular male	3rd person singular female	1st person plural	2nd person plural	3rd person plural male	3rd person plural female
ښایسته کولم [xàysta kawàlam]	ښایسته کولي [xàysta kawàla]	ښایسته کوه [xàysta kàwà]	ښایسته کوله [xàysta kawàla]	ښایسته کولو [xàysta kawàlu]	ښایسته کولئ [xàysta kawàlay]	ښایسته کول [xàysta kawàl]	ښایسته کولي [xàysta kawàle]

Past imperfective forms of transitive derivative verb: ښایسته کو[xàysta kaw-] (cause to be pretty)

1st person singular	2nd person singula r	3rd person singula r male	3rd person singular female	1st person plural	2nd person plural	3rd person plural male	3rd person plural female
ښایسته کړم [xàysta kram]	ښایسته کړي [xàysta kre]	ښایسته کوه [xàysta ka]	ښایسته کړه [xàysta kra]	ښایسته کړو [xàysta kru]	ښایسته کړئ [xàysta kray]	ښایسته کړه [xàysta kra]	ښایسته کړي [xàysta kre]

Past perfective forms of transitive derivative verb: ښایسته کو[xàysta kaw-] (cause to be pretty)

III. **Doubly Irregular verbs:**

Forming a small class of verbs, they are verbs whose perfective/imperfective stems and past/present stems differ. The perfective/imperfective difference is based on the stress applied in different parts of the verb. In the case of perfective form the stress is applied on the the first part of the verb while it is applied on the last part of the verb in imperfective form. Example:

Present imperfective	**Present perfective**	**Past imperfective**	**Past perfective**
بیاي- [byày-']	بوز- [bòz-]	بیوول [bow(al)-']	بوتلل ـل [bòtl(al)-l]

Doubly irregular verb: بوتلل[bòtlal] take

Personal endings of verbs in Pashto:

Based on the tense, verbs agree in person and number with the subject or objects of sentences indicated by the suffixes following the verb stem. In other words suffixes added to verb stem helps in deducing the person (first person/second person/third person) and number (singular/plural) of the subject or object.

1st person singular	**2nd person Singular**	**3rd person singular**	**1st person plural**	**2nd person plural**	**3rd person plural**
م- [-am]	ي- [-e]	ی- [-i]	و- [-u]	ئ- [-ay]	ی- [-i]

Endings for verbs in present tense

Example:

1st person singular	گډیږم [gadègam]	I'm dancing
2nd person singular	گډیږي [gadège]	You're dancing
3rd person singular	گډیږی [gadègi]	He/She is dancing
1st person plural	گډیږو [gadègu]	We're dancing
2nd person plural	گډیږئ [gadègay]	You are dancing
3rd Person plural	گډیږی [gadegi]	They're dancing

Past tense endings are the same as the present tense endings except for the third person endings, which agree with the subject/object in gender(male/female) and number.

1st person singular	2nd person Singular	3rd person Singular male	3rd person Singula r female	1st person plural	2nd person plural	3rd person singular male	3rd person singular female
-م [-am]	-ي [-e]	-ه [-a]	-ه [-a]	-و [-u]	-ئ [-ay]	-ه [-a]	-ي [-e]

Example:

1st person singular	گډيدم [gadedàm]	I was dancing
2nd person singular	گډيدي [gadedè]	You were dancing
3rd person singular male	گډيدئ [gadedày]	He was dancing
3rd person singular female	گډيده [gadedà]	She was dancing
1st person plural	گډيدو [gadedu']	We were dancing
2nd person plural	گډيدئ [gadedày]	You were dancing
3rd person plural male	گډيدل [gadedàl]	They were dancing
3rd person plural female	گډيدې [gadedèlay]	They were dancing

Auxiliaries:

There are two auxiliary verbs in Pashto namely the *Intransitive auxiliary* کيږ[keg-] (کيدل) and the *transitive auxiliary* کو[kaw-] (کول).

Intransitive auxiliary کېږ[keg-] (کیدل):

When it is used as an independent verb it has the meaning of "become".

1st person singular	2nd person Singular	3rd person singular	1st person plural	2nd person plural	3rd Person plural
کېږم [kègam]	کېږې [kège]	کېږی [kègi]	کېږو [kègu]	کېږئ [kègay]	کېږی [kègi]

Present imperfective form of the intransitive auxiliary کېږ[keg-] (کیدل)

1st person singular	2nd person Singular	3rd person singular	1st person plural	2nd person plural	3rd Person plural
شم [sham]	شې [she]	شی [shi]	شو [shu]	شئ [shay]	شی [shi]

Present perfective form of the intransitive auxiliary کېږ[keg-] (کیدل)

1st person singular	2nd person Singular	3rd person Singular male	3rd person Singular female	1st person plural	2nd person plural	3rd person plural male	3rd person plural female
کیدم [kedàm]	کیدې [kedè]	کیدئ [kedày]	کیده [kedà]	کیدو [kedu']	کیدئ [kedày]	کیدو [kedu]	کیدې [kedè]

Past imperfective form of the intransitive auxiliary کېږ[keg-] (کیدل)

1st person singular	2nd person singular	3rd person singular male	3rd person singular female	1st person plural	2nd person plural	3rd person plural male	3rd person plural female
شوم [shwam]	شوې [shwe]	شه [sha]	شوه [shwa]	شوو [shwu]	شوئ [shway]	شو [shu]	شوې [shwe]

Past perfective form of the intransitive auxiliary کېږ[keg-] (کیدل)

Transitive auxiliary کو[kaw-] (کول):

When used as an independent verb it has the meaning of "make" or "do".

1st person singular	2nd person Singular	3rd person singular	1st person plural	2nd person plural	3rd Person plural
کوم [kawàm]	کوې [kaway]	کوی [kawi]	کوو [kawu']	کوئ [kawày]	کوی [kawi]

Present imperfective form of the intransitive auxiliary (کول) [kaw-]

1st person singular	2nd person Singular	3rd person singular	1st person plural	2nd person plural	3rd Person plural
کړم [kam]	کړي [ke]	کړی [ki]	کړو[ku]	کړئ [kay]	کړی [ki]

Present perfective form of the intransitive auxiliary (کول) [kaw-]

1st person singular	2nd person singular	3rd person singula r male	3rd person singular female	1st person plural	2nd person plural	3rd person plural male	3rd person plural female
کولم [kawàlam]	کولئ [kawàlay]	کوه [kàwà]	کوله [kawàla]	کولو [kawàlu]	کولئ [kawàlay]	کوله [kawàla]	کولي [kawàle]

Past imperfective form of the intransitive auxiliary(کول) [kaw-]

1st person singular	2nd person singular	3rd person singular male	3rd person singular female	1st person plural	2nd person plural	3rd person plural male	3rd person plural female
کړم [kram]	کړئ [kray]	کړ [kr]	کړه [kra]	کړو [kru]	کړئ [kray]	کړله [kràla]	کړلي [kràle]

Past perfective form of the intransitive auxiliary (کول) [kaw-]

Pashto verb constructions and tenses

The construction of verbs and tenses here is organized roughly according to meaning : present time expressions, past time expressions and future time expressions.

Note: The following abbreviations are used in this section

1S = First Person Singular
2S = Second Person Singular
3S = Third Person Singular

1P = First Person Plural
2P = Second Person Plural
3P = Third Person Plural

aux = Auxiliary
fut = future
pres = present
perf = perfective
imp = imperfective
neg = negative

Present time expressions:

The present simple forms of *be* in Pashto, are used in construction parallel to it's counterparts in English, "am", "is" and "are".

	1st person singular	2nd person singular	3rd person singular male	3rd person singular female	1st person plural	2nd person plural	3rd person plural
Present imperfective form	يم[yam]	يى[ye]	دى[da]	ده[da]	يو[yu]	يي[yàstay]	دى[di]
Present perfective form	شم[sham]	شي[she]	شى[shi]	شى[shi]	شو[shu]	شئ[shay]	شى[shi]

Present Simple forms of *be* in Pashto.

The Present Imperfective Tense:
It is parallel to the English *Present Simple* and *Present Continuous* tenses. It is formed by adding the present tense personal endings to the present imperfective stem of the verb.

Structure: *Present imperfective stem* + **Present personal endings.**

1st person singular	ګډیږم [*gadèg***am**]	I dance/ am dancing
2nd person singular	ګډیږې [*gadèg***ay**]	You dance/ are dancing
3rd person singular male/ female	ګډیږي [*gadèg***i**]	He|She|It dances/ is dancing
1st person plural	ګډیږو [*gadèg***u**]	We dance/ are dancing
2nd person plural	ګډیږئ[*gadèg***ay'**]	You all dance/ are dancing
3rd Person plural	ګډیږي [*gadèg***i**]	They dance/are dancing

Present imperfective tense of ګډیږ[gadèg]dance

Examples of Present imperfective tense:

سړی تول په میله کي ګډیږی	[sari tol pa melà ke **gadègi**]
The men all dance at picnic.	Men all at picnic at **dance** (*3P*)

لیلا خپلی کورني ته پیسی لیږی	[laylà khpala koranày tha paysè **legi**]
Layla sends money to her family	Layla own family to money **sends** *(3S)*

هغوي ماجت جوړوی	[haghoi màjèt **jorawi**]
They are building a mosque	**They** mosque **build** *(3S)*

Negative present imperfective construction:
The negative of the present imperfective tense is formed by placing the negative particle نه [nà] before the verb. Example:

1st person singular	نه ګډیږم [nà *gadè*gam]	I don't dance/am not dancing
2nd person singular	نه ګډیږې [nà *gadè*gay]	You don't dance/are not dancing
3rd person singular male/ female	نه ګډیږي [nà *gadè*gi]	He|She|It doesn't dances/is not dancing
1st person plural	نه ګډیږو [nà *gadè*gu]	We don't dance/ are not dancing
2nd person plural	نه ګډیږئ[nà *gadè*gay']	You all don't dance/ aren't dancing
3rd Person plural	نه ګډیږي [nà *gadè*gi]	They don't dance/aren't dancing

Present Perfective Tense:
In present time expressions this tense mainly functions as a subjunctive, expressing admonition or doubt in independent clauses and possible action in dependent clauses. It is formed by adding the personal endings to the present perfective stem of the verb.

Example of present perfective tense in present time expressions:

د اسد پلار غواړی چه یو لوی باغ واخلي	[de asad plàr **ghwàri** tse yaw loy bàgh wàkhli]
Asad's father wants to buy a large orchard.	's asad father **wants** *(3S)* that one big orchard buy

تریسا کوشش کوی چه آشک پاخه کړي	[tarisà koshi'sh **kawe** tse àshak pàkha *kri*]
Theresa is trying to cook aushak	Theresa attempt **making** *(3S)* that aushak cook *(aux)*

Future Time Expressions

Future perfective tense:
It is used to create expressions parallel to the English *Future Simple Tense*. They are formed with the future particle به [ba] and the present perfective tense, which combines the present perfective stem of the verb with the present personal endings.

Structure: [ba] + present perfective stem + personal endings.

Example:

احمد به په واده کي گډيږي	[ahmad **ba** pa wàdà ke **gadegi**]
Ahmad will dance at the wedding.	Ahmad *fut* at wedding at **dance** (*3S pres perf*)

پلار به مي پيسي بله هفته ليږي	[plàr ba me paysè bàla hafta legi]
My father will send money next week.	Father fut my money next week **send** (*3S pres perf*)

اسد به ديوال جوړ کړي	[asad ba dewàl **jòr ki**]
Asad will build a wall	Asad *fut* wall **build** (*3S aux pres perf*)

Negative future perfective construction:
Negative future perfective expressions involve the particle نه **[na]**, the future particle به **[ba]** and the *present perfective form* of the verb along with the personal ending.

Example:

احمد به نه گډيږي	[ahmad **ba** **nà** *gadegi*]
Ahmad will not dance.	Ahmad *(fut perf)* *(neg)* *dance (3S)*

اسد به ليک نه ليږي	[asad **ba** lik **nà** *legi*]
Asad will not send the letter	Asad (*fut*) letter (*perf*) (*neg*) *send(3S)*

Future imperfective tense:
It is used to create expressions parallel to the English *Future Continuous tense*. It's construction is similar to the future perfective tense except with the usage of imperfective stems instead of perfective stems.

Structure: [ba] + **present imperfective stem** + personal endings.

Example:

ته به گډېږې او زه به درېږم	[ta ba **gadègay** aw za ba **dharègam**]
You'll be dancing and I'll be standing.	You *(fut)* **dance***(2S pres imp)* and I *(fut)* **stay** *(2S aux pres imp)*

ته به څه کوې؟	[ta ba tsà **kaway**?]
What will you be doing?	You fut what **do** (*2S pres imp*)

پلار به می بله هفته کې پېسی لېږی	[plàr ba me bàla hafta ke payse **lègi**]
My father will be sending money next week.	Father fut my next week at money **send** (*3S pres imp*)

Past Time Expressions

The past simple forms of *be* in Pashto, are used in construction parallel to it's counterpart in English, "was" and "were".

	1st person singular	2nd person singular	3rd person singular male	3rd person singular female	1st person plural	2nd person plural	3rd person plural male	3rd person plural female
Past Imperfective Form	وم[wam]	وې[we]	ئ[way]	وه[wa]	وو[wu]	وئ[way]	وو[wu]	وې[we]
Past Perfective Form	شوم[shw am]	شوې[shw e]	شوه[shwa]	شوه[shwa]	شوو[sh wu]	شوئ[shw ay]	شول[shwal]	شوله[shwàl a]

Past simple forms of be in Pashto.

Example:

ستړی وم	[stàray **wam**]
I was tired.	tired **be** *(1S past imp)*

دوئ خپه وو	[duy khapà **wa**]
They were unhappy.	They unhappy **be** *(3P past imp)*

Past Imperfective Tense:
This tense parallels the English *Past Continuous tense or as a past habitual*. It consists of the past imperfective form of the verb plus the past tense personal endings.

Structure: past imperfective stem + past personal endings.

Examples:

ليلا خپلي کورنی ته پيسی ليږلی	[laylà khpale koranày ta paysè **legàle**]
Layla was sending money to her family.	Layla own family to money **send** *(3P female past)*

موږ پوهنتون ته تلل	[mung pohantu'n ta **tlalu**]
We were going to the university.	We the university to **go** *(1P past imp)*

پلار می باغ نه اخست	[plàr me bàgh *nà a***khist**]
My father wasn't buying the orchard.	Father my orchard *negative* **buy***(3S past imp)*.

The Past Perfective Tense:
The construction which parallels English *Simple Past Tense* is the past perfective tense which is formed by adding the past tense personal endings to the past perfective stem of the verb.

Structure: **past perfective stem** + past personal endings.

Example:

لیلا خپلی کورنۍ ته پیسی ولیږلي	[laylà khpale koranèy tha payse **wàlegale**]
Layla sent money to her family	Layal own family to money **send** *(3S past perf female)*.

ښځی جوړی شوي	[xadze jòre **shwe**]
The women recovered	Women recover *(aux 3S past perf female)*

تاسو اسونه بازار ته بوتلل؟	[tàsu asuna bàzàr ta **botlal**?]

Perfect Expressions

Pasho has constructions which nearly exactly corrispond to the English *perfect tenses*. These very common constructions are formed with the imperfective participle of simple and the perfective participle of the derivative and doubly irregular verbs plus the imperfective forms of be.

Present Perfect Tense:

structure: Imperfective participle + *present imperfective form be.*(Simple Verbs)
Perfective participle + *present imperfective form be* (Derivative verbs, Doubly irregular verbs)

Examples:

1st person singular	ګډېدلی يم [gadedàlay yam]	I have danced
2nd person singular	ګډېدلی يي [gadedàlay ye]	You have danced
3rd person singular male/ female	ګډېدلی دئ/ده [gadedàlay de/da]	He/She has danced
1st person plural	ګډېدلی يو [gadedàlay yu]	We have danced
2nd person plural	ګډېدلی ياست[gadedàlay yàstay]	You-all have danced
3rd Person plural	ګډېدلی دی [gadedàlay di]	They have danced

Past Perfect Tense:

structure: Imperfective participle + *past imperfective form be.*(Simple Verbs)
Perfective participle + *past imperfective form be* (Derivative verbs, Doubly irregular verbs)

1st person singular	ګډېدلی وم [gadedàlay wam]	I had danced
2nd person singular	ګډېدلی وي [gadedàlay we]	You had danced
3rd person singular male	ګډېدلی وئ [gadedàlay way]	He had danced
3rd person singular female	ګډېدلی وه [gadedàlay wa]	She had danced

1st person plural	گډیدلی وو [gadedàlay wu]	We had danced
2nd person plural	ګډیدلی وئ[gadedàlay way]	You all had danced
3rd Person plural male	ګډیدلی وو [gadedàlay wa]	They (male) had danced
3rd Person plural female	ګډیدلی وي [gadedàlay we]	They (female) had danced

Future Perfect Tense:
The Pashto equivalent of the English *future perfect tense* comprises of the future particle [ba], the participle and the present imperfective forms of be.

Structure: به[ba] + perfective participle + *present imperfective form be(with the 3rd person وی [wi])*

1st person singular	زه به ګډیدلی یم [za ba gadedàlay yam]	I will have danced
2nd person singular	ته به ګډیدلی یي [ta ba gadedàlay ye]	You will have danced
3rd person singular	هغه به ګډیدلی وی [hagha ba gadedàlay wi]	He will have danced
1st person plural	مونږ به ګډیدلی یو [mung ba gededàli yu]	We will have danced
2nd person plural	تاسو به ګډیدلی يئ [tàsu ba gadedàli ye]	You-all will have danced
3rd Person plural	هغوي به ګډیدلی وی[haghoi ba gadedàli wi]	They will have danced

To accept – قبولول [qabulawal]
(Derivative Verb)

Present Imperfective

1st per. sing.	2nd per. sing.	3rd per. sing.	1st per. plu.	2nd per. plu.	3rd per. plu.
[za ye qabulaw**am**]	[tha ye qabulaw**e**]	[hagha ye qabolaw**i**]	[mung ye qabolaw**u**]	[thasu ye qabolaw**ay**]	[haghoi ye qabolaw**i**]
زه یی قبولوم	ته یی قبولوي	هغه یی قبولوی	مونږ یی قبولوو	تاسو یی قبولوئ	هغوی یی قبولوی

Present Perfective

1st per. sing.	2nd per. sing.	3rd per. sing.	1st per. plu.	2nd per. plu.	3rd per. plu.
[za ye qabol **kram**]	[tha ye qabol **kre**]	[hagha ye qabol **kri**]	[mung ye qabol **kru**]	[thasu ye qabol **kray**]	[haghoi ye qabol **kri**]
زه یی قبول کړم	ته یی قبول کړي	هغه یی قبول کړی	مونږ یی قبول کړو	تاسو یی قبول کړئ	هغوی یی قبول کړی

Past Imperfective

1st per. sing.	2nd per. sing.	3rd per. sing. f/m	1st per. plu.	2nd per. plu.	3rd per. plu. f/m
[za ye qabolawal**am**]	[tha ye qabolaw**ale**]	[hagha ye qabolawa/qabolawala]	[mung ye qabulawal**u**]	[thasu ye qabulaw**alay**]	[haghoi qabolawal/qabolawale]
زه یی قبولولم	ته یی قبولولي	هغه یی قبولوه/قبولوله	مونږ یی قبولولو	تاسو یی قبولولئ	هغوی یی قبولول/قبولولي

Past Perfective

1st per. sing.	2nd per. sing.	3rd per. sing. f/m	1st per. plu.	2nd per. plu.	3rd per. plu. f/m
[za ye qabol kral**am**]	[tha ye qabol kral**e**]	[hagha ye qabol kral/krala]	[mung ye qabol kral**u**]	[thasu ye qabol kral**ay**]	[haghoi ye qabol kral/krale]
زه یی قبول کړلم	ته یی قبول کړلي	هغه یی قبول کړل/ قبول کړله	مونږ یی قبول کړلو	تاسو یی قبول کړلئ	هغوی یی قبول کړل/قبول کړلي

Future Imperfective

1st per. sing.	2nd per. sing.	3rd per. sing.	1st per. plu.	2nd per. plu.	3rd per. plu. f/m
[za ba ye qabolawal**am**] زه به یی قبولوم	[tha ba ye qabolawal**e**] ته به یی قبولوي	[hagha ba ye qabola**wi**] هغه به یی قبولوی	[mung ba ye qabola**wu**] مونږ به یی قبولوو	[thasu ba ye qabola**way**] تاسو به یی قبولوئ	[haghoi ba ye qabola**we**] هغوی به یی قبولوی

Future Perfective

1st per. sing.	2nd per. sing.	3rd per. sing.	1st per. plu.	2nd per. plu.	3rd per. plu.
[za ba ya qabol **kram**] زه به یی قبول کړم	[tha ba ye qabol **kre**] ته به یی قبول کړي	[hagha ba ye qabol **kri**] هغه به یی قبول کړی	[mung ba ye qabol **kru**] مونږ به یی قبول کړو	[thasu ba ye qabol **kray**] تاسو به یی قبول کړئ	[haghoi ba ye qabol **kre**] هغوی به یی قبول کړی

Present Perfect

1st per. sing.	2nd per. sing.	3rd per. sing.	1st per. plu.	2nd per. plu.	3rd per. plu.
[za ye qabol kray **yam**] زه یی قبول کړی یم	[tha ye qabol kray **ye**] ته یی قبول کړی يي	[hagha ye qabol kray **da**] هغه یی قبول کړی دی	[mung ye qabol kray **yu**] مونږ یی قبول کړی یو	[thasu ye qabol kray **ye**] تاسو یی قبول کړی يي	[haghoi ye qabol kre **di**] هغوی یی قبول کړی دی

Past Perfect

1st per. sing.	2nd per. sing.	3rd per. sing. f/m	1st per. plu.	2nd per. plu.	3rd per. plu. f/m
[za **ye** qabol kray wam] زه یی قبول کړی وم	[tha **ye** qabol kray we] ته یی قبول کړی وي	[hagha **ye** qabol kray **wa/way**] هغه یی قبول کړی وه/وئ	[mung **ye** qabol kray **wu**] مونږ یی قبول کړی وو	[thasu **ye** qabol kray **way**] تاسو یی قبول کړی وئ	[haghoi **ye** qabol kre **wa/we**] هغوی یی قبول کړی وو/وي

Future Perfect

1st per. sing.	2nd per. sing.	3rd per. sing.	1st per. plu.	2nd per. plu.	3rd per. plu.
[za **ba** ye qabol kray **yam**] زه به یی قبول کړی یم	[tha **ba** ye qabol kray **ye**] ته به یی قبول کړی يي	[hagha **ba** ye qabol kray **wi**] هغه به یی قبول کړی وی	[mung **ba** ye qabol kray **yu**] مونږ به یی قبول کړی یو	[thasu **ba** ye qabol kray ye] تاسو به یی قبول کړی يي	[haghoi **ba** ye qabol kray **we**] هغوی به یی قبول کړی وی

To admit – منل [manàl]
(Simple Verb)

Present Imperfective

1st per. sing.	2nd per. sing.	3rd per. sing.	1st per. plu.	2nd per. plu.	3rd per. plu.
[za **ye** manam] زه يی منم	[tha **ye** mane] ته يی مني	[hagha **ye** mani] هغه يی منی	[mung **ye** manu] مونږ يی منو	[thasu **ya** manay] تاسو يی منئ	[haghoi **ye** mani] هغوی يی منی

Present Perfective

1st per. sing.	2nd per. sing.	3rd per. sing.	1st per. plu.	2nd per. plu.	3rd per. plu.
[za ye **wa**mnam] زه يی ومنم	[tha ye **wam**ane] ته يی ومنې	[hagha ye **wam**ani] هغه يی ومنی	[mung ye **wam**anu] مونږ يی ومنو	[thasu ye **wam**anay] تاسو يی ومنئ	[haghoi ye **wam**ani] هغوی يي ومني

Past Imperfective

1st per. sing.	2nd per. sing.	3rd per. sing. f/m	1st per. plu.	2nd per. plu.	3rd per. plu. f/m
[za **ya** manalam] زه يی منلم	[tha **ye** manale] ته يی منلي	[hagha **ye** manalo/manala] هغه يی منلو/منله	[mung **ye** manalu] مونږ يی منلو	[thasu **ye** manalay] تاسو يی منلئ	[haghoi **ye** manal/manale] هغوی يی منل/منلي

Past Perfective

1st per. sing.	2nd per. sing.	3rd per. sing. f/m	1st per. plu.	2nd per. plu.	3rd per. plu. f/m
[za **ye** wamanalam] زه يی ومنلم	[tha **ye** wamanle] ته يی ومنلي	[hagha **ye** wanalo/ wamnal**a**] هغه يی ومنلو/ومنله	[mung **ye** wamanalu] مونږ يی ومنلو	[thasu **ye** wamanlay] تاسو يی ومنلئ	[haghoi **ye** wamanal/wamanale] هغوی يي ومنل/ومنلی

Future Imperfective

1st per. sing.	2nd per. sing.	3rd per. sing.	1st per. plu.	2nd per. plu.	3rd per. plu. f/m
[za ba **ye** manam] زه به یی منم	[tha **ba** ye mane] ته به یی مني	[hagha **ba** ye mani] هغه به یی منی	[mung **ba** ye manu] مونږ به یی منو	[thasu **ba** ye manay] تاسو به یی منئ	[haghoi **ba** ye mane] هغوی به يي منی

Future Perfective

1st per. sing.	2nd per. sing.	3rd per. sing.	1st per. plu.	2nd per. plu.	3rd per. plu.
[za **ba ye** wamanam] زه به یی ومنم	[tha **ba ye** wamane] ته به یی ومني	[hagha **be** ye wamani] هغه به یی ومنی	[mung **ba ye** wamanu] مونږ به یی ومنو	[thasu **ba ye** wamanay] تاسو به یی ومنئ	[haghoi **ba ye** wamane] هغوی به يي ومنی

Present Perfect

1st per. sing.	2nd per. sing.	3rd per. sing.	1st per. plu.	2nd per. plu.	3rd per. plu.
[za ye manalay **yam**] زه یی منلی یم	[tha ya manalay **ye**] ته یی منلي يي	[hagha ye manale **di**] هغه یی منلی دی	[mung manalay **yu**] مونږ یی منلی یو	[thasu ye manale **ye**] تاسو یی منلی يي	[haghoi ye manalay **di**] هغوی یی منلی دی

Past Perfect

1st per. sing.	2nd per. sing.	3rd per. sing. f/m	1st per. plu.	2nd per. plu.	3rd per. plu. f/m
[za ye manalay **wam**] زه یی منلی وم	[tha ye manalay **we**] ته یی منلی وي	[hagha ya manalay **wa/way**] هغه یی منلی وه/وئ	[mung ye manalay **wu**] مونږ یی منلی وو	[thasu ye manalay **way**] تاسو یی منلی وئ	[haghoi ye manalay **wu/ we**] هغوی یی منلی وو/وي

Future Perfect

1st per. sing.	2nd per. sing.	3rd per. sing.	1st per. plu.	2nd per. plu.	3rd per. plu.
[za be ye manalay **yam**] زه به یی منلی یم	[tha ba ye manalay **ye**] ته به یی منلی يي	[hagha ba ye manalay **wi**] هغه به یی منلی وی	[mung ba ye manalay **yu**] مونږ به یی منلی یو	[thasu ba ye manalay **ye**] تاسو به یی منلی يي	[haghoi ba ye manalay **we**] هغوی به یی منلی وی

To answer – جواب ورکول [jawab warkawal]
(Derivative Verb)

Present Imperfective

1st per. sing.	2nd per. sing.	3rd per. sing.	1st per. plu.	2nd per. plu.	3rd per. plu.
[za ye jawab warka**wam**] زه يي جواب ورکوم	tha ye jawab] [**warka**we ته يي جواب **ورکوي**	hagha ye] jawab [warka**wi** هغه يي جواب **ورکوی**	mung ye] jawab [warka**wu** مونږيي جواب **ورکوو**	thasu ye] jawab [warka**way** تاسويي جواب ورکوئ	haghoi ye jawab] [warkaw**e** هغوی يي جواب ورکوی

Present Perfective

1st per. sing.	2nd per. sing.	3rd per. sing.	1st per. plu.	2nd per. plu.	3rd per. plu.
[za ye jawab **kram**] زه یی جواب **کړم**	tha ye jawab] [**kre** ته یی جواب **کړي**	hagha ye] [jawab **kri** هغه یی جواب **کړی**	mung ye] [jawab **kru** مونږ یی جواب **کړو**	thasu ye] [jawab **kray** تاسو یی جواب **کړئ**	haghoi ye jawab] [**kr**i هغوی یی جواب **کړی**

Past Imperfective

1st per. sing.	2nd per. sing.	3rd per. sing. f/m	1st per. plu.	2nd per. plu.	3rd per. plu. f/m
[za **ye** jawabawalam] زه یی جوابه ولم	tha ye] [jawaba**wale** ته یی جوابه ولي	hagha ye] jawab **lawu**/jawab [**wala** هغه یی **جوابولو**/جوابوله	mung ye] [jawab **walu** مونږ یی جوابولو	[thasu ye jawab **walay**] تاسو یی **جوابولئ**	[haghoi jawab **wal**/jawab **wale**] هغوی یی **جوابول**/جوابولي

Past Perfective

1st per. sing.	2nd per. sing.	3rd per. sing. f/m	1st per. plu.	2nd per. plu.	3rd per. plu. f/m
[za ye jawab kral**am**]	[tha ye jawab kral**e**]	[hagha ye jawab kra**l**/kra**la**]	[mung ye jawab kra**lu**]	[thasu ye jawab kra**lay**]	[haghoi ye jawab kra**l**/kra**le**]
زه يې جواب کړلم	ته يې جواب کړلې	هغه يې جواب کړل/ جواب کړله	مونږ يې جواب کړلو	تاسو يې جواب کړلئ	هغوی يې جواب کړل/ جواب کړلي

Future Imperfective

1st per. sing.	2nd per. sing.	3rd per. sing.	1st per. plu.	2nd per. plu.	3rd per. plu. f/m
[za ba ye jawab warka**wam**]	[tha ba ye jawab warka**we**]	[hagha ba ye jawab warka**wi**]	[mung ba ye jawab warka**wu**]	[thasu ba ye jawab warka**way**]	[haghoi ba ye jawab warka**wi**]
زه به يې جواب ورکوم	ته به يې جواب ورکوې	هغه به يې جواب ورکوی	مونږ به يې جواب ورکوو	تاسو به يې جواب ورکوئ	هغوی به يې جواب ورکوی

Future Perfective

1st per. sing.	2nd per. sing.	3rd per. sing.	1st per. plu.	2nd per. plu.	3rd per. plu.
[za ba ya jawab k**ram**]	[tha ba ye jawab k**re**]	[hagha ba ye jawab k**ri**]	[mung ba ye jawab k**ru**]	[thasu ba ye jawab k**ray**]	[haghoi ba ye jawab k**re**]
زه به يې جواب ورکړم	ته به يې جواب ورکړې	هغه به يې جواب ورکړی	مونږ به يې جواب ورکړو	تاسو به يې جواب ورکړئ	هغوی به يې جواب ورکړی

Present Perfect

1st per. sing.	2nd per. sing.	3rd per. sing.	1st per. plu.	2nd per. plu.	3rd per. plu.
[za ye jawab kray **yam**] ز ه یی جواب **کړی یم**	[tha ye jawab kray **ye**] ته یی جواب **کړی يي**	[hagha ye jawab kray **da**] هغه یی جواب **کړی دی**	[mung ye jawab kray **yu**] مونږ یی جواب **کړی یو**	[thasu ye jawab kray **ye**] تاسو یی جواب **کړی يي**	[haghoi ye jawab kre **di**] هغوی یی جواب کړی **دی**

Past Perfect

1st per. sing.	2nd per. sing.	3rd per. sing. f/m	1st per. plu.	2nd per. plu.	3rd per. plu. f/m
[za **ye** jawab kray **wam**] ز ه **یی** جواب **کړی وم**	[tha **ye** jawab kray **we**] ته یی جواب **کړی وي**	[hagha **ye** jawab kray **wa/way**] هغه **یی** جواب **کړی وه/وئ**	[mung **ye** jawab kray **wu**] مونږ **یی** جواب **کړی وو**	[thasu **ye** jawab kray **way**] تاسو **یی** جواب **کړی وئ**	[haghoi **ye** jawab kre **wa/we**] هغوی **یی** جواب کړی **وو/وي**

Future Perfect

1st per. sing.	2nd per. sing.	3rd per. sing.	1st per. plu.	2nd per. plu.	3rd per. plu.
[za **ba** ye jawab kray **yam**] ز ه **به** یی جواب **کړی یم**	[tha **ba** ye jawab kray **ye**] ته **به** یی جواب **کړی يي**	[hagha **ba** ye jawab kray **wi**] هغه **به** یی جواب **کړی وی**	[mung **ba** ye jawab kray **yu**] مونږ **به** یی **جواب کړی یو**	[thasu **ba** ye jawab kray ye] تاسو **به** یی **جواب کړی يي**	[haghoi **ba** ye jawab kray **we**] هغوی **به** یی جواب **کړی وی**

To appear – ښکاريدل [khkaredal]
(Derivative Verb)
Present Imperfective

1st per. sing.	2nd per. sing.	3rd per. sing.	1st per. plu.	2nd per. plu.	3rd per. plu.
[za khkara **kegam**] زه ښکاره کيږم	tha khkara] [**kege** ته ښکاره کيږي	hagha khkara] [**kegi** هغه ښکاره کيږي	mung khkara] [**kegu** مونږ ښکاره کيږو	thasu] khkara [**kegay** تاسو ښکاره کيږئ	haghoi khkara] [**kege** هغوی ښکاره کيږي

Present Perfective

1st per. sing.	2nd per. sing.	3rd per. sing.	1st per. plu.	2nd per. plu.	3rd per. plu.
[za khkara **sham**] زه ښکاره شم	tha khkara] [**she** ته ښکاره شي	hagha khkara] [**shi** هغه ښکاره شی	mung] [khkara **shu** مونږ ښکاره شو	thasu khkara] [**shay** تاسو ښکاره شئ	haghoi khkara] [**shi** هغوی ښکاره شي

Past Imperfective

1st per. sing.	2nd per. sing.	3rd per. sing. f/m	1st per. plu.	2nd per. plu.	3rd per. plu. f/m
[za khkara **kedam**] زه ښکاره کيدم	tha khkara] [**kede** ته ښکاره کيدي	hagha] khkara [**keda/keday** هغه ښکاره کيده/کيدئ	mung khkara] [**kedu** مونږ ښکاره کيدو	[thasu khkara **keday**] تاسو ښکاره کيدئ	[haghoi khkara **kedal/kede**] هغوی ښکاره کيدل/کيدي

Past Perfective

1st per. sing.	2nd per. sing.	3rd per. sing. f/m	1st per. plu.	2nd per. plu.	3rd per. plu. f/m
[za khkara **shwam**] زه ښکاره **شوم**	[tha khkara **shwe**] ته ښکاره **شوي**	[hagha khkara **sha/shwa**] هغه ښکاره **شه**/ ښکاره **شوه**	[mung khkara **shwu**] مونږ ښکاره **شوو**	[thasu khkara **shway**] تاسو ښکاره **شوئ**	[haghoi khkara **shwal/ shwe**] هغوی ښکاره شول/ ښکاره **شوي**

Future Imperfective

1st per. sing.	2nd per. sing.	3rd per. sing.	1st per. plu.	2nd per. plu.	3rd per. plu. f/m
[za ba khkara **kegam**] زه به ښکاره **کېږم**	tha ba khkara] [**kege** ته به ښکاره **کېږي**	hagha] [khkara **kegi** هغه به ښکاره **کېږی**	mung **ba**] [khkara **kegu** مونږ به ښکاره **کېږو**	thasu ba] khkara [**kegay** تاسو به ښکاره **کېږئ**	haghoi ba] [khkara **kege** هغوی به ښکاره **کېږی**

Future Perfective

1st per. sing.	2nd per. sing.	3rd per. sing.	1st per. plu.	2nd per. plu.	3rd per. plu.
[za khkara **sham**] زه به ښکاره **شم**	tha khkara] [**she** ته به ښکاره **شي**	hagha **ba**] [khkara **shi** هغه به ښکاره **شی**	mung ba] [khkara **shu** مونږ به ښکاره **شو**	thasu ba] [khkara **shay** تاسو به ښکاره **شئ**	haghoi ba] [khkara **she** **هغوی** به ښکاره **شي**

Present Perfect

1st per. sing.	2nd per. sing.	3rd per. sing.	1st per. plu.	2nd per. plu.	3rd per. plu.
[za khkara shwe **yam**] زه ښکاره شوی **یم**	tha khkara] [shwe **ye** ته ښکاره شوی **یی**	hagha khkara] [shwi **da** هغه ښکاره شوی **ده**	mung] khkara shwe [**yu** مونږ ښکاره شوی **یو**	thasu khkara] [**ye** تاسو ښکاره شوی **يي**	haghoi khkara] [shwe **di** هغوی ښکاره شوی **دی**

Past Perfect

1st per. sing.	2nd per. sing.	3rd per. sing. f/m	1st per. plu.	2nd per. plu.	3rd per. plu. f/m
[za khkara shwe **wam**] زه ښکاره شوی **وم**	[tha khkara shwe **we**] ته ښکاره شوی **وي**	[hagha khkara shwe **wa/way**] هغه ښکاره شوی **وه/وئ**	[mung khkara shwe **wu**] مونږ ښکاره شوی **وو**	[thasu khkara shwe **way**] تاسو ښکاره شوی **وئ**	[haghoi khkara shwe **wa/we**] هغوی ښکاره شوی **وو/وي**

Future Perfect

1st per. sing.	2nd per. sing.	3rd per. sing.	1st per. plu.	2nd per. plu.	3rd per. plu.
[za **ba** khkara shwe **yam**] زه **به** ښکاره **شوی یم**	[tha **ba** khkara shwe **ye**] ته **به** ښکاره **شوی يي**	[hagha **ba** khkara shwe **wi**] هغه **به** ښکاره **شوی وی**	[mung **ba** khkara shwe **yu**] مونږ **به** ښکاره شوی **یو.**	[thasu **ba** khkara shwe **ye**] تاسو **به** ښکاره شوی **يي**	[haghoi **ba** khkara shwe **we**] هغوی **به** ښکاره شوی **وی**

To ask –پوښتنه کول [pokhthna kawal]
(Simple Verb)

Present Imperfective

1st per. sing.	2nd per. sing.	3rd per. sing.	1st per. plu.	2nd per. plu.	3rd per. plu.
[za pokhthna **kawam**] زه پوښتنه **کوم**	[tha pokhthna **kawe**] ته پوښتنه **کوي**	[hagha pokhthna **kawi**] هغه پوښتنه **کوی**	[mung pokhthna **kawu**] مونږ پوښتنه **کوو**	[thasu pokhthna **kaway**] تاسو پوښتنه **کوئ**	[haghoi pokhthna **kawe**] هغوی پوښتنه **کوی**

Present Perfective

1st per. sing.	2nd per. sing.	3rd per. sing.	1st per. plu.	2nd per. plu.	3rd per. plu.
[za pokhthna **kram**] زه پوښتنه **کړم**	[tha pokhthna **kre**] ته پوښتنه **کړي**	[hagha pokhthna **kri**] هغه پوښتنه **کړی**	[mung pokhthna **kru**] مونږ پوښتنه **کړو**	[thasu pokhthna **kray**] تاسو پوښتنه **کړئ**	[haghoi pokhthna **kre**] هغوی پوښتنه **کړی**

Past Imperfective

1st per. sing.	2nd per. sing.	3rd per. sing. f/m	1st per. plu.	2nd per. plu.	3rd per. plu. f/m
[za **ye** pokhthalam] زه **یی** پوښتلم	[tha **ye** pokhthale] ته **یی** پوښتلي	[hagha **ye** pokhthalo/pokhthala] هغه یی پوښتلو/پوښتله	[mung **ye** pokhthalu] مونږ **یی** پوښتلو	[thasu **ye** pokhthalay] تاسو **یی** پوښتلئ	[haghoi **ye** pokhthal/pokhthale] هغوی **یی** پوښتل/پوښتلي

Past Perfective

1st per. sing.	2nd per. sing.	3rd per. sing. f/m	1st per. plu.	2nd per. plu.	3rd per. plu. f/m
[za **ye** wapokhthalam] زه **یی** و پوښتلم	[tha **ye** wapokhthale] ته **یی** وپوښتلي	[hagha **ye** wapokhthalu/ wapokhtala] هغه **یی** وپوښتلو/وپوښتله	[mung **ye** wapokhthalu] مونږ **یی** و پوښتلو	[thasu **ye** wapokhthalay] تاسو **یی** وپوښتلئ	[haghoi **ye** wapokhthal/pokhthale] هغوی **یی** وپوښتل/وپوښتلي

Future Imperfective

1st per. sing.	2nd per. sing.	3rd per. sing.	1st per. plu.	2nd per. plu.	3rd per. plu. f/m
[za ba ye pokhthna **kawam**] زه به یی پوښتنه **کوم**	[tha **ba ye pokhthna kawe**] ته **به** یی پوښتنه **کوي**	[hagha **ba** ye pokhthna **kawi**] هغه **به** یی پوښتنه **کوی**	[mung **ba ye pokhthna kawu**] مونږ **به** یی پوښتنه **کوو**	[thasu **ba** ye pokhthna **kaway**] تاسو **به** یی پوښتنه **کوئ**	[haghoi **ba** ye pokhthna **kawe**] هغوی **به** یي پوښتنه **کوی**

Future Perfective

1st per. sing.	2nd per. sing.	3rd per. sing.	1st per. plu.	2nd per. plu.	3rd per. plu.
[za **ba** ye pokhthna kram] زه **به** یی پوښتنه کړم	[tha **ba** ye pokhthna kre] ته **به** یی پوښتنه کړي	[hagha **be** ye pokhthna kri] هغه **به** یی پوښتنه کړی	[mung **ba** ye pokhthna kru] مونږ **به** یی پوښتنه کړو	[thasu **ba** ye pokhthna kray] تاسو به یی پوښتنه کړئ	[haghoi **ba** ye pokhthna kre] هغوی **به** یي پوښتنه کړی

Present Perfect

1st per. sing.	2nd per. sing.	3rd per. sing.	1st per. plu.	2nd per. plu.	3rd per. plu.
[za ye pokh**tham**] زه يی **پوښتم**	[tha ye **pokhthe**] ته يی **پوښتی**	[hagha ye pok**hthi**] هغه يی **پوښتی**	[mung ye **pokhthu**] مونږ يی **پوښتو**	[thasu ye pokh**thay**] تاسو يی **پوښتئ**	[haghoi ye pokh**thi]** هغوی يی پوښتي

Past Perfect

1st per. sing.	2nd per. sing.	3rd per. sing. f/m	1st per. plu.	2nd per. plu.	3rd per. plu. f/m
[za pokhthale **wam**] زه يی پوښتلی **وم**	[tha ye pokhthale **we**] ته يی پوښتلی **وي**	[hagha ya pokhthale **wa/way**] هغه يی پوښتلی وه/وئ	[mung ye pokhthale **wu**] مونږ يی پوښتلی **وو**	[thasu ye pokhthale **way**] تاسو يی پوښتلی **وئ**	[haghoi ye pokhthale **wu/ we**] هغوی يی پوښتلی **وو/وي**

Future Perfect

1st per. sing.	2nd per. sing.	3rd per. sing.	1st per. plu.	2nd per. plu.	3rd per. plu.
[za be ye pokhthale **yam**] زه به يی پوښتلی **يم**	[tha ba ye pokhthale **ye**] ته به يی پوښتلی **يي**	[hagha ba ye pokhthale **wi**] هغه به يی پوښتلی **وی**	[mung ba ye pokhthale **yu**] مونږ به يی پوښتلی **يو**	[thasu ba ye pokhthale **ye**] تاسو به يی پوښتلی **يي**	[haghoi ba ye pokhthale **we**] هغوی به يی پوښتلی **وی**

To be –(په حالت کبنی اوسیدل) [pa halath ke osedal]

(Irregular Verb)

Present Imperfective

1st per. sing.	2ndper. sing.	3rd per. sing.	1st per. plu.	2nd per. plu.	3rd per. plu.
[za **yam**] زه یم	[tha **ye**] ته يي	[hagha **di/da**] هغه دی/ده	[mung **yu**] مونږ یو	[thasu **ye**] تاسو يي	haghoi **di**] هغوی دی

Present Perfective

1st per. sing.	2nd per. sing.	3rd per. sing.	1st per. plu.	2nd per. plu.	3rd per. plu.
[za **sham**] زه شم	[tha **she**] ته شي	[hagha **shi**] هغه شی	Mung **shu**] مونږ شو	[thasu **shay**] تاسو شئ	[haghoi **she**] هغوی شی

Past Imperfective

1st per. sing.	2ndper. sing.	3rd per. sing. f/m	1st per. plu.	2ndper. plu.	3rd per. plu. f/m
[za **wam**] زه وم	[tha **ye we**] ته وي	[hagha **ye wa/way**] هغه وه/ وئ	[mung **yu**] مونږ وو	[thasu **way**] تاسو وئ	[haghoi **wu/wy**] هغوی وو/وي

Past Perfective

1st per. sing.	2ndper. sing.	3rd per. sing. f/m	1st per. plu.	2ndper. plu.	3rd per. plu. f/m
[za **shwam**] زه شوم	[tha **shwe**] ته شوي	[hagha sho/**shwa**] هغه شو/شوه	[mung **shwu**] مونږ شوو	[thasu **shway**] تاسو شوئ	[haghoi **shwal/shwale**] هغوی شول/شولی

Future Imperfective

1st per. sing.	2nd per. sing.	3rd per. sing.	1st per. plu.	2ndper. plu.	3rd per. plu.
[za **ba yam**] زه به یم	[tha **ba ye**] ته به يي	[hagha **ba wi**] هغه به وی	[mung **ba yu**] مونږبه یو	[thasu **ba ye**] تاسو به يي	haghoi **ba wi**] هغوی به وی

Future Perfective

1st per. sing.	2ndper. sing.	3rd per. sing.	1st per. plu.	2ndper. plu.	3rd per. plu.
[za ba **sham**] زه به شم	[tha ba **she**] ته به شي	[hagha ba **shi**] هغه به شی	Mung ba **shu**] مونږ به شو	[thasu ba **shay**] تاسو به شئ	[haghoi ba **she**] هغوی به شی

Present Perfect

1st per. sing.	2ndper. sing.	3rd per. sing.	1st per. plu.	2ndper. plu.	3rd per. plu.
[za **shway yam**] زه شوی یم	[tha **shway ye**] ته شوی يي	[hagha **shway** da] هغه شوی دی	[mung **shway yu**] مونږ شوی یو	[thasu **shway** ye] تاسو شوی يي	[haghoi **shway di**] هغوی شوی دی

Past Perfect

1st per. sing.	2ndper. sing.	3rd per. sing. f/m	1st per. plu.	2ndper. plu.	3rd per. plu. f/m
[za **shway wam**] زه شوی وم	[tha **shway wi**] ته شوی وي	[hagha **shway wa/way**] هغه شوی وه/وئ	[mung **shway wu**] مونږ شوی وو	[thasu **shway way**] تاسو شوی وی	[haghoi **shway wu/wa**] هغوی شوی وو/وه

Future Perfect

1st per. sing.	2nd per. sing.	3rd per. sing.	1st per. plu.	2nd per. plu.	3rd per. plu.
[za ba **shway** yam]	[tha ba **shway** ye]	[hagha ba **shway** wi]	[mung ba **shway** yu]	[thasu ba **shway** ye]	[haghoi ba **shway** we]
زه به شوی یم	ته به شوی يي	هغه به شوی وی	مونږ به شوی یو	تاسو به شوی یي	هغوی به شوی وی

To be able to –(جوګه کیدل) [joga kedal]

(Simple Irregular Verb)

Present Imperfective

1st per. sing.	2ndper. sing.	3rd per. sing.	1st per. plu.	2nd per. plu.	3rd per. plu.
[za ye joga **kegam**] زه یی جوګه کیږم	[tha ye joga **kege**] ته یی جوګه کیږي	[hagha joga **kegi**] هغه یی جوګه کیږی	[mung joga **kegu**] مونږ یی جوګه کیږو	[thasu ye joga **kegay**] تاسو یی جوګه کیږئ	haghoi ye joga **kege**] هغوی یی جوګه کیږی

Present Perfective

1st per. sing.	2nd per. sing.	3rd per. sing.	1st per. plu.	2nd per. plu.	3rd per. plu.
[za ye joga **sham**] زه یی جوګه شم	[tha ye joga **she**] ته یی جوګه شي	[hagha ye joga **shi**] هغه یی جوګه شی	Mung ye joga **shu**] مونږ جوګه شو	[thasu ye joga **shay**] تاسو یی جوګه شئ	[haghoi ye joga **she**] هغوی یی جوګه شی

Past Imperfective

1st per. sing.	2ndper. sing.	3rd per. sing. f/m	1st per. plu.	2ndper. plu.	3rd per. plu. f/m
[za ye joga **wam**] زه یی جوګه وم	[tha ye joga **we**] ته یی جوګه وي	[hagha ye **joga wa/way**] هغه یی جوګه وه/ وئ	[mung ye joga **yu**] مونږ یی جوګه وو	[thasu ye joga **way**] تاسو یی جوګه وئ	[haghoi ye joga **wu/way**] هغوی یی جوګه وو/وي

Past Perfective

1st per. sing.	2ndper. sing.	3rd per. sing. f/m	1st per. plu.	2ndper. plu.	3rd per. plu. f/m
[za ye joga **shwam**] زه یی جوګه شوم	[tha ye joga **shwe**] ته یی جوګه شوي	[hagha ye joga sho/**shwa**] هغه یی جوګه شو/شوه	[mung ye joga **shwu**] مونږ یی جوګه شوو	[thasu ye joga **shway**] تاسو یی جوګه شوئ	[haghoi ye joga **shwal/shwale**] هغوی یی جوګه شول/شولی

Future Imperfective

1st per. sing.	2ndper. sing.	3rd per. sing.	1st per. plu.	2ndper. plu.	3rd per. plu.
[za **ba** ye joga **yam**] زه به یی جوګه یم	[tha **ba** ye joga **ye**] ته به یی جوګه یي	[hagha **ba** ye joga **wi**] هغه به یی جوګه وی	[mung **ba** ye joga **yu**] مونږبه یی جوګه یو	[thasu **ba** ye joga **ye**] تاسو به یی جوګه یي	haghoi **ba** ye joga **wi**] هغوی به یی جوګه وی

Future Perfective

1st per. sing.	2ndper. sing.	3rd per. sing.	1st per. plu.	2ndper. plu.	3rd per. plu.
[za **ba** ye joga **sham**] زه به یی جوګه شم	[tha **ba** ye joga **she**] ته به یی جوګه شي	[hagha **ba** ye joga **shi**] هغه به یی جوګه شی	Mung **ba** ye joga **shu**] مونږ به یی جوګه شو	[thasu **ba** ye joga **shay**] تاسو به یی جوګه شئ	[haghoi **ba** ye joga **she**] هغوی به یی جوګه شی

Present Perfect

1st per. sing.	2ndper. sing.	3rd per. sing.	1st per. plu.	2ndper. plu.	3rd per. plu.
[za ye joga **shway yam**] زه یی جوګه شوی یم	[tha ye joga **shway ye**] ته یی جوګه شوی یي	[hagha ye joga **shway da**] هغه یی جوګه شوی دی	[mung ye joga **shway yu**] مونږ یی جوګه شوی یو	[thasu ye joga **shway ye**] تاسو یی جوګه شوی یي	[haghoi ye joga **shway di**] هغوی یی جوګه شوی دی

Past Perfect

1st per. sing.	2nd per. sing.	3rd per. sing. f/m	1st per. plu.	2nd per. plu.	3rd per. plu. f/m
[za ye joga shway wam] زه یی جوګه شوی وم	[tha ye joga shway wi] ته یی جوګه شوی وي	[hagha ye joga shway wa/way] هغه یی جوګه شوی وه/وئ	[mung ye joga shway wu] مونږ یی جوګه شوی وو	[thasu ye joga shway way] تاسو یی جوګه شوی وی	[haghoi ye joga shway wu/wa] هغوی یی جوګه شوی وو/وه

Future Perfect

1st per. sing.	2nd per. sing.	3rd per. sing.	1st per. plu.	2nd per. plu.	3rd per. plu.
[za ba ye joga shway yam] زه به یی جوګه شوی یم	[tha ba ye joga shway ye] ته به یی جوګه شوی یي	[hagha ba ye joga shway wi] هغه به یی جوګه شوی وی	[mung ba ye joga shway yu] مونږ به یی جوګه شوی یو	[thasu ba ye joga shway ye] تاسو به یی جوګه شوی یي	[haghoi ba ye joga shway we] هغوی به یی جوګه شوی وی

To become –(کیدل) [kedal]
(Intransitive Auxiliary)

Present Imperfective

1st per. sing.	2nd per. sing.	3rd per. sing.	1st per. plu.	2nd per. plu.	3rd per. plu.
[kegam] کیږم	[kege] کیږي	[kegi] کیږی	[kegu] کیږو	[kegay] کیږئ	[kege] کیږی

Present Perfective

1st per. sing.	2nd per. sing.	3rd per. sing.	1st per. plu.	2nd per. plu.	3rd per. plu.
[sham] شم	[she] شي	[shi] شی	[shu] شو	[shay] شئ	[she] شی

Past Imperfective

1st per. sing.	2nd per. sing.	3rd per. sing. f/m	1st per. plu.	2nd per. plu.	3rd per. plu. f/m
[kedam] کیدم	[kede] کیدي	[kedi] کیده/کیده	[kedu] کیدو	[keday] کیدئ	[keday] کیدي

Past Perfective

1st per. sing.	2nd per. Sing.	3rd per. sing. f/m	1st per. plu.	2nd per. plu.	3rd per. plu. f/m
[shwam] شوم	[shwe] شوي	[sho/shwa] شو/شوه	[shwu] شوو	[shway] شوئ	[shwal/shwale] شول/شولی

Future Imperfective

1st per. sing.	2ndper. sing.	3rd per. sing.	1st per. plu.	2ndper. plu.	3rd per. plu.
[(za) **ba** kegam] (زه) **به** کيږم	[(tha) **ba** kege] (ته) **به** کيږي	[(hagha) **ba** kegi] (هغه) **به** کيږی	[(mung) **ba** kegu] (مونږ) **به** کيږو	[(thasu) **ba** kegay] (تاسو) **به** کيږئ	[(haghoi) **ba** kege] (هغوی) **به** کيږی

Future Perfective

1st per. sing.	2ndper. sing.	3rd per. sing.	1st per. plu.	2ndper. plu.	3rd per. plu.
[(za) **ba** sham] (زه) **به** شم	[(tha) **ba** she] (ته) **به** شي	[(hagha) **ba** shi] (هغه) **به** شی	[(mung) **ba** shu] (مونږ) **به** شو	[(thasu) **ba** shay] (تاسو) **به** شئ	[(haghoi) **ba** she] (هغوی) **به** شی

Present Perfect

1st per. sing.	2ndper. sing.	3rd per. sing.	1st per. plu.	2ndper. plu.	3rd per. plu.
[(za) shway yam] (زه) شوی یم	[(tha) shway ye] (ته) شوی يي	[(hagha) shway da] (هغه) شوی دی	[(mung) shway yu] (مونږ) شوی یو	[(thasu) shway ye] (تاسو) شوی يي	[(haghoi) shway di] (هغوی) شوی دی

Past Perfect

1st per. sing.	2ndper. sing.	3rd per. sing. f/m	1st per. plu.	2ndper. plu.	3rd per. plu. f/m
[(za)shway wam] (زه) شوی وم	[(tha) shway wi] (ته) شوی وي	[(hagha) shway wa/way] (هغه) شوی وه/وئ	[(mung) shway wu] (مونږ) شوی وو	[(thasu) shway way] (تاسو) شوی وی	[(haghoi) shway wu/wa] (هغوی) شوی وو/وه

Future Perfect

1st per. sing.	2nd per. sing.	3rd per. sing.	1st per. plu.	2nd per. plu.	3rd per. plu.
[(za) **ba** shway yam]	[(tha) **ba** shway ye]	[(haghoi) **ba** shway wi]	[(mung) **ba** shway yu]	[(thasu) **ba** shway ye]	[(haghoi) **ba** shway we]
(زه) به شوی یم	(ته) به شوی یې	(هغه) به شوی وی	(مونږ) به شوی یو	(تاسو) به شوی یې	(هغوی) به شوی وی

To begin – شروع کول [shro kawal]

(Simple verb + Intransitve auxiliary)

Present Imperfective

1st per. sing.	2ndper. sing.	3rd per. sing.	1st per. plu.	2ndper. plu.	3rd per. plu.
[za **ye** shro kawam] زه **یی** شروع کوم	[tha **ye** shro kawe] ته **یی** شروع کوي	[hagha **ye** shro kawi] هغه **یی** شروع کوی	[mung **ye** shro kawu] مونږ **یی** شروع کوو	[thasu **ye** shro kaway] تاسو **یی** شروع کوئ	[haghoi **ye** shro kawe] هغوی **یی** شروع کوی

Present Perfective

1st per. sing.	2ndper. sing.	3rd per. sing.	1st per. plu.	2ndper. plu.	3rd per. plu.
[za **ye** shro kram] زه **یی** شروع کړم	[tha **ye** shro kre] ته **یی** شروع کړي	[hagha **ye** shro kri] هغه يي شروع کړی	[mung **ye** shro kru] مونږ **یی** شروع کړو	[thasu **ye** shro kray] تاسو **یی** شروع کړئ	[haghoi **ye** shro kre] هغوی **یی** شروع کړی

Past Imperfective

1st per. sing.	2ndper. sing.	3rd per. sing. f/m	1st per. plu.	2ndper. plu.	3rd per. plu. f/m
[shro kawal **me**] شروع کول **می**	[tha shro kawale] ته شروع کولي	[hagha shro **kawa/kawala**] هغه شروع **کوه /کوله**	[mung shro **kawalu**] مونږ شروع **کولو**	[thasu shro **kawalay**] تاسو شروع **کولئ**	[haghoi shro **kawal/kawalay**] هغوی شروع **کول/کولئ**

Past Perfective

1st per. sing.	2ndper. sing.	3rd per. sing. f/m	1st per. plu.	2ndper. plu.	3rd per. plu. f/m
[za ye shro **kram**] زه یی شروع **کړم**	[tha ye shro **kre**] ته یی شروع **کړي**	[hagha ye shro **kar/kra**] هغه شروع **کړ/ کړه**	[mung ye shro **kru**] مونږ یی شروع **کړو**	[thasu ye shro **kray**] تاسو یی شروع **کړئ**	[haghoi ye shro **kre/krè**] هغوی یی شروع **کړه/کړي**

Future Imperfective

1st per. sing.	2ndper. sing.	3rd per. sing.	1st per. plu.	2ndper. plu.	3rd per. plu. f/m
[za ba ye shro **kawam**] زه به یی شروع **کوم**	[tha ba **ye** shro **kawe**] ته به یی شروع **کوي**	[hagha ba ye shro **kawi**] هغه به یی شروع **کوی**	[mung ba ye shro **kawu**] مونږ به یی شروع **کوو**	[thasu ba ye shro **kaway**] تاسو به یی شروع **کوئ**	[haghoi ba ye shro **kawe**] هغوی به یی شروع **کوی**

Future Perfective

1st per. sing.	2ndper. sing.	3rd per. sing.	1st per. plu.	2ndper. plu.	3rd per. plu.
[za ba ye shro **kram**] زه به یی شروع **کړم**	[tha ba ye shro **kre**] ته به یی شروع **کړي**	[hagha ba ye shro **kri**] هغه به یی شروع **کړی**	[mung ba ye shro **kru**] مونږ به یی شروع **کړو**	[thasu ba ye shro **kray**] تاسو به یی شروع **کړئ**	[haghoi ba ye shro **kre**] هغوی به یی شروع **کړی**

Present Perfect

1st per. sing.	2ndper. sing.	3rd per. sing.	1st per. plu.	2ndper. plu.	3rd per. plu.
[ma shro kre **da**] ما شروع کړی **ده**	[tha shro kre **de**] تا شروع کړی **دي**	[hagha shro kre **di**] هغه شروع کړی **دی**	[mung shro kre **da**] مونږ شروع کړی **ده**	[thasu shro kre **de**] تاسو شروع کړی **دی**	[haghoi shro kre **de]** هغوی شروع کړی **دي**

Past Perfect

1st per. sing.	2ndper. sing.	3rd per. sing. f/m	1st per. plu.	2ndper. plu.	3rd per. plu. f/m
[ma shro kre **wa**] ما شروع کړی وه	[tha shro kre **wa**] تا شروع کړي وه	[hagha shro kre **wa/way**] هغه شروع کړی وه/وئ	[mung shro kre **way**] مونږ شروع کړی وو	[thasu shro kre **way**] تاسو شروع کړی وئ	[haghoi shro kre **wu/ we**] هغوی شروع کړی وو/وي

Future Perfect

1st per. sing.	2ndper. sing.	3rd per. sing.	1st per. plu.	2ndper. plu.	3rd per. plu.
[ma ba shro kre **we**] ما به شروع کړی وی	[tha ba shro kre **we**] تا به شروع کړی وي	[hagha ba shro kre **wi**] هغه به شروع کړی وی	[mung ba shro kre w**a**] مونږ به شروع کړی وی	[thasu ba shro kre **we**] تاسو به شروع کړی وی	[haghoi ba shro kre **we**] هغوی شروع کړی وی

To break – ماتول [matawal]

(Derivative Verb)

Present Imperfective

1st per. sing.	2nd per. sing.	3rd per. sing.	1st per. plu.	2nd per. plu.	3rd per. plu.
[za ye **matawam]** زه یی ماتوم	[tha ye **matawe]** ته یی ماتوي	[hagha ye **mathawi]** هغه یی ماتوی	[mung ye **mathawu]** مونږ یی ماتوو	[thasu ya **mathaway]** تاسو یی ماتوئ	[haghoi ye **mathawe]** هغوی یی ماتوی

Present Perfective

1st per. sing.	2nd per. sing.	3rd per. sing.	1st per. plu.	2nd per. plu.	3rd per. plu.
[za ye math **kram]** زه یی مات کړم	[tha ye math **kre]** ته یی مات کړي	[hagha ye math **kri]** هغه یی مات کړی	[mung ye math **kru]** مونږ یی مات کړو	[thasu ye math **kray]** تاسو یی مات کړئ	[haghoi ye math **kre]** هغوی يي مات کړی

Past Imperfective

1st per. sing.	2nd per. sing.	3rd per. sing. f/m	1st per. plu.	2nd per. plu.	3rd per. plu. f/m
[ma matha**walo]** ما ماتولو	[tha **mathawale]** تا ماتولي	[hagha **mathawalo/ mathawalo]** هغه ماتلو/ماتلو	[mung **mathawalu]** مونږ ماتولو	[thasu **mathawalay]** تاسو ماتولئ	[haghoi **mathawale/mathawale]** هغوی ماتولی/ماتولي

Past Perfective

1st per. sing.	2nd per. sing.	3rd per. sing. f/m	1st per. plu.	2nd per. plu.	3rd per. plu. f/m
[ma math kre **we]** ما مات کړی وی	[tha math kre **we]** تا مات کړی وي	[hagha math kre **wi/wi]** هغه مات کړی وی/وي	[mung math kre **wu]** مونږ مات کړی وو	[thasu math kre **way]** تاسو مات کړی وئ	[haghoi math kre **we/we]** هغوی مات کړی وی/وي

Future Imperfective

1st per. sing.	2nd per. sing.	3rd per. sing.	1st per. plu.	2nd per. plu.	3rd per. plu. f/m
[za ba **ye** matawam]	[tha ba **ye** matawe]	[hagha ba **ye** mathawi]	[mung ba **ye** mathawu]	[thasu ba **ya** mathaway]	[haghoi ba **ye** mathawe]
زه به یی ماتوم	ته به یی ماتوي	هغه به یی ماتوی	مونږ به یی ماتوو	تاسو به یی ماتوئ	هغوی به یی ماتوی

Future Perfective

1st per. sing.	2nd per. sing.	3rd per. sing.	1st per. plu.	2nd per. plu.	3rd per. plu.
[za **ba** ye math kram]	[tha **ba** ye math kre]	[hagha **ba** ye math kri]	[mung **ba** ye math kru]	[thasu **ba** ye math kray]	[haghoi **ba** ye math kre]
زه به یی مات کړم	ته به یی مات کړي	هغه به یی مات کړی	مونږ به یی مات کړو	تاسو به یی مات کړئ	هغوی به یی مات کړی

Present Perfect

1st per. sing.	2nd per. sing.	3rd per. sing.	1st per. plu.	2nd per. plu.	3rd per. plu.
[ma math kre **de**]	[tha math kre **de**]	[hagha math kre **di**]	[mung math kre **de**]	[thasu math kre **day**]	[haghoi math kre **de**]
ما مات کړی دی.	تا مات کړی دي	هغه مات کړی دی	مونږ مات کړی دی	تاسو مات کړی دئ	هغوی مات کړی دی

Past Perfect

1st per. sing.	2nd per. sing.	3rd per. sing. f/m	1st per. plu.	2nd per. plu.	3rd per. plu. f/m
[ma math kre **wa**]	[tha math kre **we**]	[hagha math kre **wa/way**]	[mung math kre **wu**]	[thasu math kre **way**]	[haghoi math kre **wu/ we**]
ما مات کړی وه	تا مات کړی وي	هغه مات کړی وه/وئ	مونږ مات کړی وو	تاسو مات کړی وئ	هغوی مات کړی وو/وي

Future Perfect

1st per. sing.	2nd per. sing.	3rd per. sing.	1st per. plu.	2nd per. plu.	3rd per. plu.
[ma ba math kre **we**] ما به مات کړی **وی**	[tha ba math kre **we**] تا به مات کړی **وي**	[hagha ba math kre **wi**] هغه به مات کړی **وی**	[mung ba math kre **we**] مونږ به مات کړی **وی**	[thasu ba math kre **we**] تاسو به مات کړی **وی**	[haghoi ba math kre **we**] هغوی به مات کړی وی

To breath ساـ اخستل [sà akhisthal]
(Simple Irregular Verb)

Present Imperfective

1st per. sing.	2nd per. sing.	3rd per. sing.	1st per. plu.	2nd per. plu.	3rd per. plu.
[za sà **akhlam**] زه سا اخلم	[tha sà **akhle**] ته سا اخلي	[hagha sà **akhli**] هغه سا اخلى	[mung sà **akhlu**] مونږ سا اخلو	[thasu sà **akhlay**] تاسو سا اخلئ	[haghoi sà **akhli**] هغوى سا اخلى

Present Perfective

1st per. sing.	2nd per. sing.	3rd per. sing.	1st per. plu.	2nd per. plu.	3rd per. plu.
[za sà **wakhlam**] زه سا واخلم	[tha sà **wakhle**] ته سا واخلي	[hagha sà **wakhli**] هغه ساواخلى	[mung sà **wakhlu**] مونږ سا واخلو	[thasu sà **wakhlay**] تاسو سا واخلئ	[haghoi sà **wakhli**] هغوى سا واخلى

Past Imperfective

1st per. sing.	2nd per. sing.	3rd per. sing. f/m	1st per. plu.	2nd per. plu.	3rd per. plu. f/m
[ma sà **akhestha**] ما سا اخسته	[tha sà **akhestha**] تا سا اخسته	[hagha sà **akhestha**/sà **akhestha**] هغه سا اخسته/سا اخسته	[mung sà **akhestha**] مونږ سا اخسته	[thasu sà **akhestha**] تاسو سا اخسته	[haghoi sà **akhestha**/sà **akhestha**] هغوى سا اخسته/سا اخسته

Past Perfective

1st per. sing.	2ndper. sing.	3rd per. sing. f/m	1st per. plu.	2ndper. plu.	3rd per. plu. f/m
[ma sà **wakhestha**] ما ساواخسته	[tha sà **wakhestha**] تا سا واخسته	[hagha sà **wakhestha**/sà **wakhestha**] هغه سا واخسته/سا واخسته	[mung sà **wakhestha**] مونږ سا واخسته	[thasu sà **wakhestha**] تاسو سا واخسته	[haghoi sà **wakhestha**/sà **wakhestha**] هغوی سا اخسته/سا واخسته

Future Imperfective

1st per. sing.	2ndper. sing.	3rd per. sing.	1st per. plu.	2ndper. plu.	3rd per. plu. f/m
[za ba sà **akhlam**] زه به سا اخلم	[tha ba sà **akhle**] ته به سا اخلي	[hagha ba sà **akhli**] هغه به سااخلی	[mung ba sà **akhlu**] مونږ به سا اخلو	[thasu ba sà **akhlay**] تاسو به سا اخلئ	[haghoi ba sà **akhli**] هغوی به سا اخلی

Future Perfective

1st per. sing.	2ndper. sing.	3rd per. sing.	1st per. plu.	2ndper. plu.	3rd per. plu.
[za ba sà **wakhlam**] زه به سا واخلم	[tha ba sà **wakhle**] ته به سا واخلي	[hagha ba sà **wakhli**] هغه به ساواخلی	[mung ba sà **wakhlu**] مونږ به سا واخلو	[thasu ba sà **wakhlay**] تاسو به سا واخلئ	[haghoi ba sà **wakhli**] هغوی به سا واخلی

Present Perfect

1stper. sing.	2ndper. sing.	3rd per. sing.	1st per. plu.	2ndper. plu.	3rd per. plu.
[ma sà akesthe **da**] ما سا اخسته ده	[tha sà akesthe da] تا سا اخسته ده	[hagha sà akesthe **da**] هغه سا اخسته ده	[mung sà akesthe **da**] مونږ سا اخسته ده	[thasu math kre **day**] تاسو سا اخسته ده	[haghoi sà akesthe da] هغوی سا اخسته ده

Past Perfect

1st per. sing.	2nd per. sing.	3rd per. sing. f/m	1st per. plu.	2nd per. plu.	3rd per. plu. f/m
[ma sà akesthe **wa**] ما سا اخسته وه	[tha sà akesthe **wa**] تا سا اخسته وه	[hagha sà akesthe **wa**] هغه سا اخسته وه	[mung sà akesthe **wa**] مونږ سا اخسته وه	[thasu math kre **wa**] تاسو سا اخسته وه	[haghoi sà akesthe **wa**] هغوى سا اخسته وه

Future Perfect

1st per. sing.	2nd per. sing.	3rd per. sing.	1st per. plu.	2nd per. plu.	3rd per. plu.
[ma ba sà akesthe **we**] ما به سا اخسته وى	[tha ba sà akesthe **we**] تا به سا اخسته وى	[hagha ba sà akesthe **we**] هغه به سا اخسته وى	[mung ba sà akesthe **we**] مونږ به سا اخسته وى	[thasu ba math kre **we**] تاسو به سا اخسته وى	[haghoi ba sà akesthe **we**] هغوى به سا اخسته وى

To buy اخستل – [akhisthal]
(Simple Irregular Verb)

Present Imperfective

1st per. sing.	2nd per. sing.	3rd per. sing.	1st per. plu.	2nd per. plu.	3rd per. plu.
[za ye akhlam] زه یی اخلم	[tha ye **akhle**] ته یی اخلي	[hagha ye **akhli**] هغه یی اخلي	[mung ye **akhlu**] مونږ یی اخلو	[thasu ye **akhlay**] تاسو یی اخلئ	[haghoi ye **akhli**] هغوی یی اخلی

Present Perfective

1st per. sing.	2nd per. sing.	3rd per. sing.	1st per. plu.	2nd per. plu.	3rd per. plu.
[za ye **wakhlam**] زه یی واخلم	[tha ye **wakhle**] ته یی واخلي	[hagha ye **wakhli**] هغه یی واخلی	[mung ye **wakhlu**] مونږ یی واخلو	[thasu ye **wakhlay**] تاسو یی واخلئ	[haghoi ye **wakhli**] هغوی یی واخلی

Past Imperfective

1st per. sing.	2nd per. sing.	3rd per. sing. f/m	1st per. plu.	2nd per. plu.	3rd per. plu. f/m
[ma akhestha] ما اخسته	[tha akhestha] تا اخسته	[hagha akhestha/ akhestha] هغه اخسته/اخسته	[mung akhestha] مونږ اخسته	[thasu akhestha] تاسو اخسته	[haghoi akhestha/ akhestha] هغوی اخسته/ اخسته

Past Perfective

1st per. sing.	2ndper. sing.	3rd per. sing. f/m	1st per. plu.	2ndper. plu.	3rd per. plu. f/m
[ma **wakhestha**] ما و اخسته	[tha **wakhestha**] تا واخسته	[hagha **wakhestha/ wakhestha**] هغه واخسته/ واخسته	[mung **wakhestha**] مونږ و اخسته	[thasu **wakhestha**] تاسو واخسته	[haghoi **wakhestha/ wakhestha**] هغوی اخسته/و اخسته

Future Imperfective

1st per. sing.	2ndper. sing.	3rd per. sing.	1st per. plu.	2ndper. plu.	3rd per. plu. f/m
[za ba ye **akhlam**] زه به یی **اخلم**	[tha ba ye **akhle**] ته به یی **اخلي**	[hagha ba ye **akhli**] هغه به یی **اخلی**	[mung ba ye **akhlu**] مونږ به یی **اخلو**	[thasu ba ye **akhlay**] تاسو به یی **اخلئ**	[haghoi ba ye **akhli**] هغوی به یی اخلی

Future Perfective

1st per. sing.	2ndper. sing.	3rd per. sing.	1st per. plu.	2ndper. plu.	3rd per. plu.
[za ba ye **wakhlam**] زه به یی وا**خلم**	[tha ba ye **wakhle**] ته به یی **واخلي**	[hagha ba ye **wakhli**] هغه به یی واخلی	[mung ba ye **wakhlu**] مونږ به یی وا**خلو**	[thasu ba ye **wakhlay**] تاسو به یی وا**خلئ**	[haghoi ba ye **wakhli**] هغوی به یی **واخلی**

Present Perfect

1stper. sing.	2ndper. sing.	3rd per. sing.	1st per. plu.	2ndper. plu.	3rd per. plu.
[ma akesthe **di**] ما اخستی دی	[tha akesthe di] تا اخستی دی	[hagha akesthe **di**] هغه اخستی **دی**	[mung akesthe **di**] مونږ اخستی **دی**	[thasu math kre **di**] تاسو اخستی **دی**	[haghoi akesthe di] هغوی اخسته دی

Past Perfect

1st per. sing.	2nd per. sing.	3rd per. sing. f/m	1st per. plu.	2nd per. plu.	3rd per. plu. f/m
[ma akesthe wa] ما اخسته وه	[tha akesthe wa] تا اخسته وه	[hagha akesthe wa] هغه اخسته وه	[mung akesthe wa] مونږ اخسته وه	[thasu akhesthe wa] تاسو اخسته وه	[haghoi akesthe wa] هغوی اخسته وه

Future Perfect

1st per. sing.	2nd per. sing.	3rd per. sing.	1st per. plu.	2nd per. plu.	3rd per. plu.
[ma ba akesthe we] ما به اخسته وی	[tha ba akesthe we] تا به اخسته وی	[hagha ba akesthe we] هغه به اخسته وی	[mung ba akesthe we] مونږ به اخسته وی	[thasu ba akesthe we] تاسو به اخسته وی	[haghoi ba akesthe we] هغوی به اخسته وی

To call –تیلیفون کول [telefon kawal]
(Simple verb + Intransitve auxiliary)

Present Imperfective

1st per. sing.	2ndper. sing.	3rd per. sing.	1st per. plu.	2ndper. plu.	3rd per. plu.
[za telefon **kawam**] زه تیلیفون **کوم**	[tha telefon **kawe**] ته تیلیفون **کوي**	[hagha telefon **kawi**] هغه **تیلیفون** کوی	[mung telefon **kawu**] مونږ تیلیفون **کوو**	[thasu telefon **kaway**] تاسو تیلیفون **کوئ**	[haghoi telefon **kawe**] هغوی تیلیفون **کوی**

Present Perfective

1st per. sing.	2ndper. sing.	3rd per. sing.	1st per. plu.	2ndper. plu.	3rd per. plu.
[za telefon **wakram**] زه تیلیفون **وکړم**	[tha telefon wakre] ته تیلیفون و **کړي**	[hagha telefon **wakri**] هغه تیلیفون و **کړی**	[mung telefon **wakru**] مونږ تیلیفون و **کړو**	[thasu telefon **wakray**] تاسو تیلیفون و **کړئ**	[haghoi telefon **wakre**] **هغوی** تیلیفون و **کړی**

Past Imperfective

1st per. sing.	2ndper. sing.	3rd per. sing. f/m	1st per. plu.	2ndper. plu.	3rd per. plu. f/m
[ma telefon **kawale**] ما تیلیفون **کولی**	[tha telefon **kawale**] ته تیلیفون **کولي**	[hagha telefon **kawa/kawala**] **هغه** تیلیفون **کوه /کوله**	[mung telefon **kawalu**] مونږ تیلیفون **کولو**	[thasu telefon **kawalay**] تاسو تیلیفون **کولئ**	[haghoi telefon **kawal/kawalay**] **هغوی** تیلیفون **کول/کولئ**

Past Perfective

1st per. sing.	2ndper. sing.	3rd per. sing. f/m	1st per. plu.	2ndper. plu.	3rd per. plu. f/m
[ma telefon **wakro]** ما تیلیفون وکړو	[tha telefon **wakre]** ته تیلیفون وکړي	[hagha telefon **wakri/wakri]** هغه تیلیفون وکړی /وکړی	[mung telefon **wakru]** مونږ تیلیفون وکړو	[thasu telefon **wakray]** تاسو تیلیفون وکړئ	[haghoi telefon **wakre/wakre]** هغوی تیلیفون وکړو/ وکړو

Future Imperfective

1st per. sing.	2ndper. sing.	3rd per. sing.	1st per. plu.	2ndper. plu.	3rd per. plu. f/m
[za ba telefon **kawam]** زه به تیلیفون **کوم**	[tha ba telefon **kawe]** ته به تیلیفون **کوي**	[hagha ba telefon **kawi]** هغه به تیلیفون **کوی**	[mung ba telefon **kawu]** مونږ به تیلیفون **کوو**	[thasu ba telefon **kaway]** تاسو به تیلیفون **کوئ**	[haghoi ba telefon **kawe]** هغوی به تیلیفون **کوی**

Future Perfective

1st per. sing.	2ndper. sing.	3rd per. sing.	1st per. plu.	2ndper. plu.	3rd per. plu.
[za ba telefon **wakram]** زه به تیلیفون وکړم	[tha ba telefon **wakre]** ته به تیلیفون و کړي	[hagha ba telefon **wakri]** هغه به تیلیفون و کړی	[mung ba telefon **wakru]** مونږ به تیلیفون و کړو	[thasu ba telefon **wakray]** تاسو به تیلیفون و کړئ	[haghoi ba telefon **wakre]** هغوی به تیلیفون و کړی

Present Perfect

1st per. sing.	2ndper. sing.	3rd per. sing.	1st per. plu.	2ndper. plu.	3rd per. plu.
[ma telefon kre **da]** ما تیلیفون کړی ده	[tha telefon kre **de]** تا تیلیفون کړی دي	[hagha telefon kre **di**] هغه تیلیفون کړی دی	[mung telefon kre **da]** مونږ تیلیفون کړی ده	[thasu telefon kre **de]** تاسو تیلیفون کړی دی	[haghoi telefon kre **de]** هغوی تیلیفون کړی دي

Past Perfect

1st per. sing.	2ndper. sing.	3rd per. sing. f/m	1st per. plu.	2ndper. plu.	3rd per. plu. f/m
[ma telefon kre **wa**] ما تیلیفون کړی وه	[tha telefon kre **wa**] تا تیلیفون کړي وه	[hagha telefon kre **wa/way**] هغه تیلیفون کړی وه/وئ	[mung telefon kre **way**] مونږ تیلیفون کړی وو	[thasu telefon kre **way**] تاسو تیلیفون کړی وئ	[haghoi telefon kre **wu/ we**] هغوی تیلیفون کړی وو/وي

Future Perfect

1st per. sing.	2ndper. sing.	3rd per. sing.	1st per. plu.	2ndper. plu.	3rd per. plu.
[ma ba telefon kre **we**] ما به تیلیفون کړی وی	[tha ba telefon kre **we**] تا به تیلیفون کړی وي	[hagha ba telefon kre **wi**] هغه به تیلیفون کړی وی	[mung ba telefon kre **wa**] مونږ به تیلیفون کړی وی	[thasu ba telefon kre **we**] تاسو به تیلیفون کړی وی	[haghoi ba telefon kre **we**] هغوی تیلیفون کړی وی

To can – توانه وتل [thawana wathal]
(Simple verb + Intransitve auxiliary)

Present Imperfective

1st per. sing.	2nd per. sing.	3rd per. sing.	1st per. plu.	2nd per. plu.	3rd per. plu.
[za ye le thwana **ozam**] زه یی له توانه وزم	[tha ye le thwana **oze**] ته یی له توانه وزي	[hagha ye le thwana **ozi**] هغه یی له توانه وزی	[mung ye le thwana **ozu**] مونږ یی له توانه وزو	[thasu ye le thwana **ozay**] تاسویی له توانه وزئ	[haghoi ye le thwana **oze**] هغوی یی له توانه وزی

Present Perfective

1st per. sing.	2nd per. sing.	3rd per. sing.	1st per. plu.	2nd per. plu.	3rd per. plu.
[za ye le thwana wa **ozam**] زه یی له توانه و وزم	[tha ye le thwana wa **oze**] ته یی له توانه ووزي	[hagha ye le thwana wa **ozi**] هغه یی له توانه ووزی	[mung ye le thwana wa **ozu**] مونږ یی له توانه ووزو	[thasu ye le thwana wa **ozay**] تاسو یی له توانه ووزئ	[haghoi ye le thwana wa **oze**] هغوی یی له توانه و وزی

Past Imperfective

1st per. sing.	2nd per. sing.	3rd per. sing. f/m	1st per. plu.	2nd per. plu.	3rd per. plu. f/m
[za ye le thwana **watham**] زه یی له توانه وتم	[tha ye le thwana **wathe**] ته یی له توانه وتي	[hagha ye le thwana **woth/watha**] هغه یی له توانه وت/وته	[mung ye le thwana **wathu**] مونږ یی له توانه وتو	[thasu ye le thwana **wathay**] تاسو یی له توانه وتئ	[haghoi ye le thwana **watha/wathe**] هغوی یی له توانه واته/وتي

Past Perfective

1st per. sing.	2ndper. sing.	3rd per. sing. f/m	1st per. plu.	2ndper. plu.	3rd per. plu. f/m
[za ye le thwana **watham**] زه یی له توانه **ووتم**	[tha ye le thwana **wathe**] ته یی له توانه **ووتي**	[hagha ye le thwana **woth/watha**] هغه یی له توانه **ووت/ووته**	[mung ye le thwana **wathu**] مونږ یی له توانه **ووتو**	[thasu ye le thwana **wathay**] تاسویی له توانه **ووتئ**	[haghoi ye le thwana watha/ **wathe**] هغوی یی له توانه **وواته/ووتي**

Future Imperfective

1st per. sing.	2ndper. sing.	3rd per. sing.	1st per. plu.	2ndper. plu.	3rd per. plu. f/m
[za ba ye le thwana **ozam**] زه به یی له توانه **وزم**	[tha ba ye le thwana **oze**] ته به یی له توانه **وزي**	[hagha ba ye le thwana **ozi**] هغه به یی له توانه **وزی**	[mung ba ye le thwana **ozu**] مونږ به یی له توانه **وزو**	[thasu ba ye le thwana **ozay**] تاسو به یی له توانه **وزئ**	[haghoi ba ye le thwana **oze**] هغوی به یی له توانه **وزی**

Future Perfective

1st per. sing.	2ndper. sing.	3rd per. sing.	1st per. plu.	2ndper. plu.	3rd per. plu.
[za ye le thwana wa **ozam**] زه به یی له توانه **و وزم**	[tha ye le thwana wa **oze**] ته به یی له توانه **ووزي**	[hagha ye le thwana wa **ozi**] هغه به یی له توانه **ووزی**	[mung ye le thwana wa **ozu**] مونږ به یی له توانه **ووزو**	[thasu ye le thwana wa **ozay**] تاسو به یی له توانه **ووزئ**	[haghoi ye le thwana wa **oze**] هغوی به یی له توانه **و وزی**

Present Perfect

1st per. sing.	2ndper. sing.	3rd per. sing.	1st per. plu.	2ndper. plu.	3rd per. plu.
[za ye le fthwana wathle **yam**] زه یی له توانه وتلی **یم**	[tha ye le thwana wathle **ye**] ته یی له توانه وتلي **یي**	[hagha ye le thwana wathle **da**] هغه یی له توانه وتلی **ده**	[mung ye le thwana wathle **yu**] مونږ یی له توانه وتلی **یو**	[thasu ye le thwana wathle **ye**] تاسو یی له توانه وتلی **یي**	[haghoi ye le thwana wathle **de**] هغوی یی له توانه وتلی **دی**

Past Perfect

1st per. sing.	2ndper. sing.	3rd per. sing. f/m	1st per. plu.	2ndper. plu.	3rd per. plu. f/m
[za ye le thwana wathle **wam**] زه یی له توانه وتلی وم	[tha ye le thwana wathle **we**] ته یی له توانه وتلي وی	[hagha ye le thwana wathle **wa/way**] هغه یی له توانه وتلی وه/وئ	[mung ye le thwana wathle **wu**] مونږ یی له توانه وتلی وو	[thasu ye le thwana wathle **way**] تاسو یی له توانه وتلی وئ	[haghoi ye le thwana wathle **wu/we**] هغوی یی له توانه وتلی وو/وي

Future Perfect

1st per. sing.	2ndper. sing.	3rd per. sing.	1st per. plu.	2ndper. plu.	3rd per. plu.
[za ba ye le thwana wathle **yam**] زه به یی له توانه وتلی یم	[tha ba ye le thwana wathle **ye**] ته به یی له توانه وتلي يي	[hagha ba ye le thwana wathle **da**] هغه به یی له توانه وتلی وی	[mung ba ye le thwana wathle **yu**] مونږ به یی له توانه وتلی یو	[thasu ba ye le thwana wathle **ye**] تاسو به یی له توانه وتلی يي	[haghoi ba ye le thwana wathle **we**] هغوی به یی له توانه وتلی وی

To choose –انتخاب کول [inthekhab kawal]

(Simple verb + Intransitve auxiliary)

Present Imperfective

1st per. sing.	2ndper. sing.	3rd per. sing.	1st per. plu.	2ndper. plu.	3rd per. plu.
[za ye inthekhab **kawam**] ز ه یی انتخاب **کوم**	[tha ye inthekhab **kawe**] ته یی انتخاب **کوي**	[hagha ye inthekhab **kawi**] هغه **یی انتخاب** کوی	[mung ye inthekhab **kawu**] مونږ یی انتخاب **کوو**	[thasu ye inthekhab **kaway**] تاسو یی انتخاب **کوئ**	[haghoi ye inthekhab **kawe**] هغوی یی انتخاب **کوی**

Present Perfective

1st per. sing.	2ndper. sing.	3rd per. sing.	1st per. plu.	2ndper. plu.	3rd per. plu.
[za ye inthekhab **kram**] ز ه یی انتخاب **کړم**	[tha ye inthekhab kre] ته یی انتخاب **کړي**	[hagha ye inthekhab **kri**] هغه یی انتخاب **کړی**	[mung ye inthekhab **kru**] مونږ یی انتخاب **کړو**	[thasu ye inthekhab **kray**] تاسو یی انتخاب **کړئ**	[haghoi ye inthekhab **kre**] هغوی یی انتخاب **کړی**

Past Imperfective

1st per. sing.	2ndper. sing.	3rd per. sing. f/m	1st per. plu.	2ndper. plu.	3rd per. plu. f/m
[ma inthekhab **kawale**] ما انتخاب **کولی**	[tha inthekhab **kawale**] تا انتخاب **کولي**	[hagha inthekhab **kawa/kawala**] هغه انتخاب **کوه** /**کوله**	[mung inthekhab **kawalu**] مونږ انتخاب **کولو**	[thasu inthekhab **kawalay**] تاسو انتخاب **کولئ**	[haghoi inthekhab **kawal/kawalay**] هغوی انتخاب **کول/کولئ**

Past Perfective

1st per. sing.	2ndper. sing.	3rd per. sing. f/m	1st per. plu.	2ndper. plu.	3rd per. plu. f/m
[ma inthekhab **wakro**] ما انتخاب وکړو	[tha inthekhab **wakre**] ته انتخاب وکړي	[hagha inthekhab **wakri/wakri**] هغه انتخاب وکړی /وکړی	[mung inthekhab **wakru**] مونږ انتخاب وکړو	[thasu inthekhab **wakray**] تاسو انتخاب وکړئ	[haghoi inthekhab **wakre/wakre**] هغوی انتخاب وکړو/ وکړو

Future Imperfective

1st per. sing.	2ndper. sing.	3rd per. sing.	1st per. plu.	2ndper. plu.	3rd per. plu. f/m
[za ba ye inthekhab **kawam**] زه به یی انتخاب **کوم**	[tha ba ye inthekhab **kawe**] ته به یی انتخاب **کوي**	[hagha ba ye inthekhab **kawi**] هغه به یی انتخاب **کوی**	[mung ba ye inthekhab **kawu**] مونږ به یی انتخاب **کوو**	[thasu ye ba inthekhab **kaway**] تاسو به یی انتخاب **کوئ**	[haghoi ba ye inthekhab **kawe**] هغوی به یی انتخاب **کوی**

Future Perfective

1st per. sing.	2ndper. sing.	3rd per. sing.	1st per. plu.	2ndper. plu.	3rd per. plu.
[za ba ye inthekhab **kram**] زه به یی انتخاب **کړم**	[tha ba ye inthekhab kre] ته به یی انتخاب **کړي**	[hagha ba ye inthekhab **kri**] هغه به یی انتخاب **کړی**	[mung ba ye inthekhab **kru**] مونږ به یی انتخاب **کړو**	[thasu ba ye inthekhab **kray**] تاسو به یی انتخاب **کړئ**	[haghoi ba ye inthekhab **kre**] هغوی به یی انتخاب **کړی**

Present Perfect

1st per. sing.	2ndper. sing.	3rd per. sing.	1st per. plu.	2ndper. plu.	3rd per. plu.
[ma inthekhab kre **da**] ما انتخاب کړی **د**	[tha inthekhab kre **de**] تا انتخاب کړی **دي**	[hagha inthekhab kre **di**] هغه انتخاب کړی **دی**	[mung inthekhab kre **da**] مونږ انتخاب کړی **ده**	[thasu inthekhab kre **de**] تاسو انتخاب کړی **دی**	[haghoi inthekhab kre **de]** هغوی انتخاب کړی **دي**

Past Perfect

1st per. sing.	2nd per. sing.	3rd per. sing. f/m	1st per. plu.	2nd per. plu.	3rd per. plu. f/m
[ma inthekhab kre wa] ما انتخاب کړی وه	[tha inthekhab kre wa] تا انتخاب کړي وه	[hagha inthekhab kre wa/way] هغه انتخاب کړی وه/وئ	[mung inthekhab kre way] مونږ انتخاب کړی وو	[thasu inthekhab kre way] تاسو انتخاب کړی وئ	[haghoi inthekhab kre **wu/ we**] هغوی انتخاب کړی وو/وي

Future Perfect

1st per. sing.	2nd per. sing.	3rd per. sing.	1st per. plu.	2nd per. plu.	3rd per. plu.
[ma ba inthekhab kre **we**] ما به انتخاب کړی وی	[tha ba inthekhab kre **we**] تا به انتخاب کړی وي	[hagha ba inthekhab kre **wi**] هغه به انتخاب کړی وي	[mung ba inthekhab kre **wa**] مونږ به انتخاب کړی وی	[thasu ba inthekhab kre **we**] تاسو به انتخاب کړی وی	[haghoi ba inthekhab kre **we**] هغوی انتخاب کړی وی

To close – بندول [bandawal]
(Derivative Verb)

Present Imperfective

1st per. sing.	2nd per. sing.	3rd per. sing.	1st per. plu.	2nd per. plu.	3rd per. plu.
[za ye bandawam]	[tha ye bandawe]	[hagha ye bandawi]	[mung ye bandawu]	[thasu ya bandaway]	[haghoi ye bandawe]
زه یی بندوم	ته یی بندوي	هغه یی بندوی	مونږ یی بندو	تاسو یی بندوئ	هغوی یی بندوی

Present Perfective

1st per. sing.	2nd per. sing.	3rd per. sing.	1st per. plu.	2nd per. plu.	3rd per. plu.
[za ye band **kram**]	[tha ye band **kre**]	[hagha ye band **kri**]	[mung ye band **kru**]	[thasu ye band **kray**]	[haghoi ye band **kre**]
زه یی بند کړم	ته یی بند کړي	هغه یی بند کړی	مونږ یی بند کړو	تاسو یی بند کړئ	هغوی یی بند کړی

Past Imperfective

1st per. sing.	2nd per. sing.	3rd per. sing. f/m	1st per. plu.	2nd per. plu.	3rd per. plu. f/m
[ma banda**walo**]	[tha banda**wale**]	[hagha banda**wale**/banda**walay**]	[mung **bandawalu**]	[thasu banda**walay**]	[haghoi banda**walo**/banda**wale**]
ما بندولو	تا بندولي	هغه بندولی/بندولي	مونږ بندولو	تاسو بندولئ	هغوی یی بندولو/بندولي

Past Perfective

1st per. sing.	2nd per. sing.	3rd per. sing. f/m	1st per. plu.	2nd per. plu.	3rd per. plu. f/m
[za **ye** band kram] زه **یی** بند کړم	[tha **ye** band kre] ته **یی** بند کړي	[hagha **ye** band kri] هغه **یی** بند کړی/کړی	[mung **ye** band kru] مونږ **یی** بند کړو	[thasu **ye** band kray] تاسو **یی** بند کړئ	[haghoi **ye** band kre] هغوی **يي** بند کړی/کړي

Future Imperfective

1st per. sing.	2nd per. sing.	3rd per. sing.	1st per. plu.	2nd per. plu.	3rd per. plu. f/m
[za ba **ye** bandawam] زه به **یی** بندوم	[tha ba **ye** bandawe] ته به **یی** بندوي	[hagha ba **ye** bandawi] هغه به **یی** بندوی	[mung ba **ye** bandawu] مونږ به **یی** بندو	[thasu ba **ya** bandaway] تاسو به **یی** بندوئ	[haghoi ba **ye** bandawe] هغوی به **یی** بندوی

Future Perfective

1st per. sing.	2nd per. sing.	3rd per. sing.	1st per. plu.	2nd per. plu.	3rd per. plu.
[za ba **ye** band kram] زه به **یی** بند کړم	[tha ba **ye** band kre] ته به **یی** بند کړي	[hagha ba **ye** band kri] هغه به **یی** بند کړی	[mung ba **ye** band kru] مونږ به **یی** بند کړو	[thasu ba **ye** band kray] تاسو به **یی** بند کړئ	[haghoi ba **ye** band kre] هغوی به **ی‌ی** بند کړی

Present Perfect

1st per. sing.	2nd per. sing.	3rd per. sing.	1st per. plu.	2nd per. plu.	3rd per. plu.
[ma band kre **da**] ما بند کړی **ده**	[tha band dre **de**] تا بند کړی **دي**	[hagha band kre **di**] هغه بند کړی **دی**	[mung band kre **de**] مونږ بند کړی **دی**	[thasu band kray **day**] تاسو بند کړی **دئ**	[haghoi band kre **de**] هغوی بند کړی **دی**

Past Perfect

1st per. sing.	2nd per. sing.	3rd per. sing. f/m	1st per. plu.	2nd per. plu.	3rd per. plu. f/m
[ma band kre **wa**] ما بند کړی وه	[tha band dre **we**] تا بند کړی وي	[hagha band kre wi] هغه بند کړی وی	[mung band kre **we**] مونږ بند کړی وی	[thasu **band kray way**] تاسو بند کړی وئ	[haghoi **band kre we**] هغوی بند کړی وی

Future Perfect

1st per. sing.	2nd per. sing.	3rd per. sing.	1st per. plu.	2nd per. plu.	3rd per. plu.
[ma band kre w**a**] ما به بند کړی وه	[tha **band dre we**] تابه بند کړي وي	[hagha **band kre wi**] هغه به بند کړی وی	[mung band kre **we**] مونږ به بند کړی وی	[thasu band kray **way**] تاسو به بند کړی وئ	[haghoi band kre **we**] هغوی به بند کړی وی

To come –راتلل[rathlal]
(Doubly Irregular Verb)

Present Imperfective

1st per. sing.	2ndper. sing.	3rd per. sing.	1st per. plu.	2ndper. plu.	3rd per. plu.
[za **razam**] زه راځم	[tha **raze**] ته راځي	[hagha **razi**] هغه راځی	[mung **razu**] مونږ راځو	[thasu **razay**] تاسو راځئ	[haghoi **raze**] هغوی راځی

Present Perfective

1st per. sing.	2ndper. sing.	3rd per. sing.	1st per. plu.	2ndper. plu.	3rd per. plu.
[za **rasham**] زه راشم	[tha **rashe**] ته راشي	[hagha **rashe**] هغه راشی	[mung **rashu**] مونږ راشو	[thasu **rashay**] تاسو راشئ	[haghoi **rashe**] هغوی راشی

Past Imperfective

1st per. sing.	2ndper. sing.	3rd per. sing. f/m	1st per. plu.	2ndper. plu.	3rd per. plu. f/m
[za rathlalam] زه راتللم	[tha rath**lale**] ته راتللي	[hagha rath**lalo**/rath**lala**] هغه راتللو/راتلله	[mung rath**lalu**] مونږ راتللو	[thasu rath**lalay**] تاسو راتللئ	[haghoi rath**lal**/rathla**le**] هغوی راتلل/راتللي

Past Perfective

1st per. sing.	2ndper. sing.	3rd per. sing. f/m	1st per. plu.	2ndper. plu.	3rd per. plu. f/m
[za **raghlalam**] زه راغللم	[tha raghlale] ته راغللي	[hagha raghi/ **raghlala**] هغه راغی/راغلله	[mung **raghlalu**] مونږ راغللو	[thasu **raghlalay**] تاسو راغللئ	[haghoi **raghlal/raghlale**] هغوی راغلل/راغللی

Future Imperfective

1st per. sing.	2ndper. sing.	3rd per. sing.	1st per. plu.	2ndper. plu.	3rd per. plu. f/m
[za **ba** razam] زه **به** راځم	[tha **ba** raze] ته **به** راځي	[hagha **ba** razi] هغه **به** راځی	[mung **ba** razu] مونږ **به** راځو	[thasu **ba** razay] تاسو **به** راځئ	[haghoi **ba** raze] هغوی **به** راځی

Future Perfective

1st per. sing.	2ndper. sing.	3rd per. sing.	1st per. plu.	2ndper. plu.	3rd per. plu.
[za ba **rasham**] زه به راشم	[tha ba **rashe**] ته به راشي	[hagha ba **rashe**] هغه به راشی	[mung ba **rashu**] مونږ به راشو	[thasu ba **rashay**] تاسو به راشئ	[haghoi ba **rashe**] هغوی به راشی

Present Perfect

1st per. sing.	2ndper. sing.	3rd per. sing.	1st per. plu.	2ndper. plu.	3rd per. plu.
[za raghle **yam**] زه راغلی یم	[tha raghle **ye**] ته راغلی يي	[hagha raghle **di**] هغه راغلی دی	[mung raghle **yu**] مونږ راغلی یو	[thasu raghle **ye**] تاسو راغلی يي	[haghoi raghle **de**] هغوی راغلی دی

Past Perfect

1st per. sing.	2ndper. sing.	3rd per. sing. f/m	1st per. plu.	2ndper. plu.	3rd per. plu. f/m
[za raghle **wam**] زه راغلی وم	[tha raghle **we**] ته راغلی وي	[hagha raghle **wa**] هغه راغلی وه	[mung raghle **wu**] مونږ راغلی وو	[thasu raghle **way**] تاسو راغلی وی	[haghoi raghle **wa**] هغوی راغلی وه

Future Perfect

1st per. sing.	2nd per. sing.	3rd per. sing.	1st per. plu.	2nd per. plu.	3rd per. plu.
[za ba raghle **yam**] زه به راغلی یم	[tha ba raghle **ye**] ته به راغلی يي	[hagha ba raghle **di**] هغه به راغلی دی	[mung ba raghle **yu**] مونږ به راغلی یو	[thasu ba raghle **ye**] تاسو به راغلی يي	[haghoi ba raghle **de**] هغوی به راغلی دی

To cook – پاخه کول [pakha kawal]
(Derivative Verb)

Present Imperfective

1st per. sing.	2nd per. sing.	3rd per. sing.	1st per. plu.	2nd per. plu.	3rd per. plu.
[za ye pakha kawam]	[tha ye pakha kawe]	[hagha ye pakha kawi]	[mung ye pakha kawu]	[thasu ye pakha kaway]	[haghoi ye pakha kawe]
زه یی پاخه کوم	ته یی پاخه کوې	هغه یی پاخه کوی	مونږ یی پاخه کوو	تاسو یی پاخه کوئ	هغوی یی پاخه کوی

Present Perfective

1st per. sing.	2nd per. sing.	3rd per. sing.	1st per. plu.	2nd per. plu.	3rd per. plu.
[za ye pakha kram]	[tha ye pakha kre]	[hagha ye pakha kri]	[mung ye pakha kru]	[thasu ye pakha kray]	[haghoi ye pakha kre]
زه یی پاخه کرم	ته یی پاخه کرې	هغه یی پاخه کری	مونږ یی پاخه کرو	تاسو یی پاخه کرئ	هغوی یی پاخه کری

Past Imperfective

1st per. sing.	2nd per. sing.	3rd per. sing. f/m	1st per. plu.	2nd per. plu.	3rd per. plu. f/m
[pakha kawal me]	[tha pakha kawale]	[hagha pakha kawa/kawala]	[mung pakha kawalu]	[thasu pakha kawalay]	[haghoi pakha kawal/kawalay]
پاخه کول می	تا پاخه کولې	هغه پاخه کوه/کوله	مونږ پاخه کولو	تاسو پاخه کولئ	هغوی پاخه کول/کولئ

Past Perfective

1st per. sing.	2ndper. sing.	3rd per. sing. f/m	1st per. plu.	2ndper. plu.	3rd per. plu. f/m
[za ye pakha **kram**] زه یی پاخه کړم	[tha ye pakha **kre**] ته یی پاخه کړي	[hagha ye pakha **kar/kra**] هغه پاخه کړ/ کړه	[mung ye pakha **kru**] مونږ یی پاخه کړو	[thasu ye pakha **kray**] تاسو یی پاخه کړئ	[haghoi ye pakha **kre/krè**] هغوی یی پاخه کړه/کړي

Future Imperfective

1st per. sing.	2ndper. sing.	3rd per. sing.	1st per. plu.	2ndper. plu.	3rd per. plu. f/m
[za ba ye pakha **kawam**] زه به یی پاخه کوم	[tha ba ye pakha **kawe**] ته به یی پاخه کوي	[hagha ba ye pakha **kawi**] هغه به یی پاخه کوی	[mung ba ye pakha **kawu**] مونږ به یی پاخه کوو	[thasu ba ye pakha **kaway**] تاسو به یی پاخه کوئ	[haghoi ba ye pakha **kawe**] هغوی به یی پاخه کوی

Future Perfective

1st per. sing.	2ndper. sing.	3rd per. sing.	1st per. plu.	2ndper. plu.	3rd per. plu.
[za ba ye pakha **kram**] زه به یی پاخه کړم	[tha ba ye pakha **kre**] ته به یی پاخه کړي	[hagha ba ye pakha **kri**] هغه به یی پاخه کړی	[mung ba ye pakha **kru**] مونږ به یی پاخه کړو	[thasu ba ye pakha **kray**] تاسو به یی پاخه کړئ	[haghoi ba ye pakha **kre**] هغوی به یی پاخه کړی

Present Perfect

1st per. sing.	2ndper. sing.	3rd per. sing.	1st per. plu.	2ndper. plu.	3rd per. plu.
[ma pakha kre **da**] ما پاخه کړی ده	[tha pakha kre **de**] تا پاخه کړی دي	[hagha pakha kre **di**] هغه پاخه کړی دی	[mung pakha kre **da**] مونږ پاخه کړی ده	[thasu pakha kre **de**] تاسو پاخه کړی دی	[haghoi pakha kre **de**] هغوی پاخه کړی دي

Past Perfect

1st per. sing.	2ndper. sing.	3rd per. sing. f/m	1st per. plu.	2ndper. plu.	3rd per. plu. f/m
[ma pakha kre **wa**] ما پاخه کړی وه	[tha pakha kre **wa**] تا پاخه کړي وه	[hagha pakha kre **wa/way**] هغه پاخه کړی وه/وئ	[mung pakha kre **way**] مونږ پاخه کړی وو	[thasu pakha kre **way**] تاسو پاخه کړی وئ	[haghoi pakha kre **wu/ we**] هغوی پاخه کړی وو/وي

Future Perfect

1st per. sing.	2ndper. sing.	3rd per. sing.	1st per. plu.	2ndper. plu.	3rd per. plu.
[ma ba pakha kre **we**] ما به پاخه کړی وی	[tha ba pakha kre **we**] تا به پاخه کړی وي	[hagha ba pakha kre **wi**] هغه به پاخه کړی وی	[mung ba pakha kre w**a**] مونږ به پاخه کړی وی	[thasu ba pakha kre **we**] تاسو به پاخه کړی وی	[haghoi ba pakha kre **we**] هغوی پاخه کړی وی

To cry –ژړل [jral]

(Simple Verb)

Present Imperfective

1st per. sing.	2nd per. sing.	3rd per. sing.	1st per. plu.	2nd per. plu.	3rd per. plu.
[**za** jaram] زه ژاړم	[**tha** jare] ته ژاړي	[**hagha** jari] هغه ژاړی	[**mung** jaru] مونږژاړو	[**thasu** jaray] تاسو ژاړئ	[**haghoi** jari] هغوی ژاړی

Present Perfective

1st per. sing.	2nd per. sing.	3rd per. sing.	1st per. plu.	2nd per. plu.	3rd per. plu.
[**za** wajaram] زه وژاړم	[**tha** wajare] ته وژاړي	[**hagha** wajari] هغه وژاړی	[**mung** wajaru] مونږ وژاړو	[**thasu** wajaray] تاسو وژاړئ	[**haghoi** wajari] هغوی وژاړی

Past Imperfective

1st per. sing.	2nd per. sing.	3rd per. sing. f/m	1st per. plu.	2nd per. plu.	3rd per. plu. f/m
[**ma** jral] ما ژړل	[**tha** jrale] تا ژړلي	[**hagha** jral/jral] هغه ژړل/ژړل	[**mung** jralu] مونږ ژړلو	[**thasu** jralay] تاسو ژړلئ	[**haghoi** jrali/jrali] هغوی ژړلی/ژړلي

Past Perfective

1st per. sing.	2nd per. sing.	3rd per. sing. f/m	1st per. plu.	2nd per. plu.	3rd per. plu. f/m
[**ma** wajral] ما و ژړل	[**tha** wajrale] تا وژړلي	[**hagha** wajral/wajral] هغه وژړل/وژړل	[**mung** wajralu] مونږ وژړلو	[**thasu** wajralay] تاسو وژړلئ	[**haghoi** wajrali/wajrali] هغوی وژړلی/وژړلي

Future Imperfective

1st per. sing.	2nd per. sing.	3rd per. sing.	1st per. plu.	2nd per. plu.	3rd per. plu. f/m
[za **ba** jaram] زه به ژارم	[tha **ba** jare] ته به ژاري	[hagha **ba** jari] هغه به ژاړی	[mung **ba** jaru] مونږ به ژارو	[thasu **ba** jaray] تاسو به ژاړئ	[haghoi **ba** jari] هغوی به ژاړی

Future Perfective

1st per. sing.	2nd per. sing.	3rd per. sing.	1st per. plu.	2nd per. plu.	3rd per. plu.
[za **ba** wajaram] زه به وژاړم	[tha **ba** wajare] ته به وژاړي	[hagha **ba** wajari] هغه به وژاړی	[mung **ba** wajaru] مونږ به وژاړو	[thasu **ba** wajaray] تاسو به وژاړئ	[haghoi **ba** wajari] هغوی به وژاړی

Present Perfect

1st per. sing.	2nd per. sing.	3rd per. sing.	1st per. plu.	2nd per. plu.	3rd per. plu.
[ma jrale **de**] ما ژړلی دی	[tha jrale **de**] تا ژړلی دي	[hagha jrale **de**] هغه ژړلی دی	[mung jrale **de**] مونږژړلی دي	[thasu jrale **de**] تاسو ژړلی دي	[haghoi jrale **de**] هغوی ژړلی دي

Past Perfect

1st per. sing.	2nd per. sing.	3rd per. sing. f/m	1st per. plu.	2nd per. plu.	3rd per. plu. f/m
[ma jrale **wa**] ما ژړلی وه	[tha jrale **wa**] تا ژړلی وه	[hagha jrale **wa**] هغه ژړلی وه	[mung jrale **wu**] مونږژړلی وو	[thasu jrale **wa**] تاسو ژړلی وه	[haghoi jrale **wa**] هغوی ژړلی وه

Future Perfect

1st per. sing.	2nd per. sing.	3rd per. sing.	1st per. plu.	2nd per. plu.	3rd per. plu.
[ma ba jrale **we**] ما به ژړلی وی	[tha ba jrale **we**] تا به ژړلی وی	[hagha ba jrale **we**] هغه به ژړلی وی	[mung be jrale **we**] مونږ به ژړلی وی	[thasu ba jrale **way**] تاسو به ژړلی وی	[haghoi ba jrale **we**] هغوی به ژړلی وی

To dance –گډیدل [gadedal]

(Simple Verb)

Present Imperfective

1st per. sing.	2nd per. sing.	3rd per. sing.	1st per. plu.	2nd per. plu.	3rd per. plu.
[**za** gadegam] زه ګډیګم	[**tha** gadege] ته ګډیګي	[**hagha** gadegi] هغه ګډیګی	[**mung** gadegu] مونږ ګډیګو	[**thasu** gadegay] تاسو ګډیګئ	[**haghoi** gadegi] هغوی ګډیګی

Present Perfective

1st per. sing.	2nd per. sing.	3rd per. sing.	1st per. plu.	2nd per. plu.	3rd per. plu.
[za wagadegam] زه وګډیګم	[tha wagadege] ته وګډیګي	[hagha wagadegi] هغه وګډیګی	[mung wagadegu] مونږ وګډیګو	[thasu wagadegay] تاسو وګډیګئ	[haghoi wagadegi] هغوی وګډیګی

Past Imperfective

1st per. sing.	2nd per. sing.	3rd per. sing. f/m	1st per. plu.	2nd per. plu.	3rd per. plu. f/m
[za gade**dam**] زه ګډیدم	[tha gade**de**] ته ګډیدي	[hagha gade**da**/gadeday] هغه ګډیده/ګډیدئ	[mung gade**du**] مونږ ګډیدو	[thasu gade**day**] تاسو ګډیدئ	[haghoi gade**dal**/gadede] هغوی ګډیدل/ګډیدي

Past Perfective

1st per. sing.	2nd per. sing.	3rd per. sing. f/m	1st per. plu.	2nd per. plu.	3rd per. plu. f/m
[**za** wagadedam] زه وګډیدم	[**tha** wagadede] ته وګډیدي	[**hagha** wagadeda/wagadeda] هغه وګډیده/وګډیده	[**mung** wagadedu] مونږ وګډیدو	[**thasu** wagadeday] تاسو وګډیدئ	[**haghoi** wagadedal/wagadede] هغوی وګډیدل/وګډیدي

Future Imperfective

1st per. sing.	2nd per. sing.	3rd per. sing.	1st per. plu.	2nd per. plu.	3rd per. plu. f/m
[za **ba** gadegam] زه به ګډیګم	[tha **ba** gadege] ته به ګډیګي	[hagha **ba** gadegi] هغه به ګډیګی	[mung **ba** gadegu] مونږ به ګډیګو	[thasu **ba** gadegay] تاسو به ګډیګئ	[haghoi **ba** gadegi] هغوی به ګډیګی

Future Perfective

1st per. sing.	2nd per. sing.	3rd per. sing.	1st per. plu.	2nd per. plu.	3rd per. plu.
[za **ba** wagadegam] زه به وګډیګم	[tha **ba** wagadege] ته به وګډیګي	[hagha **ba** wagadegi] هغه به وګډیګی	[mung **ba** wagadegu] مونږ به وګډیګو	[thasu **ba** wagadegay] تاسو به وګډیګئ	[haghoi **ba** wagadegi] هغوی به وګډیګی

Present Perfect

1st per. sing.	2nd per. sing.	3rd per. sing.	1st per. plu.	2nd per. plu.	3rd per. plu.
[za gadedale **yam**] زه ګډیدلی یم	[tha gadedale **ye**] ته ګډیدلی یی	[hagha gadedale **di**] هغه ګډیدلی دی	[mung gadedale **yu**] مونږ ګډیدلی یو	[thasu gadedale **ye**] تاسو ګډیدلی یي	[haghoi gadedale **di**] هغوی ګډیدلی دی

Past Perfect

1st per. sing.	2nd per. sing.	3rd per. sing. f/m	1st per. plu.	2nd per. plu.	3rd per. plu. f/m
[za gadedale w**am**] زه ګډیدلی وم	[tha gadedale **we**] ته ګډیدلی وي	[hagha gadedale **wa/way**] هغه ګډیدلی وه/وئ	[mung gadedale w**u**] مونږ ګډیدلی وو	[thasu gadedale **way**] تاسو ګډیدلی وئ	[haghoi gadedale **wa/we**] هغوی ګډیدلی وه/وی

Future Perfect

1st per. sing.	2nd per. sing.	3rd per. sing.	1st per. plu.	2nd per. plu.	3rd per. plu.
[za ba gadedale **yam**] زه به ګډیدلی یم	[tha ba gadedale **ye**] ته به ګډیدلی یی	[hagha ba gadedale **wi**] هغوی به ګډیدلی وی	[mung ba gadedale **yu**] مونږ به ګډیدلی یو	[thasu ba gadedale **ye**] تاسو به ګډیدلی یي	[haghoi ba gadedale **wi**] هغوی به ګډیدلی وی

To decide – فيصله کول [faisla kawal]

(Simple Verb)

Present Imperfective

1st per. sing.	2ndper. sing.	3rd per. sing.	1st per. plu.	2ndper. plu.	3rd per. plu.
[za faisla **kawam**] زه فيصله **کوم**	[tha faisla **kawe**] ته فيصله **کوي**	[hagha faisla **kawi**] هغه فيصله **کوی**	[mung faisla **kawu**] مونږ فيصله **کوو**	[thasu faisla **kaway**] تاسو فيصله **کوئ**	[haghoi faisla **kawe**] هغوی فيصله **کوی**

Present Perfective

1st per. sing.	2ndper. sing.	3rd per. sing.	1st per. plu.	2ndper. plu.	3rd per. plu.
[za **ye** faisla kram] زه **يی** فيصله کړم	[tha **ye** faisla kre] ته **يی** فيصله کړي	[hagha **ye** faisla kri] هغه **يی** فيصله کړی	[mung **ye** faisla kru] مونږ **يی** فيصله کړو	[thasu **ye** faisla kray] تاسو **يی** فيصله کړئ	[haghoi **ye** faisla kre] هغوی **يی** فيصله کړی

Past Imperfective

1st per. sing.	2ndper. sing.	3rd per. sing. f/m	1st per. plu.	2ndper. plu.	3rd per. plu. f/m
[faisla kawal **me**] فيصله کول **مې**	[tha faisla kawale] تا فيصله کولي	[hagha faisla **kawa/kawala**] هغه فيصله **کوه /کوله**	[mung faisla **kawalu**] مونږ فيصله **کولو**	[thasu faisla **kawalay**] تاسو فيصله **کولئ**	[haghoi faisla **kawal/kawalay**] هغوی فيصله **کول/کولئ**

Past Perfective

1st per. sing.	2ndper. sing.	3rd per. sing. f/m	1st per. plu.	2ndper. plu.	3rd per. plu. f/m
[za ye faisla **kram**] زه یی فیصله **کړم**	[tha ye faisla **kre**] ته یی فیصله **کړي**	[hagha ye faisla **kar/kra**] هغه فیصله کړ/ کړه	[mung ye faisla **kru**] مونږ یی فیصله **کړو**	[thasu ye faisla **kray**] تاسو یی فیصله **کړئ**	[haghoi ye faisla **kre/krè**] هغوی یی فیصله **کړه/کړي**

Future Imperfective

1st per. sing.	2ndper. sing.	3rd per. sing.	1st per. plu.	2ndper. plu.	3rd per. plu. f/m
[za ba ye faisla **kawam**] زه به یی فیصله **کوم**	[tha ba ye faisla **kawe**] ته به یی فیصله **کوي**	[hagha ba ye faisla **kawi**] هغه به یی فیصله **کوی**	[mung ba ye faisla **kawu**] مونږ به یی فیصله **کوو**	[thasu ba ye faisla **kaway**] تاسو به یی فیصله **کوئ**	[haghoi ba ye faisla **kawe**] هغوی به یی فیصله **کوی**

Future Perfective

1st per. sing.	2ndper. sing.	3rd per. sing.	1st per. plu.	2ndper. plu.	3rd per. plu.
[za ba ye faisla **kram**] زه به یی فیصله **کړم**	[tha ba ye faisla **kre**] ته به یی فیصله **کړي**	[hagha ba ye faisla **kri**] هغه به یی فیصله **کړی**	[mung ba ye faisla **kru**] مونږ به یی فیصله **کړو**	[thasu ba ye faisla **kray**] تاسو به یی فیصله **کړئ**	[haghoi ba ye faisla **kre**] هغوی به یی فیصله **کړی**

Present Perfect

1st per. sing.	2ndper. sing.	3rd per. sing.	1st per. plu.	2ndper. plu.	3rd per. plu.
[ma faisla kre **da**] ما فیصله کړی **ده**	[tha faisla kre **de**] تا فیصله کړی **دي**	[hagha faisla kre **di**] هغه فیصله کړی **دی**	[mung faisla kre **da**] مونږ فیصله کړی **ده**	[thasu faisla kre **de**] تاسو فیصله کړی **دی**	[haghoi faisla kre **de]** هغوی فیصله کړی **دي**

Past Perfect

1st per. sing.	2nd per. sing.	3rd per. sing. f/m	1st per. plu.	2nd per. plu.	3rd per. plu. f/m
[ma faisla kre **wa**] ما فیصله کړی وه	[tha faisla kre **wa**] تا فیصله کړي وه	[hagha faisla kre **wa/way**] هغه فیصله کړی وه/وئ	[mung faisla kre **way**] مونږ فیصله کړی وو	[thasu faisla kre **way**] تاسو فیصله کړی وئ	[haghoi faisla kre **wu/we**] هغوی فیصله کړی وو/وي

Future Perfect

1st per. sing.	2nd per. sing.	3rd per. sing.	1st per. plu.	2nd per. plu.	3rd per. plu.
[ma ba faisla kre **we**] ما به فیصله کړی وی	[tha ba faisla kre **we**] تا به فیصله کړی وي	[hagha ba faisla kre **wi**] هغه به فیصله کړی وی	[mung ba faisla kre **wa**] مونږ به فیصله کړی وی	[thasu ba faisla kre **we**] تاسو به فیصله کړی وی	[haghoi ba faisla kre **we**] هغوی فیصله کړی وی

To decrease – کم کول [kam kawal]

(Simple Verb)

Present Imperfective

1st per. sing.	2ndper. sing.	3rd per. sing.	1st per. plu.	2ndper. plu.	3rd per. plu.
[za **ye** kam kawam] زه یی کم کوم	[tha **ye** kam kawe] ته یی کم کوي	[hagha **ye** kam kawi] هغه یی کم کوی	[mung **ye** kam kawu] مونږ یی کم کوو	[thasu **ye** kam kaway] تاسو یی کم کوئ	[haghoi **ye** kam kawe] هغوی یی کم کوی

Present Perfective

1st per. sing.	2ndper. sing.	3rd per. sing.	1st per. plu.	2ndper. plu.	3rd per. plu.
[za **ye** kam kram] زه یی کم کړم	[tha **ye** kam kre] ته یی کم کړي	[hagha **ye** kam kri] هغه یی کم کړی	[mung **ye** kam kru] مونږ یی کم کړو	[thasu **ye** kam kray] تاسو یی کم کړئ	[haghoi **ye** kam kre] هغوی یی کم کړی

Past Imperfective

1st per. sing.	2ndper. sing.	3rd per. sing. f/m	1st per. plu.	2ndper. plu.	3rd per. plu. f/m
[kam kawal **me**] کم کول **مى**	[tha kam kawale] تا کم کولي	[hagha kam **kawa/kawala**] هغه کم **کوه /کوله**	[mung kam **kawalu**] مونږ کم **کولو**	[thasu kam **kawalay**] تاسو کم **کولئ**	[haghoi kam **kawal/kawalay**] هغوی کم **کول/کولئ**

Past Perfective

1st per. sing.	2ndper. sing.	3rd per. sing. f/m	1st per. plu.	2ndper. plu.	3rd per. plu. f/m
[za ye kam **kram**] زه یی کم **کړم**	[tha ye kam **kre**] ته یی کم **کړي**	[hagha ye kam **kar/kra**] هغه یی کم **کړ/ کړه**	[mung ye kam **kru**] مونږ یی کم **کړو**	[thasu ye kam **kray**] تاسو یی کم **کړئ**	[haghoi ye kam **kre/krè**] هغوی یی کم **کړه/کړي**

Future Imperfective

1st per. sing.	2ndper. sing.	3rd per. sing.	1st per. plu.	2ndper. plu.	3rd per. plu. f/m
[za ba ye kam **kawam**] زه به یی کم **کوم**	[tha ba **ye kam kawe**] ته به یی کم **کوي**	[hagha ba ye kam **kawi**] هغه به یی کم **کوی**	[mung ba ye kam **kawu**] مونږ به یی کم **کوو**	[thasu ba ye kam **kaway**] تاسو به یی کم **کوئ**	[haghoi ba ye kam **kawe**] هغوی به یی کم **کوی**

Future Perfective

1st per. sing.	2ndper. sing.	3rd per. sing.	1st per. plu.	2ndper. plu.	3rd per. plu.
[za ba ye kam **kram**] زه به یی کم **کړم**	[tha ba ye kam **kre**] ته به یی کم **کړي**	[hagha ba ye kam **kri**] هغه به یی کم **کړی**	[mung ba ye kam **kru**] مونږ به یی کم **کړو**	[thasu ba ye kam **kray**] تاسو به یی کم **کړئ**	[haghoi ba ye kam **kre**] هغوی به یی کم **کړی**

Present Perfect

1st per. sing.	2ndper. sing.	3rd per. sing.	1st per. plu.	2ndper. plu.	3rd per. plu.
[ma kam kre **da**] ما کم کړی **ده**	[tha kam kre **de**] تا کم کړی **دي**	[hagha kam kre **di**] هغه کم کړی **دی**	[mung kam kre **da**] مونږ کم کړی **ده**	[thasu kam kre **de**] تاسو کم کړی **دی**	[haghoi kam kre **de]** هغوی کم کړی **دي**

Past Perfect

1st per. sing.	2ndper. sing.	3rd per. sing. f/m	1st per. plu.	2ndper. plu.	3rd per. plu. f/m
[ma kam kre **wa**] ما کم کړی وه	[tha kam kre **wa**] تا کم کړي وه	[hagha kam kre **wa/way**] هغه کم کړی وه/وئ	[mung kam kre **way**] مونږ کم کړی وو	[thasu kam kre **way**] تاسو کم کړی وئ	[haghoi kam kre **wu/ we**] هغوی کم کړی وو/وي

Future Perfect

1st per. sing.	2nd per. sing.	3rd per. sing.	1st per. plu.	2nd per. plu.	3rd per. plu.
[ma ba kam kre **we**]	[tha ba kam kre **we**]	[hagha ba kam kre **wi**]	[mung ba kam kre w**a**]	[thasu ba kam kre **we**]	[haghoi ba kam kre **we**]
ما به کم کری وی	تا به کم کری وي	هغه به کم کری وی	مونږ به کم کری وی	تاسو به کم کری وی	هغوی کم کری وی

To die –مره کیدل [mra kedal]

(Derivative Verb)

Present Imperfective

1st per. sing.	2ndper. sing.	3rd per. sing.	1st per. plu.	2ndper. plu.	3rd per. plu.
za mar] [**kegam** زه مړ کیږم	[tha mar **kege**] ته مړ کیږي	[hagha mar **kegi**] هغه مړ کیږی	[mung mra **kegu**] مونږ مړه کیږو	[thasu mra **kegay**] تاسو مړه کیږئ	[haghoi mra **kege**] هغوی مړه کیږی

Present Perfective

1st per. sing.	2ndper. sing.	3rd per. sing.	1st per. plu.	2ndper. plu.	3rd per. plu.
za mar] [**sham** زه مړ شم	[tha mar **she**] ته مړ شي	[hagha mar **shi**] هغه مړ شی	[mung mra **shu**] مونږ مړه شو	[thasu mra **shay**] تاسو مړه شئ	[haghoi mra **shi**] هغوی مړه شي

Past Imperfective

1st per. sing.	2ndper. sing.	3rd per. sing. f/m	1st per. plu.	2ndper. plu.	3rd per. plu. f/m
za mar] [**kedam** زه مړ کیدم	[tha mar **kede**] ته مړ کیدي	[hagha mar **keda/keday**] هغه مړ کیده/ مړه کیدئ	[mung mra **kedu**] مونږ مړه کیدو	thasu mra] [**keday** تاسو مړه کیدئ	haghoi mra] [**kedal/kede** هغوی مړه کیدل/کیدي

Past Perfective

1st per. sing.	2ndper. sing.	3rd per. sing. f/m	1st per. plu.	2ndper. plu.	3rd per. plu. f/m
za mar] [**shwam** زه مړ شوم	[tha mar **shwe**] ته مړ شوي	[hagha mar **sha**/ mra **shwa**] هغه مړ شه/ مړه شوه	[mung mra **shwu**] مونږ مړه شوو	[thasu mra **shway**] تاسو مړه شوئ	[haghoi mra **shwal**/ mre **shwe**] هغوی مړه شول/مړی شوي

Future Imperfective

1st per. sing.	2ndper. sing.	3rd per. sing.	1st per. plu.	2ndper. plu.	3rd per. plu. f/m
za **ba** mar] [kegam زه **به** مړ کیږم	[tha **ba** mar kege] ته **به** مړ کیږي	[hagha **ba** mar kegi] هغه **به** مړ کیږی	[mung **ba** mra kegu] مونږ **به** مړه کیږو	[thasu **ba** mra kegay] تاسو **به** مړه کیږئ	[haghoi **ba** mra kege] هغوی **به** مړه کیږی

Future Perfective

1st per. sing.	2ndper. sing.	3rd per. sing.	1st per. plu.	2ndper. plu.	3rd per. plu.
za mar] [**sham** زه به مړ **شم**	[tha ba mar **she**] ته به مړ **شي**	[hagha **ba mar shi**] هغه به مړ **شی**	[mung ba mra **shu**] مونږ به مړه **شو**	[thasu ba mra **shay**] تاسو به مړه **شئ**	[haghoi ba mra **she**] **هغوی** به مړه **شي**

Present Perfect

1st per. sing.	2ndper. sing.	3rd per. sing.	1st per. plu.	2ndper. plu.	3rd per. plu.
za mar shwe] **[yam** زه مړ شوی **یم**	[tha mar shwe **ye**] ته مړ شوی **یی**	[hagha mar shwi **da**] هغه مړ شوی **ده**	[mung mra shwe **yu**] مونږ مړه شوی **یو**	[thasu mra **ye**] تاسو مړه شوی **يي**	[haghoi mra shwe **di**] هغوی مړه شوی **دی**

Past Perfect

1st per. sing.	2ndper. sing.	3rd per. sing. f/m	1st per. plu.	2ndper. plu.	3rd per. plu. f/m
[za mar shwe **wam**] زه مړ شوي وم	[tha mar shwe **we**] ته مړ شوی وي	[hagha mar shwe **wa**/ mra shwe **way**] هغه مړ شوی وه/ وئ	[mung mra shwe **wu**] مونږ مړه شوی وو	[thasu mra shwe **way**] تاسو مړه شوی وئ	[haghoi mra shwe **wu**/ **we**] هغوی مړه شوی وو/وي

Future Perfect

1st per. sing.	2ndper. sing.	3rd per. sing.	1st per. plu.	2ndper. plu.	3rd per. plu.
[za **ba** mar shwe yam] زه **به** مړ شوی یم	[tha **ba** mar shwe ye] ته **به** مړ **شوی يي**	[hagha **ba** **mar** shwe wi] هغه **به** مړ شوی **وی**	[mung **ba** mra shwe yu] مونږ **به** مړه شوی **یو**	[thasu **ba** mra shwe ye] تاسو **به** مړه شوی **يي**	[haghoi **ba** mra shwe we] هغوی **به** مړه شوی وی

To do –کول [kawal]
(Transitive Auxiliary)

Present Imperfective

1st per. sing.	2ndper. sing.	3rd per. sing.	1st per. plu.	2ndper. plu.	3rd per. plu.
[za **ye** kawam] زه یی کوم	[tha **ye** kawe] ته یی کوي	[hagha **ye** kawi] هغه یی کوی	[mung **ye** kawu] مونږ یی کوو	[thasu **ye** kaway] تاسو یی کوئ	[haghoi **ye** kawe] هغوی یی کوی

Present Perfective

1st per. sing.	2ndper. sing.	3rd per. sing.	1st per. plu.	2ndper. plu.	3rd per. plu.
[za **ye** kram] زه یی کړم	[tha **ye** kre] ته یی کړي	[hagha **ye** kri] هغه یی کړی	[mung **ye** kru] مونږ یی کړو	[thasu **ye** kray] تاسو یی کړئ	[haghoi **ye** kre] هغوی یی کړی

Past Imperfective

1st per. sing.	2ndper. sing.	3rd per. sing. f/m	1st per. plu.	2ndper. plu.	3rd per. plu. f/m
[kawal **me**] کول می	[tha kawale] ته کولي	[hagha **kawa/kawala**] هغه کوه /کوله	[mung **kawalu**] مونږ کولی	[thasu **kawalay**] تاسو کولئ	[haghoi **kawal/kawalay**] هغوی کول/کولئ

Past Perfective

1st per. sing.	2ndper. sing.	3rd per. sing. f/m	1st per. plu.	2ndper. plu.	3rd per. plu. f/m
[za ye **kram**] زه یی کړم	[tha ye shro **kre**] ته یی کړي	[hagha ye **kar/kra**] هغه کړ/ کړه	[mung ye **kru**] مونږ یی کړو	[thasu ye **kray**] تاسو یی کړئ	[haghoi ye **kre/krè**] هغوی یی کړه/کړي

Future Imperfective

1st per. sing.	2ndper. sing.	3rd per. sing.	1st per. plu.	2ndper. plu.	3rd per. plu. f/m
[za ba ye **kawam**] زه به یی **کوم**	[tha ba **ye** **kawe**] ته به یی **کوي**	[hagha ba ye **kawi**] هغه به یی **کوی**	[mung ba ye **kawu**] مونږ به یی **کوو**	[thasu ba ye **kaway**] تاسو به یی **کوئ**	[haghoi ba ye **kawe**] هغوی به یی **کوی**

Future Perfective

1st per. sing.	2ndper. sing.	3rd per. sing.	1st per. plu.	2ndper. plu.	3rd per. plu.
[za ba ye **kram**] زه به یی **کړم**	[tha ba ye **kre**] ته به یی **کړي**	[hagha ba ye **kri**] هغه به یی **کړی**	[mung ba ye **kru**] مونږ به یی **کړو**	[thasu ba ye **kray**] تاسو به یی **کړئ**	[haghoi ba ye **kre**] هغوی به یی **کړی**

Present Perfect

1st per. sing.	2ndper. sing.	3rd per. sing.	1st per. plu.	2ndper. plu.	3rd per. plu.
[ma kre **da**] ما کړی ده	[tha kre **de**] تا کړی دي	[hagha kre **di**] هغه کړی دی	[mung kre **da**] مونږ کړی ده	[thasu kre **de**] تاسو کړی دی	[haghoi kre **de**] هغوی کړی دي

Past Perfect

1st per. sing.	2ndper. sing.	3rd per. sing. f/m	1st per. plu.	2ndper. plu.	3rd per. plu. f/m
[ma kre **wa**] ما کړی وه	[tha kre **wa**] تا کړي وه	[hagha kre **wa/way**] هغه کړی وه/وئ	[mung kre **way**] مونږ کړی وو	[thasu kre **way**] تاسو کړی وئ	[haghoi kre **wu/ we**] هغوی کړی وو/وي

Future Perfect

1st per. sing.	2nd per. sing.	3rd per. sing.	1st per. plu.	2nd per. plu.	3rd per. plu.
[ma ba kre we]	[tha ba kre we]	[hagha ba kre wi]	[mung ba kre wa]	[thasu ba kre we]	[haghoi ba kre we]
ما به کړی وي	تا به کړی وي	هغه به کړی وي	مونږ به کړی وي	تاسو به کړی وي	هغوی کړی وي

To drink –څښل [skal]

(Simple Verb)

Present Imperfective

1st per. sing.	2nd per. sing.	3rd per. sing.	1st per. plu.	2nd per. plu.	3rd per. plu.
[za **ye** skam زه یی څکم	[tha **ye** ske ته یی څکي	[hagha **ye** ski] هغه یی څکی	[mung **ye** sku] مونږ یی څکو	[thasu **ya** skay] تاسو یی څکئ	[haghoi **ye** ski] هغوی یی څکی

Present Perfective

1st per. sing.	2nd per. sing.	3rd per. sing.	1st per. plu.	2nd per. plu.	3rd per. plu.
[za **ye** waskam زه یي وڅکم	[tha **ye** waske ته یی وڅکي	[hagha **ye** waski] هغه یی وڅکی	[mung **ye** wasku] مونږ یی وڅکو	[thasu **ya** waskay] تاسو یی وڅکئ	[haghoi **ye** waski] هغوی یی وڅکی

Past Imperfective

1st per. sing.	2nd per. sing.	3rd per. sing. f/m	1st per. plu.	2nd per. plu.	3rd per. plu. f/m
[ma skale] ما څکلی	[tha skale] تا څکلي	[hagha skali/skali] هغه څکلی /څکلی	[mung skale] مونږ څکلی	[thasu skalay] تاسو څکلئ	[haghoi skale/skale] هغوی څکلی/څکلی

Past Perfective

1st per. sing.	2nd per. sing.	3rd per. sing. f/m	1st per. plu.	2nd per. plu.	3rd per. plu. f/m
[ma **waskal**] ما وڅکل	[tha **waskal**] تا وڅکل	[hagha **waskal**/skal] هغه وڅکل/ څکل	[mung **waskal**] مونږ وڅکل	[thasu **waskal**] تاسو وڅکل	[haghoi **waskal**/skal] هغوی وڅکل/څکل

Future Imperfective

1st per. sing.	2nd per. sing.	3rd per. sing.	1st per. plu.	2nd per. plu.	3rd per. plu. f/m
[za **ba** ye skam زه به یی ښکم	[tha **ba** ye ske ته به یی ښکي	[hagha **ba** ye ski] هغه به یی ښکی	[mung **ba** ye sku] مونږ به یی ښکو	[thasu **ba** ya skay] تاسو به یی ښکئ	[haghoi **ba** ye ski] هغوی به یی ښکی

Future Perfective

1st per. sing.	2nd per. sing.	3rd per. sing.	1st per. plu.	2nd per. plu.	3rd per. plu.
[za **ba** ye waskam ز به یی وڅکم	[tha **ba** ye waske ته به یي وڅکي	[hagha **ba** ye waski] هغه به یی وڅکی	[mung **ba** ye wasku] مونږ به یی وڅکو	[thasu **ba** ya waskay] تاسو به یی وڅکئ	[haghoi **ba** ye waski] هغوی به یی وڅکی

Present Perfect

1st per. sing.	2nd per. sing.	3rd per. sing.	1st per. plu.	2nd per. plu.	3rd per. plu.
[ma skale **de**] ما ښکلی دی	[tha skale **de**] تا ښکلی دي	[hagha skale **di**] هغه ښکلی دی	[mung skale **de**] مونږ ښکلی دی	[thasu skale **de**] تاسو ښکلی دئ	[haghoi skale **de**] هغوی ښکلی دی

Past Perfect

1st per. sing.	2nd per. sing.	3rd per. sing. f/m	1st per. plu.	2nd per. plu.	3rd per. plu. f/m
[ma skale **we**] ما ښکلی وه	[tha skale **we**] تا ښکلی وه	[hagha skale **wa/way**] هغه ښکلی وه/وئ	[mung skale **we**] مونږ ښکلی وه	[thasu skale **we**] تاسو ښکلی وه	[haghoi skale **wa/way**] هغوی ښکلی وه/وئ

Future Perfect

1st per. sing.	2nd per. sing.	3rd per. sing.	1st per. plu.	2nd per. plu.	3rd per. plu.
[ma **ba** skale we]	[tha **ba** skale we]	[hagha **ba** skale we/we]	[mung **ba** skale we]	[thasu **ba** skale we]	[haghoi **ba** skale wa/way]
ما به څکلی وی	تا به څکلی وی	هغه به څکلی وی/وی	مونږ به څکلی وی	تاسو به څکلی وی	هغوی به څکلی وی/وی

To drive –چلول [chalawal]

(Simple Verb)

Present Imperfective

1st per. sing.	2ndper. sing.	3rd per. sing.	1st per. plu.	2ndper. plu.	3rd per. plu.
[za **ye** chalawam] زه یی چلوم	[tha **ye** chalawe] ته یی چلوي	[hagha **ye** chalawi] هغه یی چلوی	[mung **ye** chalawu] مونږ یی چلو	[thasu **ya** chalaway] تاسو یی چلوئ	[haghoi **ye** chalawi] هغوی یی چلوی

Present Perfective

1st per. sing.	2ndper. sing.	3rd per. sing.	1st per. plu.	2ndper. plu.	3rd per. plu.
[za **ye** wachalawam زه یي وچلوم	[tha **ye** wachalawe ته یی وچلوي	[hagha **ye** wachalawi] هغه یی وچلوی	[mung **ye** wachalawu] مونږ یی وچلو	[thasu **ya** wachalaway] تاسو یی وچلوئ	[haghoi **ye** wachalawi] هغوی یی وچلوی

Past Imperfective

1st per. sing.	2ndper. sing.	3rd per. sing. f/m	1st per. plu.	2ndper. plu.	3rd per. plu. f/m
[ma chalawalo] ما چلولو	[tha chalawale] تا چلولي	[hagha chalawali/cha lawali] هغه چلولی /چلولی	[mung chalawale] مونږ چلولی	[thasu chalawalay] تاسو چلولئ	[haghoi chalawale/chalaw ale] هغوی چلولی/چلولی

Past Perfective

1st per. sing.	**2ndper. sing.**	**3rd per. sing. f/m**	**1st per. plu.**	**2ndper. plu.**	**3rd per. plu. f/m**
[ma wachalawalo] ما وچلولو	[tha wachalawalo] تا وچلولو	[hagha wachalawalo/ wachalawalo] هغه وچلولو /وچلولو	[mung wachalawalo] مونږ وچلولو	[thasu wachalawalo] تاسو وچلولو	[haghoi wachalawalo/wachalawalo] هغوی وچلولو/وچلولو

Future Imperfective

1st per. sing.	**2ndper. sing.**	**3rd per. sing.**	**1st per. plu.**	**2ndper. plu.**	**3rd per. plu. f/m**
[za ba **ye** chalawam] زه به یی چلوم	[tha ba **ye** chalawe] ته به یی چلوي	[hagha ba **ye** chalawi] هغه به یی چلوی	[mung ba **ye** chalawu] مونږ به یی چلو	[thasu ba **ye** chalaway] تاسو به یی چلوئ	[haghoi ba **ye** chalawi] هغوی به یی چلوی

Future Perfective

1st per. sing.	**2ndper. sing.**	**3rd per. sing.**	**1st per. plu.**	**2ndper. plu.**	**3rd per. plu.**
[za ba **ye** wachalawam ز به يي وچلوم	[tha ba **ye** wachalawe ته به یی وچلوي	[hagha ba **ye** wachalawi] هغه به یی وچلوی	[mung ba **ye** wachalawu] مونږ به یی وچلو	[thasu ba **ya** wachalaway] تاسو به یی و چلوئ	[haghoi ba **ye** wachalawi] هغوی به یی و چلوی

Present Perfect

1st per. sing.	**2ndper. sing.**	**3rd per. sing.**	**1st per. plu.**	**2ndper. plu.**	**3rd per. plu.**
[ma chalawale **de**] ما چلولی دی	[tha chalawale **de**] تا چلولی دي	[hagha chalawale **di**] هغه چلولی دی	[mung chalawale **de**] مونږ چلولی دی	[thasu chalawale **de**] تاسو چلولی دئ	[haghoi chalawale **de**] هغوی چلولی دی

Past Perfect

1st per. sing.	2nd per. sing.	3rd per. sing. f/m	1st per. plu.	2nd per. plu.	3rd per. plu. f/m
[ma chalawale we] ما چلولی وه	[tha chalawale we] تا چلولی وه	[hagha chalawale wa/way] هغه چلولی وه/وئ	[mung chalawale we] مونږ چلولی وه	[thasu chalawale we] تاسو چلولی وه	[haghoi chalawale **wa/way**] هغوی چلولی وه/وئ

Future Perfect

1st per. sing.	2nd per. sing.	3rd per. sing.	1st per. plu.	2nd per. plu.	3rd per. plu.
[ma **ba** chalawale we] ما به چلولی وی	[tha **ba** chalawale we] تا به چلولی وی	[hagha **ba** chalawale we/we] هغه به چلولی وی/وی	[mung **ba** chalawale we] مونږ به چلولی وی	[thasu **ba** chalawale we] تاسو به چلولی وی	[haghoi **ba** chalawale wa/way] هغوی به چلولی وی/وی

To eat –خوړل [khwaral]

(Simple Irregular Verb)

Present Imperfective

1st per. sing.	2ndper. sing.	3rd per. sing.	1st per. plu.	2ndper. plu.	3rd per. plu.
[za **ye** khoram] زه یی خورم	[tha **ye** khore] ته یی خوري	[hagha **ye** khori] هغه یی خوری	[mung **ye** khoru] مونږ یی خورو	[thasu **ya** khoray] تاسو یی خورئ	[haghoi **ye** khore] هغوی یی خوری

Present Perfective

1st per. sing.	2ndper. sing.	3rd per. sing.	1st per. plu.	2ndper. plu.	3rd per. plu.
[za **ye** wakhoram] زه یی وخورم	[tha **ye** wakhore] ته یی وخوري	[hagha **ye** wakhori] هغه یی وخوری	[mung **ye** wakhoru] مونږ یی وخورو	[thasu **ya** wakhoray] تاسو یی وخورئ	[haghoi **ye** wakhore] هغوی یی وخوری

Past Imperfective

1st per. sing.	2ndper. sing.	3rd per. sing. f/m	1st per. plu.	2ndper. plu.	3rd per. plu. f/m
[ma khwaral] ما خوړل	[tha khwaral] تا خوړل	[hagha khwaral/khwaral] هغه خوړل /خوړل	[mung khwaral] مونږ خوړل	[thasu khwaral] تاسو خوړل	[haghoi khwaral/khwaral] هغوی خوړل/خوړل

Past Perfective

1st per. sing.	2ndper. sing.	3rd per. sing. f/m	1st per. plu.	2ndper. plu.	3rd per. plu. f/m
[ma wakhwaral] ما وخوړل	[tha wakhwaral] تا وخوړل	[hagha wakhwaral/wakhwaral] هغه وخوړل /وخوړل	[mung wakhwaral] مونږ وخوړل	[thasu wakhwaral] تاسو وخوړل	[haghoi wakhwaral/wakhwaral] هغوی وخوړل/وخوړل

Future Imperfective

1st per. sing.	2ndper. sing.	3rd per. sing.	1st per. plu.	2ndper. plu.	3rd per. plu. f/m
[za ba **ye** khoram] زه به یی خورم	[tha ba **ye** khore] ته به یی خوري	[hagha ba **ye** khori] هغه به یی خوری	[mung ba **ye** khoru] مونږ به یی خورو	[thasu ba **ya** khoray] تاسو به یی خورئ	[haghoi ba **ye** khore] هغوی به یی خوری

Future Perfective

1st per. sing.	2ndper. sing.	3rd per. sing.	1st per. plu.	2ndper. plu.	3rd per. plu.
[za ba **ye** wakhoram] زه به یی وخورم	[tha ba **ye** wakhore] ته به یی وخوري	[hagha ba **ye** wakhori] هغه به یی وخوری	[mung ba **ye** wakhoru] مونږ به یی وخورو	[thasu ba **ya** wakhoray] تاسو به یی وخورئ	[haghoi ba **ye** wakhore] هغوی به یی وخوری

Present Perfect

1st per. sing.	2ndper. sing.	3rd per. sing. f/m	1st per. plu.	2ndper. plu.	3rd per. plu. f/m
[ma khwarale **de**] ما خوړلی دی	[tha khwarale **de**] تا خوړلی دي	[hagha khwarali de/khwarali **de**] هغه خوړلي دی /خوړلي دی	[mung khwarale **de**] مونږ خوړلی دی	[thasu khwaralay **de**] تاسو خوړلئ دی	[haghoi khwarale **de**/khwarale **de**] هغوی خوړلی دی/خوړلی دی

Past Perfect

1st per. sing.	2nd per. sing.	3rd per. sing. f/m	1st per. plu.	2nd per. plu.	3rd per. plu. f/m
[ma khwarale we] ما خوړلی وه	[tha khwarale we] تا خوړلی وه	[hagha khwarali/khwarali we] هغه خوړلي وه /خوړلي وه	[mung khwarale we] مونږ خوړلی وه	[thasu khwaralay we] تاسو خوړلئ وه	[haghoi khwarale we/khwarale we] هغوی خوړلی وه/خوړلی وه

Future Perfect

1st per. sing.	2nd per. sing.	3rd per. sing.	1st per. plu.	2nd per. plu.	3rd per. plu.
[ma ba khwarale we] ما به خوړلی وی	[tha ba khwarale we] تا به خوړلی وی	[hagha ba khwarale we/we] هغه به خوړلی وی/وی	[mung ba khwarale we] مونږ به خوړلی وی	[thasu ba khwarale we] تاسو به خوړلی وی	[haghoi ba khwarale we/we] هغوی به خوړلی وی/وی

To enter –ننوتل[nanawatal]

(Doubly Irregular Verb)

Present Imperfective

1st per. sing.	2ndper. sing.	3rd per. sing.	1st per. plu.	2ndper. plu.	3rd per. plu.
[za nana**wazam**] زه ننوځم	[tha nana**waze**] ته ننوځې	[hagha nana**wazi**] هغه ننوځی	[mung nana**wazu**] مونږ ننوځو	[thasu nana**wazay**] تاسو ننوځئ	[haghoi nana**waze**] هغوی ننوځی

Present Perfective

1st per. sing.	2ndper. sing.	3rd per. sing.	1st per. plu.	2ndper. plu.	3rd per. plu.
[**nana**wzam] ننوځم	[**nana**wze] ننوځي	[**nana**wzi] ننوځی	[**nana**wzu] ننوځو	[**nana**wzay] ننوځئ	[**nana**wze] ننوځی

Past Imperfective

1st per. sing.	2ndper. sing.	3rd per. sing. f/m	1st per. plu.	2ndper. plu.	3rd per. plu. f/m
[za nana**wathalam**] زه ننوتلم	[tha nana**wathale**] ته ننوتلي	[hagha nana**wathalo**/ nana**wathala**] هغه ننوتلو/ننوتله	[mung nana**wathalu**] مونږ ننوتلو	[thasu nana**wathalay**] تاسو ننوتلئ	[haghoi nana**wathal**/nana**wathale**] هغوی رننوتل/ننوتلي

Past Perfective

1st per. sing.	2ndper. sing.	3rd per. sing. f/m	1st per. plu.	2ndper. plu.	3rd per. plu. f/m
[za nana**wthalam**] زه ننوتلم	[tha nana**wthale**] ته ننوتلي	[hagha nana**wthala**/ nana**wthalay**] هغه ننوتله/ ننوتلئ	[mung nana**wthalu**] مونږ ننوتلو	[thasu nana**wthalay**] تاسوننوتلئ	[haghoi nana**wthal**/nanaw**thale**] هغوي ننوتل/ننوتلي

Future Imperfective

1st per. sing.	2ndper. sing.	3rd per. sing.	1st per. plu.	2ndper. plu.	3rd per. plu. f/m
[za ba **nanawazam**] زه به **ننوځم**	[tha ba **nanawaze**] ته به **ننوځي**	[hagha ba **nanawazi**] هغه به **ننوځی**	[mung ba **nanawazu**] مونږ به **ننوځو**	[thasu ba **nanawazay**] تاسو به **ننوځئ**	[haghoi ba **nanawaze**] هغوی به ننوځی

Future Perfective

1st per. sing.	2ndper. sing.	3rd per. sing.	1st per. plu.	2ndper. plu.	3rd per. plu.
[nanawzam **ba**] ننوځم **به**	[nanawzay **ba**] ننوځي **به**	[nanawzi **ba**] ننوځې **به**	[nanawzu **ba**] ننوځو **به**	[nanawzay **ba**] ننوځئ **به**	[nanawze **ba**] ننوځی **به**

Present Perfect

1st per. sing.	2ndper. sing.	3rd per. sing.	1st per. plu.	2ndper. plu.	3rd per. plu.
[za nanawathale **yam**] زه ننوتلي **يم**	[tha nanawathale **ye**] ته ننوتلي **يي**	[hagha nanawathale **di**] هغه ننوتلي **دی**	[mung nanawathale **yu**] مونږ ننوتلي **يو**	[thasu nanawathale **ye**] تاسو ننوتلي **يي**	[haghoi nanawathale **de**] هغوی ننوتلي **دی**

Past Perfect

1st per. sing.	2ndper. sing.	3rd per. sing. f/m	1st per. plu.	2ndper. plu.	3rd per. plu. f/m
[za nanawathale **wam**] زه ننوتلي **وم**	[tha nanawathale **we**] ته ننوتلي **وي**	[hagha nanawathale **wa**] هغه ننوتلي **وه**	[mung nanawathale **wu**] مونږ ننوتلي **وو**	[thasu nanawathale **way**] تاسو ننوتلي **وی**	[haghoi nanawathale **wa**] هغوی ننوتلي **وه**

Future Perfect

1st per. sing.	2ndper. sing.	3rd per. sing.	1st per. plu.	2ndper. plu.	3rd per. plu.
[za ba nanawathale **yam**] زه به ننوتلي يم	[tha ba nanawathale **ye**] ته به ننوتلي يي	[hagha ba nanawathale **di**] هغه به ننوتلي دی	[mung ba nanawathale **yu**] مونږ به ننوتلي يو	[thasu ba nanawathale **ye**] تاسو به ننوتلي يي	[haghoi ba nanawathale **de**] هغوی به ننوتلي دی

To exit – وتل [wathal]
(Simple verb + Intransitve auxiliary)

Present Imperfective

1st per. sing.	2nd per. sing.	3rd per. sing.	1st per. plu.	2nd per. plu.	3rd per. plu.
[za ozam] زه وزم	[tha oze] ته وزي	[hagha ozi] هغه وزی	[mung ye le thwana ozu] مونږ وزو	[thasu ye le thwana ozay] تاسو وزئ	[haghoi ye le thwana oze] هغوی وزی

Present Perfective

1st per. sing.	2nd per. sing.	3rd per. sing.	1st per. plu.	2nd per. plu.	3rd per. plu.
[za wa ozam] زه ووزم	[tha wa oze] ته ووزي	[hagha wa ozi] هغه ووزی	[mung wa ozu] مونږ ووزو	[thasu wa ozay] تاسو ووزئ	[haghoi wa oze] هغوی ووزی

Past Imperfective

1st per. sing.	2nd per. sing.	3rd per. sing. f/m	1st per. plu.	2nd per. plu.	3rd per. plu. f/m
[za watham] زه وتم	[tha wathe] ته وتي	[hagha watha/ wathay] هغه وته/وتئ	[mung wathu] مونږ وتو	[thasu wathay] تاسو وتئ	[haghoi watha/ wathe] هغوی واته/وتي

Past Perfective

1st per. sing.	2nd per. sing.	3rd per. sing. f/m	1st per. plu.	2nd per. plu.	3rd per. plu. f/m
[za watham] زه ووتم	[tha wathe] ته ووتي	[hagha woth/watha] هغه ووت/ووته	[mung wathu] مونږ ووتو	[thasu wathay] تاسو ووتئ	[haghoi watha/ wathe] هغوی وواته/ووتي

Future Imperfective

1st per. sing.	2ndper. sing.	3rd per. sing.	1st per. plu.	2ndper. plu.	3rd per. plu. f/m
[za ba **ozam**] زه به وزم	[tha ba **oze**] ته به وزي	[hagha ba **ozi**] هغه به وزی	[mung ba **ozu**] مونږ به وزو	[thasu ba **ozay**] تاسو به وزئ	[haghoi ba **oze**] هغوی به وزی

Future Perfective

1st per. sing.	2ndper. sing.	3rd per. sing.	1st per. plu.	2ndper. plu.	3rd per. plu.
[za ba wa **ozam**] زه به و وزم	[tha ba wa **oze**] ته به ووزي	[hagha ba wa **ozi**] هغه به ووزی	[mung ba wa **ozu**] مونږ به ووزو	[thasu ba wa **ozay**] تاسو به ووزئ	[haghoi ba wa **oze**] هغوی به ووزی

Present Perfect

1st per. sing.	2ndper. sing.	3rd per. sing.	1st per. plu.	2ndper. plu.	3rd per. plu.
[za wathle **yam**] زه وتلی یم	[tha wathle **ye**] ته وتلي يي	[hagha wathle **da**] هغه وتلی ده	[mung wathle **yu**] مونږ وتلی یو	[thasu wathle **ye**] تاسووتلي يي	[haghoi wathle **de**] هغوی وتلی دی

Past Perfect

1st per. sing.	2ndper. sing.	3rd per. sing. f/m	1st per. plu.	2ndper. plu.	3rd per. plu. f/m
[za wathle **wam**] زه وتلی وم	[tha wathle **we**] ته وتلي وی	[hagha wathle **wa/way**] هغه وتلی وه/وئ	[mung wathle **wu**] مونږ وتلی وو	[thasu wathle **way**] تاسو وتلی وئ	[haghoi wathle **wu/we**] هغوی وتلی وو/وي

Future Perfect

1st per. sing.	2nd per. sing.	3rd per. sing.	1st per. plu.	2nd per. plu.	3rd per. plu.
[za ba wathle **yam**] زه به وتلی یم	[tha ba wathle **ye**] ته به وتلي يي	[hagha ba thwana wathle **da**] هغه به وتلی وی	[mung ba wathle **yu**] مونږ به وتلی یو	[thasu ba wathle **ye**] تاسو به وتلی يي	[haghoi ba wathle **we**] هغوی به وتلی وی

To explain – تشریح کول [tashre kawal]

(Simple verb + Intransitve auxiliary)

Present Imperfective

1st per. sing.	2ndper. sing.	3rd per. sing.	1st per. plu.	2ndper. plu.	3rd per. plu.
[za **ye tashre** kawam] زه یی تشریح کوم	[tha **ye** tashre kawe] ته یی تشریح کوي	[hagha **ye** tashre kawi] هغه یی تشریح کوی	[mung **ye** tashre kawu] مونږ یی تشریح کوو	[thasu **ye** tashre kaway] تاسو یی تشریح کوئ	[haghoi **ye** tashre kawe] هغوی یی تشریح کوی

Present Perfective

1st per. sing.	2ndper. sing.	3rd per. sing.	1st per. plu.	2ndper. plu.	3rd per. plu.
[za **ye** tashre kram] زه یی تشریح کړم	[tha **ye** tashre kre] ته یی تشریح کړي	[hagha **ye** tashre kri] هغه یی تشریح کړی	[mung **ye** tashre kru] مونږ یی تشریح کړو	[thasu **ye** tashre kray] تاسو یی تشریح کړئ	[haghoi **ye** tashre kre] هغوی یی تشریح کړی

Past Imperfective

1st per. sing.	2ndper. sing.	3rd per. sing. f/m	1st per. plu.	2ndper. plu.	3rd per. plu. f/m
[tashre kawal **me**] تشریح کول می	[tha tashre **kawale**] ته تشریح **کولي**	[hagha tashre **kawa/kawala**] هغه تشریح کوه **/کوله**	[mung tashre **kawalu**] مونږ تشریح **کولی**	[thasu tashre **kawalay**] تاسو تشریح **کولئ**	[haghoi tashre **kawal/kawalay**] هغوی تشریح **کول/کولئ**

Past Imperfective

1st per. sing.	2ndper. sing.	3rd per. sing. f/m	1st per. plu.	2ndper. plu.	3rd per. plu. f/m
[za ye tashre **kram**] زه یی تشریح **کړم**	[tha ye tashre **kre**] ته یی تشریح **کړي**	[hagha ye tashre **kar/kra**] هغه تشریح کړ/ کړه	[mung ye tashre **kru**] مونږ یی تشریح **کړو**	[thasu ye tashre **kray**] تاسو یی **تشریح** کړئ	[haghoi ye tashre **kre/krè**] هغوی یی تشریح **کړه/کړي**

Future Imperfective

1st per. sing.	2ndper. sing.	3rd per. sing.	1st per. plu.	2ndper. plu.	3rd per. plu. f/m
[za ba ye tashre **kawam**] زه به یی تشریح **کوم**	[tha ba **ye** tashre **kawe**] ته به یی تشریح **کوي**	[hagha ba ye tashre **kawi**] هغه به یی تشریح **کوی**	[mung ba ye tashre **kawu**] مونږ به یی تشریح **کوو**	[thasu ba ye tashre **kaway**] تاسو به یی تشریح **کوئ**	[haghoi ba ye tashre **kawe**] هغوی به یی تشریح **کوی**

Future Perfective

1st per. sing.	2ndper. sing.	3rd per. sing.	1st per. plu.	2ndper. plu.	3rd per. plu.
[za ba ye tashre **kram**] زه به یی تشریح **کړم**	[tha ba ye tashre **kre**] ته به یی تشریح **کړي**	[hagha ba ye tashre **kri**] هغه به یی تشریح **کړی**	[mung ba ye tashre **kru**] مونږ به یی تشریح **کړو**	[thasu ba ye tashre **kray**] تاسو به یی تشریح **کړئ**	[haghoi ba ye tashre **kre**] هغوی به یی تشریح **کړی**

Present Perfect

1st per. sing.	2ndper. sing.	3rd per. sing.	1st per. plu.	2ndper. plu.	3rd per. plu.
[ma tashre kre **da**] ما کړی تشریح **ده**	[tha tashre kre **de**] تا کړی تشریح **دي**	[hagha tashre kre **di**] هغه تشریح کړی **دی**	[mung tashre kre **da**] مونږ تشریح **کړی ده**	[thasu tashre kre **de**] تاسو تشریح کړی **دی**	[haghoi tashre kre **de]** هغوی تشریح کړی **دي**

Past Perfect

1st per. sing.	2nd per. sing.	3rd per. sing. f/m	1st per. plu.	2nd per. plu.	3rd per. plu. f/m
[ma tashre kre wa]	[tha tashre kre wa]	[hagha tashre kre wa/way]	[mung tashre kre way]	[thasu tashre kre way]	[haghoi tashre kre wu/we]
ما تشریح کړی وه	تا تشریح کړي وه	هغه تشریح کړی وه/وئ	مونږ تشریح کړی وو	تاسو تشریح کړی وئ	هغوی تشریح کړی وو/وي

Future Perfect

1st per. sing.	2nd per. sing.	3rd per. sing.	1st per. plu.	2nd per. plu.	3rd per. plu.
[ma ba tashre kre we]	[tha ba tashre kre we]	[hagha ba tashre kre wi]	[mung ba tashre kre wa]	[thasu ba tashre kre we]	[haghoi ba tashre kre we]
ما به تشریح کړی وی	تا به تشریح کړی وي	هغه به تشریح کړی وی	مونږ به تشریح کړی وی	تاسو به تشریح کړی وی	هغوی تشریح کړی وی

To fall –(غورځيدل) [ghorzedal]

(Simple Verb)

Present Imperfective

1st per. sing.	2ndper. sing.	3rd per. sing.	1st per. plu.	2nd per. plu.	3rd per. plu.
[ghorzegam] غورځيږم	[ghorzege] غورځيږي	[ghorzegi] غورځيږی	[ghorzegu] غورځيږو	[ghorzegay] غورځيږئ	[ghorzege] غورځيږی

Present Perfective

1st per. sing.	2nd per. sing.	3rd per. sing.	1st per. plu.	2nd per. plu.	3rd per. plu.
[waghorzegam] وغورځيږم	[waghorzege] وغورځيږي	[waghorzegi] وغورځيږی	[waghorzegu] وغورځيږو	[waghorzegay] وغورځيږئ	[waghorzege] وغورځيږی

Past Imperfective

1st per. sing.	2ndper. sing.	3rd per. sing. f/m	1st per. plu.	2ndper. plu.	3rd per. plu. f/m
[ghorze**dam**] غورځيدم	[ghorze**de**] غورځيدي	[ghorze**da**/ ghorze**day**] غورځيده/ غورځيدئ	[ghorze**du**] غورځيدو	[ghorze**day**] غورځيدئ	[ghorzeda] غورځيده

Past Perfective

1st per. sing.	2ndper. sing.	3rd per. sing. f/m	1st per. plu.	2ndper. plu.	3rd per. plu. f/m
[waghorzedam] وغورځيدم	[waghorzede] وغورځيدي	[waghorzedi] وغورځيده/وغور ځيده	[waghorzedu] وغورځيدو	[waghorzeday] وغورځيدئ	[waghorzeday] وغورځيدي

Future Imperfective

1st per. sing.	2ndper. sing.	3rd per. sing.	1st per. plu.	2ndper. plu.	3rd per. plu.
[(za) **ba** ghorzegam] **(زه) به** غورځیږم	[(tha) **ba** ghorzege] **(ته) به** غورځیږي	[(hagha) **ba** ghorzegi] **(هغه) به** غورځیږی	[(mung) **ba** ghorzegu] **(مونږ) به** غورځیږو	[(thasu) **ba** ghorzegay] **(تاسو) به** غورځیږئ	[(haghoi) **ba** ghorzege] **(هغوی) به** غورځیږی

Future Perfective

1st per. sing.	2ndper. sing.	3rd per. sing.	1st per. plu.	2ndper. plu.	3rd per. plu.
[(za) **ba** waghorzegam] **(زه) به و** غورځیږم	[(tha) **ba** waghorzege] **(ته) به و** غورځیږي	[(hagha) **ba** waghorzegi] **(هغه) به و** غورځیږی	[(mung) **ba** waghorzegu] **(مونږ) به و** غورځیږو	[(thasu) **ba** waghorzegay] **(تاسو) به و** غورځیږئ	[(haghoi) **ba** waghorzege] **(هغوی) به و** غورځیږی

Present Perfect

1st per. sing.	2ndper. sing.	3rd per. sing.	1st per. plu.	2ndper. plu.	3rd per. plu.
[(za) ghorzedale **yam**] (زه) غورځیدلی **یم**	[(tha) ghorzedale **ye**] (ته)غورځیدلی **يي**	[(hagha) ghorzedale **da**] (هغه) غورځیدلی **دی**	[(mung) ghorzedale **yu**] (مونږ) غورځیدلی **یو**	[(thasu) ghorzedale **ye**] (تاسو) غورځیدلی **يي**	[(haghoi) ghorzedale **di**] (هغوی) غورځیدلی **دی**

Past Perfect

1st per. sing.	2ndper. sing.	3rd per. sing. f/m	1st per. plu.	2ndper. plu.	3rd per. plu. f/m
[(za) ghorzedale **wam**] (زه) غورځيدلی وم	[(tha) ghorzedale **wi**] (ته) غورځيدلی وي	[(hagha) ghorzedale **wa/way**] (هغه) غورځيدلی وه/وئ	[(mung) ghorzedale **wu**] (مونږ) غورځيدلی وو	[(thasu) ghorzedale **way**] (تاسو) غورځيدلی وی	[(haghoi) ghorzedale **wu/wa**] (هغوی) غورځيدلی وو/وه

Future Perfect

1st per. sing.	2ndper. sing.	3rd per. sing.	1st per. plu.	2ndper. plu.	3rd per. plu.
[(za) **ba** ghorzedale yam] (زه) **به** غورځيدلی يم	[(tha) **ba** ghorzedale ye] (ته) **به** غورځيدلی يي	[(hagha) **ba** ghorzedale wi] (هغه) **به** غورځيدلی وی	[(mung) **ba** ghorzedale yu] (مونږ) **به** غورځيدلی يو	[(thasu) **ba** ghorzedale ye] (تاسو) **به** غورځيدلی يي	[(haghoi) **ba** ghorzedale we] (هغوی) **به** غورځيدلی وی

To feel –احساس کول [ehsas kwal]

(Simple Verb)

Present Imperfective

1st per. sing.	2ndper. sing.	3rd per. sing.	1st per. plu.	2ndper. plu.	3rd per. plu.
[za **ye ehsas** kawam] زه يی احساس کوم	[tha **ye ehsas** kawe] ته يی احساس کوي	[hagha **ye ehsas** kawi] هغه يی احساس کوی	[mung **ye ehsas**kawu] مونږ يی احساس کوو	[thasu **ye ehsas**kaway] تاسو يی احساس کوئ	[haghoi **ye ehsas**kawe] هغوی يی احساس کوی

Present Perfective

1st per. sing.	2ndper. sing.	3rd per. sing.	1st per. plu.	2ndper. plu.	3rd per. plu.
[za **yeehsas** kram] زه يی احساس کړم	[tha **yeehsas** kre] ته يی احساس کړي	[hagha **ye ehsas**kri] هغه يی احساس کړی	[mung **ye ehsas**kru] مونږ يی احساس کړو	[thasu **ye ehsas**kray] تاسو يی احساس کړئ	[haghoi **ye ehsas** kre] هغوی يی احساس کړی

Past Imperfective

1st per. sing.	2ndper. sing.	3rd per. sing. f/m	1st per. plu.	2ndper. plu.	3rd per. plu. f/m
[**ehsas** kawal **me**] احساس کول می	[tha**ehsas** kawale] تا احساس کولي	[hagha **ehsaskawa/kawala**] هغه احساس کوه /کوله	[mung **ehsaskawalu**] مونږ احساس کولی	[thasu **ehsaskawalay**] تاسو احساس کولئ	[haghoi **ehsas kawal/kawalay**] هغوی احساس کول/کولئ

Past Perfective

1st per. sing.	2ndper. sing.	3rd per. sing. f/m	1st per. plu.	2ndper. plu.	3rd per. plu. f/m
[za ye **ehsas kram**] زه یی احساس **کړم**	[tha ye **ehsas** shro **kre**] ته یی احساس **کړي**	[hagha ye **ehsas kar/kra**] هغه احساس کړ/ کړه	[mung ye **ehsaskru**] مونږ یی احساس **کړو**	[thasu ye **ehsaskray**] تاسو یی احساس **کړئ**	[haghoi ye **ehsaskre/krè**] هغوی یی احساس **کړه/کړي**

Future Imperfective

1st per. sing.	2ndper. sing.	3rd per. sing.	1st per. plu.	2ndper. plu.	3rd per. plu. f/m
[za ba ye **ehsaskawam**] زه به یی احساس **کوم**	[tha ba **ye ehsas kawe**] ته به یی احساس **کوي**	[hagha ba ye **ehsas kawi**] هغه به یی احساس **کوی**	[mung ba ye**ehsas kawu**] مونږ به یی احساس **کوو**	[thasu ba ye **ehsas kaway**] تاسو به یی احساس **کوئ**	[haghoi ba ye **ehsaskawe**] هغوی به یی احساس **کوی**

Future Perfective

1st per. sing.	2ndper. sing.	3rd per. sing.	1st per. plu.	2ndper. plu.	3rd per. plu.
[za ba ye **ehsas kram**] زه به یی احساس **کړم**	[tha ba ye **ehsaskre**] ته به یی احساس **کړي**	[hagha ba ye **ehsas kri**] هغه به یی احساس **کړی**	[mung ba ye**ehsas kru**] مونږ به یی احساس **کړو**	[thasu ba ye **ehsaskray**] تاسو به یی احساس **کړئ**	[haghoi ba ye**ehsas kre**] هغوی به یی احساس **کړی**

Present Perfect

1st per. sing.	2ndper. sing.	3rd per. sing.	1st per. plu.	2ndper. plu.	3rd per. plu.
[ma**ehsas** kre **da**] ما احساس کړی **ده**	[tha**ehsas** kre **de**] تا احساس کړی **دي**	[hagha **ehsas** kre **di**] هغه احساس کړی **دی**	[mung**ehsas** kre **da**] مونږ احساس کړی **ده**	[thasu **ehsas** kre **de**] تاسو احساس کړی **دی**	[haghoi **ehsas** kre **de]** هغوی احساس کړی **دي**

Past Perfect

1st per. sing.	2ndper. sing.	3rd per. sing. f/m	1st per. plu.	2ndper. plu.	3rd per. plu. f/m
[ma**ehsas** kre **wa**]	[tha**ehsas** kre **wa**]	[hagha **ehsas** kre **wa/way**]	[mung**ehsas** kre **way**]	[thasu **ehsas** kre **way**]	[haghoi **ehsas** kre **wu/ we**]
ما احساس کړی وه	تا احساس کړي وه	هغه احساس کړی وه/وئ	مونږ احساس کړی وو	تاسو احساس کړی وئ	هغوی احساس کړی وو/وي

Future Perfect

1st per. sing.	2ndper. sing.	3rd per. sing.	1st per. plu.	2ndper. plu.	3rd per. plu.
[ma ba**ehsas** kre **we**]	[tha ba**ehsas** kre **we**]	[hagha ba **ehsas** kre **wi**]	[mung ba **ehsas**kre wa]	[thasu ba**ehsas** kre **we**]	[haghoi ba **ehsas** kre **we**]
ما به احساس کړی وی	تا به احساس کړی وي	هغه به احساس کړی وی	مونږ به احساس کړی وی	تاسو به احساس کړی وی	هغوی احساس کړی وی

To find –پیدا کول [paida kawal]

(Drivative Verb)

Present Imperfective

1st per. sing.	2ndper. sing.	3rd per. sing.	1st per. plu.	2ndper. plu.	3rd per. plu.
[za **ye** paida kawam] زه یی پیدا کوم	[tha **ye** paida kawe] ته یی پیدا کوي	[hagha **ye** paida kawi] هغه یی پیدا کوی	[mung **ye** paida kawu] مونږ یی پیدا کوو	[thasu **ye** paida kaway] تاسو یی پیدا کوئ	[haghoi **ye** paida kawe] هغوی یی پیدا کوی

Present Perfective

1st per. sing.	2ndper. sing.	3rd per. sing.	1st per. plu.	2ndper. plu.	3rd per. plu.
[za **ye** paida kram] زه یی پیدا کړم	[tha **ye** paida kre] ته یی پیدا کړي	[hagha **ye** paida kri] هغه پیدا یی کړی	[mung **ye** paida kru] مونږ یی پیدا کړو	[thasu **ye** paida kray] تاسو یی پیدا کړئ	[haghoi **ye** paida kre] هغوی یی پیدا کړی

Past Imperfective

1st per. sing.	2ndper. sing.	3rd per. sing. f/m	1st per. plu.	2ndper. plu.	3rd per. plu. f/m
[paida **kawal me**] **پیدا کول می**	[tha paida **kawale**] تا پیدا **کولي**	[hagha paida **kawa/kawala**] هغه پیدا **کوه /کوله**	[mung paida **kawalu**] مونږ پیدا **کولی**	[thasu paida **kawalay**] تاسو پیدا **کولئ**	[haghoi paida **kawal/kawalay**] هغوی**پیدا کول/کولئ**

Past Perfective

1st per. sing.	2nd per. sing.	3rd per. sing. f/m	1st per. plu.	2ndper. plu.	3rd per. plu. f/m
[za ye paida **kram**] زه یی پیدا کړم	[tha ye paida **kre**] ته یی پیدا کړي	[hagha ye paida **kar/kra**] هغه يي پيدا کړ/ کړه	[mung ye paida **kru**] مونږ یی پیدا کړو	[thasu ye paida **kray**] تاسو یی پیدا کړئ	[haghoi ye paida **kre/krè**] هغوی یی پیدا کړه/کړي

Future Imperfective

1st per. sing.	2ndper. sing.	3rd per. sing.	1st per. plu.	2ndper. plu.	3rd per. plu. f/m
[za ba ye paida **kawam**] زه به یی پیدا کوم	[tha ba **ye** paida **kawe**] ته به یی پیدا کوي	[hagha ba ye paida **kawi**] هغه به یی پیدا کوی	[mung ba ye paida **kawu**] مونږ به یی پیدا کوو	[thasu ba ye paida **kaway**] تاسو به یی پیدا کوئ	[haghoi ba ye paida **kawe**] هغوی به یی پیدا کوی

Future Perfective

1st per. sing.	2ndper. sing.	3rd per. sing.	1st per. plu.	2ndper. plu.	3rd per. plu.
[za ba ye paida **kram**] زه به یی پیدا کړم	[tha ba ye paida **kre**] ته به یی پیدا کړي	[hagha ba ye paida **kri**] هغه به یی پیدا کړی	[mung ba ye paida **kru**] مونږ به یی پیدا کړو	[thasu ba ye paida **kray**] تاسو به یی پیدا کړئ	[haghoi ba ye paida **kre**] هغوی به یی پیدا کړی

Present Perfect

1st per. sing.	2ndper. sing.	3rd per. sing.	1st per. plu.	2ndper. plu.	3rd per. plu.
[ma paida kre **da**] ما پیدا کړی ده	[tha paida kre **de**] تا پیدا کړی دي	[hagha paida kre **di**] هغه پیدا کړی دی	[mung paida kre **da**] مونږ پیدا کړی ده	[thasu paida kre **de**] تاسو پیدا کړی دی	[haghoi paida kre **de**] هغوی پیدا کړی دي

Past Perfect

1st per. sing.	2ndper. sing.	3rd per. sing. f/m	1st per. plu.	2ndper. plu.	3rd per. plu. f/m
[ma paida kre **wa**] ماپیدا کړی وه	[tha paida kre **wa**] تا پیدا کړي وه	[hagha paida kre **wa/way**] هغه پیدا کړی وه/وئ	[mung paida kre **way**] مونږ پیدا کړی وو	[thasu paida kre **way**] تاسو پیدا کړی وئ	[haghoi paida kre **wu/ we**] هغوی پیدا کړی وو/وي

Future Perfect

1st per. sing.	2ndper. sing.	3rd per. sing.	1st per. plu.	2ndper. plu.	3rd per. plu.
[ma ba paida kre **we**] ما به پیدا کړی وی	[tha ba paida kre **we**] تا به پیدا کړی وي	[hagha ba paida kre **wi**] هغه به پیدا کړی وی	[mung ba paida kre **wa**] مونږ به پیدا کړی وی	[thasu ba paida kre **we**] تاسو به پیدا کړی وی	[haghoi ba paida kre **we**] هغوی پیدا کړی وی

To finish –ختم كول [khatham kawal]

(Derivative Verb)

Present Imperfective

1st per. sing.	2ndper. sing.	3rd per. sing.	1st per. plu.	2ndper. plu.	3rd per. plu.
[za **ye** khatham kawam] زه یی ختم کوم	[tha **ye** khatham kawe] ته یی ختم کوي	[hagha **ye** khatham kawi] هغه يي ختم کوی	[mung **ye** khatham kawu] مونږ یی ختم کوو	[thasu **ye** khatham kaway] تاسو یی ختم کوئ	[haghoi **ye** khatham kawe] هغوی یی ختم کوی

Present Perfective

1st per. sing.	2ndper. sing.	3rd per. sing.	1st per. plu.	2ndper. plu.	3rd per. plu.
[za **ye** khatham kram] زه یی ختم کړم	[tha **ye** khatham kre] ته یی ختم کړي	[hagha **ye** khatham kri] هغه یی ختم کړی	[mung **ye** khatham kru] مونږ یی ختم کړو	[thasu **ye** khatham kray] تاسو یی ختم کړئ	[haghoi **ye** khatham kre] هغوی یی ختم کړی

Past Imperfective

1st per. sing.	2ndper. sing.	3rd per. sing. f/m	1st per. plu.	2ndper. plu.	3rd per. plu. f/m
[khatham kawal **me**] ختم کول **می**	[tha khatham **kawale**] تا ختم **کولي**	[hagha khatham **kawa/kawala**] هغه ختم **کوه** **کوله**/	[mung khatham **kawalu**] مونږ ختم **کولی**	[thasu khatham **kawalay**] تاسو ختم **کولئ**	[haghoi khatham **kawal/kawalay**] هغوی ختم **کول/کولئ**

Past Perfective

1st per. sing.	2ndper. sing.	3rd per. sing. f/m	1st per. plu.	2ndper. plu.	3rd per. plu. f/m
[za ye khatham **kram**] زه یی ختم کړم	[tha ye khatham **kre**] ته یی ختم کړي	[hagha ye khatham **kar/kra**] هغه ختم کړ/ کړه	[mung ye khatham **kru**] مونږ یی ختم کړو	[thasu ye khatham **kray**] تاسو یی ختم کړئ	[haghoi ye khatham **kre/krè**] هغوی یی ختم کړه/کړي

Future Imperfective

1st per. sing.	2ndper. sing.	3rd per. sing.	1st per. plu.	2ndper. plu.	3rd per. plu. f/m
[za ba ye khatham **kawam**] زه به یی ختم کوم	[tha ba ye khatham **kawe**] ته به یی ختم کوي	[hagha ba ye khatham **kawi**] هغه به یی ختم کوی	[mung ba ye khatham **kawu**] مونږ به یی ختم کوو	[thasu ba ye khatham **kaway**] تاسو به یی ختم کوئ	[haghoi ba ye khatham **kawe**] هغوی به یی ختم کوی

Future Perfective

1st per. sing.	2ndper. sing.	3rd per. sing.	1st per. plu.	2ndper. plu.	3rd per. plu.
[za ba ye khatham **kram**] زه به یی ختم کړم	[tha ba ye khatham **kre**] ته به یی ختم کړي	[hagha ba ye khatham **kri**] هغه به یی ختم کړی	[mung ba ye khatham **kru**] مونږ به یی ختم کړو	[thasu ba ye khatham **kray**] تاسو به یی ختم کړئ	[haghoi ba ye khatham **kre**] هغوی به یی ختم کړی

Present Perfect

1st per. sing.	2ndper. sing.	3rd per. sing.	1st per. plu.	2ndper. plu.	3rd per. plu.
[ma khatham kre **da**] ما ختم کړی ده	[tha khatham kre **de**] تا ختم کړی دي	[hagha khatham kre **di**] هغه ختم کړی دی	[mung khatham kre **da**] مونږ ختم کړی ده	[thasu khatham kre **de**] تاسو ختم کړی دی	[haghoi khatham kre **de**] هغوی ختم کړی دي

Past Perfect

1st per. sing.	2ndper. sing.	3rd per. sing. f/m	1st per. plu.	2ndper. plu.	3rd per. plu. f/m
[ma khatham kre **wa**] ما ختم کړی وه	[tha khatham kre **wa**] تا ختم کړي وه	[hagha khatham kre **wa/way**] هغه ختم کړی وه/وئ	[mung khatham kre **way**] مونږ ختم کړی وو	[thasu khatham kre **way**] تاسو ختم کړی وئ	[haghoi khatham kre **wu/ we**] هغوی ختم کړی وو/وي

Future Perfect

1st per. sing.	2ndper. sing.	3rd per. sing.	1st per. plu.	2ndper. plu.	3rd per. plu.
[ma ba khatham kre **we**] ما به ختم کړی وی	[tha ba khatham kre **we**] تا به ختم کړی وي	[hagha ba khatham kre **wi**] هغه به ختم کړی وی	[mung ba khatham kre wa] مونږ به ختم کړی وی	[thasu ba khatham kre **we**] تاسو به ختم کړی وی	[haghoi ba khatham kre **we**] هغوی به ختم کړی وی

To fly – الوتل [alwothal]
(Simple verb + Intransitve auxiliary)

Present Imperfective

1st per. sing.	2nd per. sing.	3rd per. sing.	1st per. plu.	2nd per. plu.	3rd per. plu.
[za alw**oz**am] زه الوزم	[tha alw**oz**e] ته الوزي	[hagha alw**oz**i] هغه الوزی	[mung alw**oz**u] مونږ الوزو	[thasu alw**oz**ay] تاسو الوزئ	[haghoi alw**oz**e] هغوی الوزی

Present Perfective

1st per. sing.	2nd per. sing.	3rd per. sing.	1st per. plu.	2nd per. plu.	3rd per. plu.
[za wa alw**oz**am] زه والوزم	[tha wa alw**oz**e] ته والوزي	[hagha wa alw**oz**i] هغه والوزی	[mung wa alw**oz**u] مونږ والوزو	[thasu wa alw**oz**ay] تاسو والوزئ	[haghoi wa alw**oz**e] هغوی والوزی

Past Imperfective

1st per. sing.	2nd per. sing.	3rd per. sing. f/m	1st per. plu.	2nd per. plu.	3rd per. plu. f/m
[za alw**ath**am] زه الوتم	[tha alw**ath**e] ته الوتي	[hagha alw**oth**/alw**ath**a] هغه الوت/الوته	[mung alw**ath**u] مونږ الوتو	[thasu alw**ath**ay] تاسو الوتئ	[haghoi alw**ath**a/alw**ath**e] هغوی الواته/الوتي

Past Perfective

1st per. sing.	2nd per. sing.	3rd per. sing. f/m	1st per. plu.	2nd per. plu.	3rd per. plu. f/m
[za walw**ath**am] زه والوتم	[tha walw**ath**e] ته والوتي	[hagha walw**oth**/walw**ath**a] هغه والوت/والوته	[mung walw**ath**u] مونږ والوتو	[thasu walw**ath**ay] تاسو والوتئ	[haghoi walw**ath**a/walw**ath**e] هغوی والواته/والوتي

Future Imperfective

1st per. sing.	2nd per. sing.	3rd per. sing.	1st per. plu.	2nd per. plu.	3rd per. plu. f/m
[za ba alw**o**zam] زه به الوزم	[tha ba alw**o**ze] ته به الوزي	[hagha ba alw**o**zi] هغه به الوزي	[mung ba alw**o**zu] مونږ به الوزو	[thasu ba alw**o**zay] تاسو به الوزئ	[haghoi ba alw**o**ze] هغوی به الوزی

Future Perfective

1st per. sing.	2nd per. sing.	3rd per. sing.	1st per. plu.	2nd per. plu.	3rd per. plu.
[za ba wa alw**o**zam] زه به و الوزم	[tha ba wa alw**o**ze] ته به والوزي	[hagha ba wa alw**o**zi] هغه به والوزي	[mung ba wa alw**o**zu] مونږ به والوزو	[thasu ba wa alw**o**zay] تاسو به والوزئ	[haghoi ba wa alw**o**ze] هغوی به والوزی

Present Perfect

1st per. sing.	2nd per. sing.	3rd per. sing.	1st per. plu.	2nd per. plu.	3rd per. plu.
[za alwathle **yam**] زه الوتلی یم	[tha alwathle **ye**] ته الوتلي یي	[hagha alwathle **da**] هغه الوتلي ده	[mung alwathle **yu**] مونږ الوتلی یو	[thasu alwathle **ye**] تاسو الوتلي یي	[haghoi alwathle **de**] هغوی الوتلی دی

Past Perfect

1st per. sing.	2nd per. sing.	3rd per. sing. f/m	1st per. plu.	2nd per. plu.	3rd per. plu. f/m
[za alwathle **wam**] زه الوتلی وم	[tha alwathle **we**] ته الوتلي وی	[hagha alwathle **wa/way**] هغه الوتلی وه/وئ	[mung alwathle **wu**] مونږ الوتلی وو	[thasu alwathle **way**] تاسو الوتلی وئ	[haghoi alwathle **wu/we**] هغوی الوتلی وو/وي

Future Perfect

1st per. sing.	2ndper. sing.	3rd per. sing.	1st per. plu.	2ndper. plu.	3rd per. plu.
[za ba alwathle **yam**] زه به الوتلی **یم**	[tha ba alwathle **ye**] ته به الوتلي **يي**	[hagha ba alwathle **da**] هغه به الوتلی **وی**	[mung ba alwathle **yu**] مونږ به الوتلی **یو**	[thasu ba alwathle **ye**] تاسو به الوتلی **يي**	[haghoi ba alwathle **we**] هغوی به الوتلی **وی**

To forget –هیرول [herawal]

(Simple Verb)

Present Imperfective

1st per. sing.	2ndper. sing.	3rd per. sing.	1st per. plu.	2ndper. plu.	3rd per. plu.
[za **ye** herawam] زه یی هیروم	[tha **ye** herawe] ته یی هیروي	[hagha **ye** herawi] هغه یی هیروی	[mung **ye** herawu] مونږ یی هیروو	[thasu **ye** heraway] تاسو یی هیروئ	[haghoi **ye** herawe] هغوی یی هیروی

Present Perfective

1st per. sing.	2ndper. sing.	3rd per. sing.	1st per. plu.	2ndper. plu.	3rd per. plu.
[za **ye** her kram] زه یی هیر کړم	[tha **ye**her kre] ته یی هیر کړي	[hagha **ye** her kri] هغه یی هیر کړی	[mung **ye** her kru] مونږ یی هیر کړو	[thasu **ye** her kray] تاسو یی هیر کړئ	[haghoi **ye** her kre] هغوی یی هیر کړی

Past Imperfective

1st per. sing.	2ndper. sing.	3rd per. sing. f/m	1st per. plu.	2ndper. plu.	3rd per. plu. f/m
[her kawal **me**] هیر کول می	[tha herawale] تاهیرولي	[hagha her**awa**/hera**wala**] هغه هیروه /وله	[mung her**awalu**] مونږ هیرولو	[thasu her**awalay**] تاسوهیرولئ	[haghoi her**awal**/her**awala y**] هغوی‌هیر ول/ولئ

Past Perfective

1st per. sing.	2ndper. sing.	3rd per. sing. f/m	1st per. plu.	2ndper. plu.	3rd per. plu. f/m
[za ye her **kram**] زه یی هیر کړم	[tha ye her **kre**] ته یی ه یرکړي	[hagha ye her **kar/kra**] هغه هیر کړ/ کړه	[mung ye her **kru**] مونږ یی هیر کړو	[thasu ye her **kray**] تاسو یی هیر کړئ	[haghoi ye her **kre/krè**] هغوی یی هیر کړه/کړي

Future Imperfective

1st per. sing.	2ndper. sing.	3rd per. sing.	1st per. plu.	2ndper. plu.	3rd per. plu. f/m
[za ba yeher**wam**] زه به یی **هیروم**	[tha ba ye her **awe**] ته به یی **هیروي**	[hagha ba ye her**awi**] هغه به یی **هیر وی**	[mung ba yeher**awu**] مونږ به یی هیر **وو**	[thasu ba ye her**away**] تاسو به یی **هیر وئ**	[haghoi ba ye her**awe**] هغوی به یی **هیر وی**

Future Perfective

1st per. sing.	2ndper. sing.	3rd per. sing.	1st per. plu.	2ndper. plu.	3rd per. plu.
[za ba ye her **kram**] زه به یی هیر **کړم**	[tha ba ye her **kre**] ته به یی **هیرکړي**	[hagha ba ye her **kri**] هغه به یی **هیرکړی**	[mung ba ye her **kru**] مونږ به یی **هیرکړو**	[thasu ba ye her **kray**] تاسو به یی **هیر کړئ**	[haghoi ba ye her **kre**] هغوی به یی **هیر کړی**

Present Perfect

1st per. sing.	2ndper. sing.	3rd per. sing.	1st per. plu.	2ndper. plu.	3rd per. plu.
[maher kre **da**] ما هیرکړی **ده**	[thaher kre **de**] تاهیر کړی **دي**	[hagha her kre **di**] هغه هیر کړی **دی**	[mung her kre **da**] مونږ هیر کړی **ده**	[thasu her kre **de**] تاسو هیر کړی **دی**	[haghoi her kre **de]** هغوی هیرکړی **دي**

Past Perfect

1st per. sing.	2ndper. sing.	3rd per. sing. f/m	1st per. plu.	2ndper. plu.	3rd per. plu. f/m
[ma her kre **wa**] ماهیر کړی **وه**	[tha her kre **wa**] تاهیر کړي **وه**	[hagha her kre **wa/way**] هغه هیر کړی **وه/وئ**	[mungher kre **way**] مونږ هیر کړی **وو**	[thasu her kre **way**] تاسو هیر کړی **وئ**	[haghoi her kre **wu/ we**] هغوی هیر کړی **وو/وي**

Future Perfect

1st per. sing.	2ndper. sing.	3rd per. sing.	1st per. plu.	2ndper. plu.	3rd per. plu.
[ma ba her kre **we**] ما به هیر کړی وی	[tha ba her kre **we**] تا به هیر کړی وي	[hagha ba her kre **wi**] هغه به هیر کړی وی	[mung ba her kre w**a**] مونږ به هیر کړی وی	[thasu ba her kre **we**] تاسو به هیر کړی وی	[haghoi ba her kre **we**] هغوی هیر کړی وی

To get up –(اوچت کیدل) [ochat kedal]

(Simple Verb)

Present Imperfective

1st per. sing.	2ndper. sing.	3rd per. sing.	1st per. plu.	2nd per. plu.	3rd per. plu.
[ochat kegam] اوچت کیږم	[ochat kege] اوچت کیږي	[ochat kegi] اوچت کیږی	[ochat kegu] اوچت کیږو	[ochat kegay] اوچت کیږئ	[ochat kege] اوچت کیږی

Present Perfective

1st per. sing.	2nd per. sing.	3rd per. sing.	1st per. plu.	2nd per. plu.	3rd per. plu.
[ochat **sham**] اوچت شم	[ochat **she**] اوچت شي	[ochat **shi**] اوچت شی	[ochat **shu**] اوچت شو	[ochat **shay**] اوچت شئ	[ochat **she**] اوچت شی

Past Imperfective

1st per. sing.	2ndper. sing.	3rd per. sing. f/m	1st per. plu.	2ndper. plu.	3rd per. plu. f/m
[ochat **kedam**] اوچت کیدم	[ochat **kede**] اوچت کیدي	[ochat **kedi**] اوچت کیده/کیده	[ochat **kedu**] اوچت کیدو	[ochat **keday**] اوچت کیدئ	[ochat **keday**] اوچت کیدي

Past Perfective

1st per. sing.	2ndper. sing.	3rd per. sing. f/m	1st per. plu.	2ndper. plu.	3rd per. plu. f/m
[ochat **shwam**] اوچت شوم	[ochat **shwe**] اوچت شوي	[ochat **sho/shwa**] اوچت شو/شوه	[ochat **shwu**] اوچت شوو	[ochat **shway**] اوچت شوئ	[ochat **shwal/shwale**] اوچت شول/شولی

Future Imperfective

1st per. sing.	2ndper. sing.	3rd per. sing.	1st per. plu.	2ndper. plu.	3rd per. plu.
[(za) **ba** ochat kegam] (زه) **به اوچت** کیږم	[(tha) **ba** ochat kege] (ته) **به اوچت** کیږي	[(hagha) **ba** ochat kegi] (هغه) **به اوچت** کیږی	[(mung) **ba** ochat kegu] (مونږ) **به اوچت** کیږو	[(thasu) **ba** ochat kegay] (تاسو) **به اوچت** کیږئ	[(haghoi) **ba** ochat kege] (هغوی) **به اوچت** کیږی

Future Perfective

1st per. sing.	2ndper. sing.	3rd per. sing.	1st per. plu.	2ndper. plu.	3rd per. plu.
[(za) **ba** ochat sham] (زه) **به** اوچت شم	[(tha) **ba** ochat she] (ته) **به** اوچت شي	[(hagha) **ba** ochat shi] (هغه) **به** اوچت شی	[(mung) **ba** ochat shu] (مونږ) **به** اوچت شو	[(thasu) **ba** ochat shay] (تاسو) **به** اوچت شئ	[(haghoi) **ba** ochat she] (هغوی) **به** اوچت شی

Present Perfect

1st per. sing.	2ndper. sing.	3rd per. sing.	1st per. plu.	2ndper. plu.	3rd per. plu.
[(za) ochat shway **yam**] (زه) اوچت شوی **یم**	[(tha) ochat shway **ye**] (ته) اوچت شوی **يي**	[(hagha) ochat shway **da**] (هغه) اوچت شوی **دی**	[(mung) ochat shway **yu**] (مونږ) اوچت شوی **یو**	[(thasu) ochat shway **ye**] (تاسو) اوچت شوی **يي**	[(haghoi) ochat shway **di**] (هغوی) اوچت شوی **دی**

Past Perfect

1st per. sing.	2ndper. sing.	3rd per. sing. f/m	1st per. plu.	2ndper. plu.	3rd per. plu. f/m
[(za) ochat shway **wam**] (زه) اوچت شوی **وم**	[(tha) ochat shway **wi**] (ته) اوچت شوی **وي**	[(hagha) ochat shway **wa/way**] (هغه) اوچت شوی وه/وئ	[(mung) ochat shway **wu**] (مونږ) اوچت شوی **وو**	[(thasu) ochat shway **way**] (تاسو) اوچت شوی **وی**	[(haghoi) ochat shway **wu/we**] (ه غوی) اوچت شوی **وو/وي**

Future Perfect

1st per. sing.	2nd per. sing.	3rd per. sing.	1st per. plu.	2nd per. plu.	3rd per. plu.
[(za) **ba** ochat shway yam] (زه) به اوچت شوی یم	[(tha) **ba** ochat shway ye] (ته) به اوچت شوی يي	[(hagha) **ba** ochat shway wi] (هغه) به اوچت شوی وی	[(mung) **ba** ochat shway yu] (مونږ) به اوچت شوی یو	[(thasu) **ba** ochat shway ye] (تاسو) به اوچت شوی يي	[(haghoi) **ba** ochat shway we] (هغوی) به اوچت شوی وی

To give –(ورکول) [warkawal]

(Simple Verb)

Present Imperfective

1st per. sing.	2ndper. sing.	3rd per. sing.	1st per. plu.	2ndper. plu.	3rd per. plu.
[za **ye** warkawam] زه یی ورکوم	[tha **ye** warkawe] ته یی ور کوي	[hagha **ye** warkawi] هغه یی ورکوی	[mung **ye** warkawu] مونږ یی ورکوو	[thasu **ye** warkaway] تاسو یی ورکوئ	[haghoi **ye** warkawe] هغوی یی ورکوی

Present Perfective

1st per. sing.	2ndper. sing.	3rd per. sing.	1st per. plu.	2ndper. plu.	3rd per. plu.
[za **ye** warkram] زه یی ور کړم	[tha **ye** warkre] ته یی ورکړي	[hagha **ye** warkri] هغه یی ورکړی	[mung **ye** warkru] مونږ یی ورکړو	[thasu **ye** warkray] تاسو یی ورکړئ	[haghoi **ye** warkre] هغوی یی ورکړی

Past Imperfective

1st per. sing.	2ndper. sing.	3rd per. sing. f/m	1st per. plu.	2ndper. plu.	3rd per. plu. f/m
[warkawal **me**] ورکول می	[tha warkawale] تا ورکولي	[hagha war**kawa/ warkawala**] هغه ورکوه / ورکوله	[mung war**kawalu**] مونږ ورکولی	[thasu war**kawalay**] تاسو ورکولئ	[haghoi war**kawal**/**warka walay**] هغوی ورکول/ ورکولئ

Past Perfective

1st per. sing.	2ndper. sing.	3rd per. sing. f/m	1st per. plu.	2ndper. plu.	3rd per. plu. f/m
[za ye war**kram**] زه یی ورکړم	[tha ye shro war**kre**] ته یی ورکړي	[hagha ye war**kar/wark ra**] هغه يي ورکړ/ ورکړه	[mung ye war**kru**] مونږ یی ورکړو	[thasu ye war**kray**] تاسو یی ورکړئ	[haghoi ye war**kre/warkrè**] هغوی یی ورکړی/ ورکړي

Future Imperfective

1st per. sing.	2ndper. sing.	3rd per. sing.	1st per. plu.	2ndper. plu.	3rd per. plu. f/m
[za ba **ye** warkawam] زه به **یی** ور کوم	[tha ba **ye** warkawe] ته به **یی** ورکوي	[hagha ba **ye** warkawi] هغه به **یی** ورکوی	[mung ba **ye** warkawu] مونږ به **یی** ورکوو	[thasu ba **ye** warkaway] تاسو به **یی** ورکوئ	[haghoi ba **ye** warkawe] هغوی به **یی** ورکوی

Future Perfective

1st per. sing.	2ndper. sing.	3rd per. sing.	1st per. plu.	2ndper. plu.	3rd per. plu.
[za ba ye war**kram**] زه به یی ور کړم	[tha ba ye war**kre**] ته به یی ورکړي	[hagha ba ye war**kri**] هغه به یی ورکړی	[mung ba ye war**kru**] مونږ به یی ورکړو	[thasu ba ye war**kray**] تاسو به یی ورکړئ	[haghoi ba ye war**kre**] هغوی به یی ورکړی

Present Perfect

1st per. sing.	2ndper. sing.	3rd per. sing.	1st per. plu.	2ndper. plu.	3rd per. plu.
[ma warkre **da**] ما ورکړی **ده**	[tha warkre **de**] تا ورکړی **دي**	[hagha warkre **di**] هغه ورکړی **دی**	[mung warkre **da**] مونږ ورکړی **ده**	[thasu warkre **de**] تاسو ورکړی **دی**	[haghoi warkre **de**] هغوی ورکړی **دي**

Past Perfect

1st per. sing.	**2ndper. sing.**	**3rd per. sing. f/m**	**1st per. plu.**	**2ndper. plu.**	**3rd per. plu. f/m**
[ma warkre **wa**] ما ورکړی وه	[tha warkre **wa**] تا ورکړي وه	[hagha warkre **wa/way**] هغه ورکړی وه/وئ	[mung warkre **way**] مونږ ورکړی وو	[thasu warkre **way**] تاسو ورکړی وئ	[haghoi warkre **wu/ we**] هغوی ورکړی وو/وي

Future Perfect

1st per. sing.	**2ndper. sing.**	**3rd per. sing.**	**1st per. plu.**	**2ndper. plu.**	**3rd per. plu.**
[ma ba warkre **we**] ما به ورکړی وی	[tha ba warkre **we**] تا به ورکړی وي	[hagha ba warkre **wi**] هغه به ورکړی وی	[mung ba warkre w**a**] مونږ به ورکړی وی	[thasu ba warkre **we**] تاسو به ور کړی وی	[haghoi ba warkre **we**] هغوی به ور کړی وی

To go –تلل[thlal]

(Doubly Irregular Verb)

Present Imperfective

1st per. sing.	2ndper. sing.	3rd per. sing.	1st per. plu.	2ndper. plu.	3rd per. plu.
[za **razam**] زه ځم	[tha **raze**] ته ځي	[hagha **razi**] هغه ځی	[mung **razu**] مونږ ځو	[thasu **razay**] تاسو ځئ	[haghoi **raze**] هغوی ځی

Present Perfective

1st per. sing.	2ndper. sing.	3rd per. sing.	1st per. plu.	2ndper. plu.	3rd per. plu.
[za **thlam**] زه تلم	[tha thl**e**] ته تلي	[hagha **thlo**] هغه تلو	[mung thl**u**] مونږ تلو	[thasu **thlay**] تاسو تلئ	[haghoi **thla**] هغوی تله

Past Imperfective

1st per. sing.	2ndper. sing.	3rd per. sing. f/m	1st per. plu.	2ndper. plu.	3rd per. plu. f/m
[za **thlalam**] زه تللم	[tha th**lale**] ته تللي	[hagha thl**alo**/thl**ala**] هغه تللو/تلله	[mung thl**alu**] مونږ تللو	[thasu thl**alay**] تاسو تللئ	[haghoi thl**al**/thlal**e**] هغوی تلل/تللي

Past Perfective

1st per. sing.	2ndper. sing.	3rd per. sing. f/m	1st per. plu.	2ndper. plu.	3rd per. plu. f/m
[za **laram**] زه لاړم	[tha lare] ته لاړي	[hagha lar/ **lara**] هغه لاړ/لاړه	[mung **ralu**] مونږ لاړو	[thasu **ralay**] تاسو لاړئ	[haghoi **ralal/ralale**] هغوی لاړل/لاړلی

Future Imperfective

1st per. sing.	2ndper. sing.	3rd per. sing.	1st per. plu.	2ndper. plu.	3rd per. plu. f/m
[za **ba** zam] زه به ځم	[tha **ba** ze] ته به ځي	[hagha **ba** zi] هغه به ځی	[mung **ba** zu] مونږ به ځو	[thasu **ba** zay] تاسو به ځئ	[haghoi **ba** ze] هغوی به ځی

Future Perfective

1st per. sing.	2ndper. sing.	3rd per. sing.	1st per. plu.	2ndper. plu.	3rd per. plu.
[za ba **thlam**] زه به تلم	[tha ba thl**e**] ته به تلي	[hagha ba **thlo**] هغه به تلو	[mung ba thl**u**] مونږ به تلو	[thasu ba **thlay**] تاسو به تلئ	[haghoi ba **thla**] هغوی به تله

Present Perfect

1st per. sing.	2ndper. sing.	3rd per. sing.	1st per. plu.	2ndper. plu.	3rd per. plu.
[za thlale **yam**] زه تللی یم	[tha thlale **ye**] ته تللی يي	[hagha thlale **di**] هغه تللی دی	[mung thlale **yu**] مونږ تللی یو	[thasu thlale **ye**] تاسو تللی يي	[haghoi thlale **de**] هغوی تللی دی

Past Perfect

1st per. sing.	2ndper. sing.	3rd per. sing. f/m	1st per. plu.	2ndper. plu.	3rd per. plu. f/m
[za thlale **wam**] زه تللی وم	[tha thlale **we**] ته راغ تللی لی وي	[hagha thlale **wa**] هغه تللی وه	[mung thlale **wu**] مونږ تللی وو	[thasu thlale **way**] تاسو تللی وی	[haghoi thlale **wa**] هغوی تللی وه

Future Perfect

1st per. sing.	2nd per. sing.	3rd per. sing.	1st per. plu.	2nd per. plu.	3rd per. plu.
[za ba thlale **yam**]	[tha ba thlale **ye**]	[hagha ba thlale **di**]	[mung ba thlale **yu**]	[thasu ba thlale **ye**]	[haghoi ba thlale **de**]
زه به تللی يم	ته به تللی يي	هغه به تللی دی	مونږ به تللی يو	تاسو به تللی يي	هغوی به تللی دی

To (make it) happen –پیښ کول [pekh kawal]

(Simple verb)

Present Imperfective

1st per. sing.	2ndper. sing.	3rd per. sing.	1st per. plu.	2ndper. plu.	3rd per. plu.
[za ye paikh **kawam**] زه یی پیښ **کوم**	[tha ye paikh **kawe**] ته یی پیښ **کوي**	[hagha ye paikh **kawi**] هغه یی پیښ کوی	[mung ye paikh **kawu**] مونږ یی پیښ **کوو**	[thasu ye paikh **kaway**] تاسو یی پیښ **کوئ**	[haghoi ye paikh **kawe**] هغوی یی پیښ **کوی**

Present Perfective

1st per. sing.	2ndper. sing.	3rd per. sing.	1st per. plu.	2ndper. plu.	3rd per. plu.
[za ye paikh **kram**] زه یی پیښ **کړم**	[tha ye paikh kre] ته یی پیښ **کړي**	[hagha ye paikh **kri**] هغه یی پیښ **کړی**	[mung ye paikh **kru**] مونږ یی پیښ **کړو**	[thasu ye paikh **kray**] تاسو یی پیښ **کړئ**	[haghoi ye paikh **kre**] هغوی یی پیښ **کړی**

Past Imperfective

1st per. sing.	2ndper. sing.	3rd per. sing. f/m	1st per. plu.	2ndper. plu.	3rd per. plu. f/m
[ma paikh **kawale**] ما پیښ **کولی**	[tha paikh **kawale**] تا پیښ **کولي**	[hagha paikh **kawa/kawala**] هغه پیښ **کوه /کوله**	[mung paikh **kawalu**] مونږ پیښ **کولو**	[thasu paikh **kawalay**] تاسو پیښ **کولئ**	[haghoi paikh **kawal/kawalay**] هغوی پیښ **کول/کولئ**

Past Perfective

1st per. sing.	2ndper. sing.	3rd per. sing. f/m	1st per. plu.	2ndper. plu.	3rd per. plu. f/m
[ma paikh **kro**] ما پیښ کړو	[tha paikh **kre**] ته پیښ کړي	[hagha paikh **kri/kri**] هغه پیښ کړی /کړی	[mung paikh **kru**] مونږ پیښ کړو	[thasu paikh **kray**] تاسو پیښ کړئ	[haghoi paikh **kru/kre**] هغوی پیښ کړو/ کړو

Future Imperfective

1st per. sing.	2ndper. sing.	3rd per. sing.	1st per. plu.	2ndper. plu.	3rd per. plu. f/m
[za ba ye paikh **kawam**] زه به یی پیښ کوم	[tha ba ye paikh **kawe**] ته به یی پیښ کوي	[hagha ba ye paikh **kawi**] هغه به یی پیښ کوی	[mung ba ye paikh **kawu**] مونږ به یی پیښ کوو	[thasu ba ye paikh **kaway**] تاسو به یی پیښ کوئ	[haghoi ba ye paikh **kawe**] هغوی به یی پیښ کوی

Future Perfective

1st per. sing.	2ndper. sing.	3rd per. sing.	1st per. plu.	2ndper. plu.	3rd per. plu.
[za ba ye paikh **kram**] زه به یی پیښ کړم	[tha ba ye paikh kre] ته به یی پیښ کړي	[hagha ba ye paikh **kri**] هغه به یی پیښ کړی	[mung ba ye paikh **kru**] مونږ به یی پیښ کړو	[thasu ba ye paikh **kray**] تاسو به یی پیښ کړئ	[haghoi ba ye paikh **kre**] هغوی به یی پیښ کړی

Present Perfect

1st per. sing.	2ndper. sing.	3rd per. sing.	1st per. plu.	2ndper. plu.	3rd per. plu.
[ma paikh kre **da**] ما پیښ کړی ده	[tha paikh kre **de**] تا پیښ کړی دي	[hagha paikh kre **di**] هغه پیښ کړی دی	[mung paikh kre **da**] مونږ پیښ کړی ده	[thasu paikh kre **de**] تاسو پیښ کړی دی	[haghoi paikh kre **de**] هغوی پیښ کړی دي

Past Perfect

1st per. sing.	2nd per. sing.	3rd per. sing. f/m	1st per. plu.	2nd per. plu.	3rd per. plu. f/m
[ma paikh kre **wa**] ما پیښ کړي وه	[tha paikh kre **wa**] تا پیښ کړي وه	[hagha paikh kre **wa/way**] هغه پیښ کړی وه/وئ	[mung paikh kre **way**] مونږ پیښ کړی وو	[thasu paikh kre **way**] تاسو پیښ کړی وئ	[haghoi paikh kre **wu/we**] هغوی پیښ کړی وو/وي

Future Perfect

1st per. sing.	2nd per. sing.	3rd per. sing.	1st per. plu.	2nd per. plu.	3rd per. plu.
[ma ba paikh kre **we**] ما به پیښ کړی وي	[tha ba paikh kre **we**] تا به پیښ کړی وي	[hagha ba paikh kre **wi**] هغه به پیښ کړی وي	[mung ba paikh kre **wa**] مونږ به پیښ کړی وي	[thasu ba paikh kre **we**] تاسو به پیښ کړی وي	[haghoi ba paikh kre **we**] هغوی به پیښ کړی وي

To have – لرل [laral]
(Simple Verb)

Present Imperfective

1st per. sing.	2nd per. sing.	3rd per. sing.	1st per. plu.	2nd per. plu.	3rd per. plu.
[za ye laram] زه یی لرم	[tha ye lare] ته یی لري	[hagha ye lari] هغه یی لري	[mung ye laru] مونږ یی لرو	[thasu ya laray] تاسو یی لرئ	[haghoi ye lari] هغوی یی لري

Present Perfective

1st per. sing.	2nd per. sing.	3rd per. sing.	1st per. plu.	2nd per. plu.	3rd per. plu.
[za ye walarm] ز يي و لرم	[tha ye walare] ته یی و لري	[hagha ye walari] هغه یی و لري	[mung ye walaru] مونږ یی و لرو	[thasu ya walary] تاسو یی و لرئ	[haghoi ye walari] هغوی یی و لري

Past Imperfective

1st per. sing.	2nd per. sing.	3rd per. sing. f/m	1st per. plu.	2nd per. plu.	3rd per. plu. f/m
[ma larale] ما لرلی	[tha larale] تا لرلي	[hagha larali/larali] هغه لرلی/ لرلی	[mung larale] مونږ لرلی	[thasu laralay] تاسو لرلئ	[haghoi larale/larale] هغوی لرلی/ لرلی

Past Perfective

1st per. sing.	2nd per. sing.	3rd per. sing. f/m	1st per. plu.	2nd per. plu.	3rd per. plu. f/m
[ma walaral] ما و لرل	[tha walaral] تا و لرل	[hagha walaral/laral] هغه و لرل/ لرل	[mung walaral] مونږ و لرل	[thasu walaral] تاسو و لرل	[haghoi walaral/laral] هغوی و لرل/ لرل

Future Imperfective

1st per. sing.	2nd per. sing.	3rd per. sing.	1st per. plu.	2nd per. plu.	3rd per. plu. f/m
[za **ba** ye laram] زه **به** یی لرم	[tha **ba** ye lare ته **به** یی لري	[hagha **ba** ye lari] هغه **به** یی لری	[mung **ba** ye laru] مونږ **به** یی لرو	[thasu **ba** ya laray] تاسو **به** یی لرئ	[haghoi **ba** ye lari] هغوی **به** یی لری

Future Perfective

1st per. sing.	2nd per. sing.	3rd per. sing.	1st per. plu.	2nd per. plu.	3rd per. plu.
[za **ba** ye walaram ز **به** یی و لرم	[tha **ba** ye walare ته **به** یی و لري	[hagha **ba** ye walari] هغه **به** یی و لری	[mung **ba** ye walaru] مونږ **به** یی و لرو	[thasu **ba** ya walaray] تاسو **به** یی و لرئ	[haghoi **ba** ye walari] هغوی **به** یی و لری

Present Perfect

1st per. sing.	2nd per. sing.	3rd per. sing.	1st per. plu.	2nd per. plu.	3rd per. plu.
[ma larale **de**] ما لرلی دی	[tha larale **de**] تا لرلی دي	[hagha larale **di**] هغه لرلی دی	[mung larale **de**] مونږ لرلی دی	[thasu larale **de**] تاسو لرلی دئ	[haghoi larale **de**] هغوی لرلی دی

Past Perfect

1st per. sing.	2nd per. sing.	3rd per. sing. f/m	1st per. plu.	2nd per. plu.	3rd per. plu. f/m
[ma larale **we**] ما لرلی وه	[tha larale **we**] تا لرلی وه	[hagha larale **wa/way**] هغه لرلی وه/وئ	[mung larale **we**] مونږ لرلی وه	[thasu larale **we**] تاسو لرلی وه	[haghoi larale **wu/we**] هغوی لرلی وو/وي

Future Perfect

1st per. sing.	2nd per. sing.	3rd per. sing.	1st per. plu.	2nd per. plu.	3rd per. plu.
[ma ba larale we] ما به لرلی وی	[tha ba larale we] تا به لرلی وی	[hagha ba larale we/we] هغه به لرلی وی/وی	[mung ba larale we] مونږ به لرلی وی	[thasu ba larale we] تاسو به لرلی وی	[haghoi ba larale we/we] هغوی به لرلی وی/وی

To hear – اوریدل [awredal]
(Simple Verb)

Present Imperfective

1st per. sing.	2nd per. sing.	3rd per. sing.	1st per. plu.	2nd per. plu.	3rd per. plu.
[za ye awram] زه یی اورم	[tha ye awre] ته یی اوري	[hagha ye awri] هغه یی اوري	[mung ye awru] مونږ یی اورو	[thasu ya awray] تاسو یی اورئ	[haghoi ye awre] هغوی یی اوري

Present Perfective

1st per. sing.	2nd per. sing.	3rd per. sing.	1st per. plu.	2nd per. plu.	3rd per. plu.
[za ye wawram] زه یی واورم	[tha ye wawre] ته یی واوري	[hagha ye wawri] هغه یی واوري	[mung ye wawru] مونږ یی واورو	[thasu ya wawray] تاسو یی واورئ	[haghoi ye wawre] هغوی یی واوري

Past Imperfective

1st per. sing.	2nd per. sing.	3rd per. sing. f/m	1st per. plu.	2nd per. plu.	3rd per. plu. f/m
[ma awredal] ما اوریدل	[tha awredal] تا اوریدل	[hagha awredal/awredal] هغه اوریدل/اوریدل	[mung awredal] مونږ اوریدل	[thasu awredal] تاسو اوریدل	[haghoi awredal/awredal] هغوی اوریدل/اوریدل

Past Perfective

1st per. sing.	2ndper. sing.	3rd per. sing. f/m	1st per. plu.	2ndper. plu.	3rd per. plu. f/m
[ma **wawr**edal] ما واوریدل	[tha **wawr**edal] تا واوریدل	[hagha **wawr**edal/**wa wr**edal] هغه واوریدل /واوریدل	[mung **wawr**edal] مونږ واوریدل	[thasu **wawr**edal] تاسو واوریدل	[haghoi **wawr**edal/**wawr**e dal] هغوی واوریدل/واوریدل

Future Imperfective

1st per. sing.	2ndper. sing.	3rd per. sing.	1st per. plu.	2ndper. plu.	3rd per. plu. f/m
[za ba **ye** awram] زه به یی اورم	[tha ba **ye** awre] ته به یی اوري	[hagha ba **ye** awri] هغه به یی اوری	[mung ba **ye** awru] مونږ به یی اورو	[thasu ba **ya** awray] تاسو به یی اورئ	[haghoi ba **ye** awre] هغوی به یی اوری

Future Perfective

1st per. sing.	2ndper. sing.	3rd per. sing.	1st per. plu.	2ndper. plu.	3rd per. plu.
[za ba **ye** wawram] زه به یی واورم	[tha ba **ye** wawre] ته به یی واوري	[hagha ba **ye** wawri] هغه به یی واوری	[mung ba **ye** wawru] مونږ به یی و اورو	[thasu ba **ya** wawray] تاسو به یی واورئ	[haghoi ba **ye** wawre] هغوی به یی واوری

Present Perfect

1st per. sing.	2ndper. sing.	3rd per. sing.	1st per. plu.	2ndper. plu.	3rd per. plu.
[ma awredale **de**] ما اوریدلی دی	[tha awredale **de**] تا اوریدلی دي	[hagha awredali/ awredali **de**] هغه اوریدلی دی / اوریدلی دی	[mung awredale **de**] مونږ اوریدلی دی	[thasu awredalay **de**] تاسو اوریدلی دی	[haghoi awredale **de**/ awredale **de**] هغوی اوریدلی دی/ اوریدلی دی

Past Perfect

1st per. sing.	2nd per. sing.	3rd per. sing. f/m	1st per. plu.	2nd per. plu.	3rd per. plu. f/m
[ma awredale we] ما اوریدلی وه	[tha awredale we] تا اوریدلی وه	[hagha awredali/ awredali we] هغه اوریدلی وه / اوریدلی وه	[mung awredale we] مونږ اوریدلی وه	[thasu awredalay we] تاسو اوریدلی وه	[haghoi awredale we/ awredale we] هغوی اوریدلی وه/ اوریدلی وه

Future Perfect

1st per. sing.	2nd per. sing.	3rd per. sing.	1st per. plu.	2nd per. plu.	3rd per. plu.
[ma ba awredale we] ما به اوریدلی وی	[tha ba awredale we] تا به اوریدلی وی	[hagha ba awredale we/we] هغه به اوریدلی وی/وی	[mung ba awredale we] مونږ به اوریدلی وی	[thasu ba awredale we] تاسو به اوریدلی وی	[haghoi ba awredale we/we] هغوی به اوریدلی وی/وی

To buy – اخستل [awredal]

(Simple Verb)

Present Imperfective

1st per. sing.	2nd per. sing.	3rd per. sing.	1st per. plu.	2nd per. plu.	3rd per. plu.
[akhlam]	[akhlay]	[akhli]	[akhlu]	[akhlay]	[akhli]
اخلم	اخلئ	اخلي	اخلو	اخلئ	اخلى

Present Perfective

1st per. sing.	2nd per. sing.	3rd per. sing.	1st per. plu.	2nd per. plu.	3rd per. plu.
[wakhlam]	[wakhle]	[wakhli]	[wakhlu]	[wakhlay]	[wakhli]
واخلم	واخلي	واخلى	واخلو	واخلئ	واخلى

Past Imperfective

1st per. sing.	2nd per. sing.	3rd per. sing. f/m	1st per. plu.	2nd per. plu.	3rd per. plu. f/m
[ma akhestha]	[tha akhestha]	[hagha akhestha/ akhestha]	[mung akhestha]	[thasu akhestha]	[haghoi akhestha/ akhestha]
ما اخسته	تا اخسته	هغه اخسته/اخسته	مونږ اخسته	تاسو اخسته	هغوى اخسته/ اخسته

Past Perfective

1st per. sing.	2nd per. sing.	3rd per. sing. f/m	1st per. plu.	2nd per. plu.	3rd per. plu. f/m
[ma wakhestha]	[tha wakhestha]	[hagha wakhestha/ wakhestha]	[mung wakhestha]	[thasu wakhestha]	[haghoi wakhestha/ wakhestha]
ما واخسته	تا واخسته	هغه واخسته/ واخسته	مونږ واخسته	تاسو واخسته	هغوى واخسته/ واخسته

Future Imperfective

1st per. sing.	2nd per. sing.	3rd per. sing.	1st per. plu.	2nd per. plu.	3rd per. plu. f/m
[za ba ye **akhlam**]	[tha ba ye **akhle**]	[hagha ba ye **akhli**]	[mung ba ye **akhlu**]	[thasu ba ye **akhlay**]	[haghoi ba ye **akhli**]
زه به یی اخلم	ته به یی اخلي	هغه به یی اخلی	مونږ به یی اخلو	تاسو به یی اخلئ	هغوی به یی اخلی

Future Perfective

1st per. sing.	2nd per. sing.	3rd per. sing.	1st per. plu.	2nd per. plu.	3rd per. plu.
[za ba ye **wakhlam**]	[tha ba ye **wakhle**]	[hagha ba ye **wakhli**]	[mung ba ye **wakhlu**]	[thasu ba ye **wakhlay**]	[haghoi ba ye **wakhli**]
زه به یی واخلم	ته به یی واخلي	هغه به یی واخلی	مونږ به یی واخلو	تاسو به یی واخلئ	هغوی به یی واخلی

Present Perfect

1st per. sing.	2nd per. sing.	3rd per. sing.	1st per. plu.	2nd per. plu.	3rd per. plu.
[ma akesthe **di**]	[tha akesthe **di**]	[hagha akesthe **di**]	[mung akesthe **di**]	[thasu akesthe **di**]	[haghoi akesthe **di**]
ما اخستی دی	تا اخستی دی	هغه اخستی دی	مونږ اخستی دی	تاسو اخستی دی	هغوی اخسته دی

Past Perfect

1st per. sing.	2nd per. sing.	3rd per. sing. f/m	1st per. plu.	2nd per. plu.	3rd per. plu. f/m
[ma akesthe **wa**]	[tha akesthe **wa**]	[hagha akesthe **wa**]	[mung akesthe **wa**]	[thasu akhesthe **wa**]	[haghoi akesthe **wa**]
ما اخستې وه	تا اخستې وه	هغه اخستې وه	مونږ اخستې وه	تاسو اخستې وه	هغوی اخستې وه

Future Perfect

1st per. sing.	2nd per. sing.	3rd per. sing.	1st per. plu.	2nd per. plu.	3rd per. plu.
[ma ba akesthe **we**] ما به اخستي وی	[tha ba akesthe **we**] تا به اخستي وی	[hagha ba akesthe **we**] هغه به اخستي وی	[mung ba akesthe **we**] مونږ به اخستي وی	[thasu ba akesthe **we**] تاسو به اخستي وی	[haghoi ba akesthe **we**] هغوی به اخستي وی

To help –مرسته کول [mrastha kawal]

(Simple Verb)

Present Imperfective

1st per. sing.	2ndper. sing.	3rd per. sing.	1st per. plu.	2ndper. plu.	3rd per. plu.
[za mrastha **kawam**] زه مرسته **کوم**	[tha mrastha **kawe**] ته مرسته **کوي**	[hagha mrastha **kawi**] هغه **مرسته** کوی	[mung mrastha **kawu**] مونږ مرسته **کوو**	[thasu mrastha **kaway**] تاسو مرسته **کوئ**	[haghoi mrastha **kawe**] هغوی مرسته **کوی**

Present Perfective

1st per. sing.	2ndper. sing.	3rd per. sing.	1st per. plu.	2ndper. plu.	3rd per. plu.
[za mrastha **wakram**] زه مرسته **وکړم**	[tha mrastha wakre] ته مرسته **وکړي**	[hagha mrastha **wakri**] هغه مرسته **وکړی**	[mung mrastha **wakru**] مونږ مرسته **وکړو**	[thasu mrastha **wakray**] تاسو مرسته **وکړئ**	[haghoi mrastha **wakre**] هغوی مرسته **وکړی**

Past Imperfective

1st per. sing.	2ndper. sing.	3rd per. sing. f/m	1st per. plu.	2ndper. plu.	3rd per. plu. f/m
[ma mrastha **kawale**] ما مرسته **کولی**	[tha mrastha **kawale**] ته مرسته **کولي**	[hagha mrastha **kawa/kawala**] هغه مرسته **کوه** /**کوله**	[mung mrastha **kawalu**] مونږ مرسته **کولو**	[thasu mrastha **kawalay**] تاسو مرسته **کولئ**	[hagha mrastha **kawal/kawalay**] هغوی مرسته **کول/کولئ**

Past Perfective

1st per. sing.	2ndper. sing.	3rd per. sing. f/m	1st per. plu.	2ndper. plu.	3rd per. plu. f/m
[ma mrastha **wakro**] ما مرسته **وکړو**	[tha mrastha **wakre**] ته مرسته **وکړي**	[hagha mrastha **wakri/wakri**] هغه مرسته **وکړی** /وکړی	[mung mrastha **wakru**] مونږ مرسته **وکړو**	[thasu mrastha **wakray**] تاسو مرسته **وکړئ**	[haghoi mrastha **wakre/wakre**] هغوی مرسته **وکړو**/ **وکړو**

Future Imperfective

1st per. sing.	2ndper. sing.	3rd per. sing.	1st per. plu.	2ndper. plu.	3rd per. plu. f/m
[za ba mrastha **kawam**] زه به مرسته **کوم**	[tha ba mrastha **kawe**] ته به مرسته **کوي**	[hagha ba mrastha **kawi**] هغه به مرسته **کوی**	[mung ba mrastha **kawu**] مونږ به مرسته **کوو**	[thasu ba mrastha **kaway**] تاسو به مرسته **کوئ**	[haghoi ba mrastha **kawe**] هغوی به مرسته **کوی**

Future Perfective

1st per. sing.	2ndper. sing.	3rd per. sing.	1st per. plu.	2ndper. plu.	3rd per. plu.
[za ba mrastha **wakram**] زه به مرسته **وکړم**	[tha ba mrastha **wakre**] ته به مرسته **وکړي**	[hagha ba mrastha **wakri**] هغه به مرسته **وکړی**	[mung ba mrastha **wakru**] مونږ به مرسته **وکړو**	[thasu ba mrastha **wakray**] تاسو به مرسته **وکړئ**	[haghoi ba mrastha **wakre**] هغوی به مرسته **وکړی**

Present Perfect

1st per. sing.	2ndper. sing.	3rd per. sing.	1st per. plu.	2ndper. plu.	3rd per. plu.
[ma mrastha kre **da**] ما مرسته کړی **ده**	[tha mrastha kre **de**] تا مرسته کړی **دي**	[hagha mrastha kre **di**] هغه مرسته کړی **دی**	[mung mrastha kre **da**] مونږ مرسته کړی **ده**	[thasu mrastha kre **de**] تاسو مرسته کړی **دی**	[haghoi mrastha kre **de**] هغوی مرسته کړی **دي**

Past Perfect

1st per. sing.	2nd per. sing.	3rd per. sing. f/m	1st per. plu.	2nd per. plu.	3rd per. plu. f/m
[ma mrastha kre **wa**] ما مرسته کړی وه	[tha mrastha kre **wa**] تا مرسته کړي وه	[hagha mrastha kre **wa/way**] هغه مرسته کړی وه/وئ	[mung mrastha kre **way**] مونږ مرسته کړی وو	[thasu mrastha kre **way**] تاسو مرسته کړی وئ	[haghoi mrastha kre **wu/ we**] هغوی مرسته کړی وو/وي

Future Perfect

1st per. sing.	2nd per. sing.	3rd per. sing.	1st per. plu.	2nd per. plu.	3rd per. plu.
[ma ba mrastha kre **we**] ما به مرسته کړی وي	[tha ba mrastha kre **we**] تا به مرسته کړی وي	[hagha ba mrastha kre **wi**] هغه به مرسته کړی وي	[mung ba mrastha kre **wa**] مونږ به مرسته کړی وي	[thasu ba mrastha kre **we**] تاسو به مرسته کړی وي	[haghoi ba mrastha kre **we**] هغوی مرسته کړی وي

To hold – نیول [newal]
(Simple Irregular Verb)

Present Imperfective

1st per. sing.	2nd per. sing.	3rd per. sing.	1st per. plu.	2nd per. plu.	3rd per. plu.
[za ye nesam] زه یی نیسم	[tha ye nese] ته یی نیسي	hagha ye [nesi] هغه یی نیسي	mung ye [nesu] مونږ یی نیسو	thasu ye [nesay] تاسو یی نیسئ	haghoi ye [nesi] هغوی یی نیسي

Present Perfective

1st per. sing.	2nd per. sing.	3rd per. sing.	1st per. plu.	2nd per. plu.	3rd per. plu.
[za ye wanesam] زه یی ونیسم	tha ye [wanese] ته یی ونیسي	hagha ye [wanesi] هغه یی ونیسي	mung ye [wanesu] مونږ یی ونیسو	thasu ye [wanesay] تاسو یی ونیسئ	haghoi ye [wanesi] هغوی یی ونیسي

Past Imperfective

1st per. sing.	2nd per. sing.	3rd per. sing. f/m	1st per. plu.	2nd per. plu.	3rd per. plu. f/m
[ma newale] ما نیولی	[tha newale] تا نیولی	hagha newale/ [newalo] هغه نیولي/نیولو	mung [newale] مونږ نیولي	[thasu newalay] تاسو نیولئ	[haghoi newale/newale] هغوی نیولي/نیولی

Past Perfective

1st per. sing.	2nd per. sing.	3rd per. sing. f/m	1st per. plu.	2nd per. plu.	3rd per. plu. f/m
[ma wanewalo] ما ونیولو	[tha wanewalo] تا ونیولو	[hagha wanewalo/wanewalo] هغه ونیولو/ ونیولو	[mung wanewalo] مونږ ونیولو	[thasu wanewalo] تاسو ونیولو	[haghoi wanewalo/wanewalo] هغوی ونیولو/ ونیولو

Future Imperfective

1st per. sing.	2nd per. sing.	3rd per. sing.	1st per. plu.	2nd per. plu.	3rd per. plu. f/m
[za ba ye nesam] زه به یی نیسم	tha ba ye] [nese ته به یی نیسي	hagha ba ye] [nesi هغه به یی نیسي	mung ba ye] [nesu مونږ به یی نیسو	thasu ba ye] [nesay تاسو به یی نیسئ	haghoi ba ye] [nesi هغوی به یی نیسی

Future Perfective

1st per. sing.	2nd per. sing.	3rd per. sing.	1st per. plu.	2nd per. plu.	3rd per. plu.
[za ba ye wanesam] زه به یی ونیسم	tha ba ye] [wanese ته به یی ونیسي	hagha ba ye] [wanesi هغه به یی ونیسی	mung ba ye] [wanesu مونږ به یی ونیسو	thasu ba ye] [wanesay تاسو به یی ونیسئ	haghoi ba ye] [wanesi هغوی به یی ونیسی

Present Perfect

1st per. sing.	2nd per. sing.	3rd per. sing.	1st per. plu.	2nd per. plu.	3rd per. plu.
[ma newaly de] ما نیولی دی	[tha newale de] تا نیولی دی	[hagha newale de] هغه نیولی دی	[mung newale de] مونږ نیولی دی	[thasu newale de] تاسو نیولی دی	[haghoi newale de] هغوی نیولی دی

Past Perfect

1st per. sing.	2nd per. sing.	3rd per. sing. f/m	1st per. plu.	2nd per. plu.	3rd per. plu. f/m
[ma newaly wa] ما نیولی وه	[tha newale wa] تا نیولی وه	[hagha newale wa] هغه نیولی وه	[mung newale wa] مونږ نیولی وه	[thasu newale wa] تاسو نیولی وه	[haghoi newale wa] هغوی نیولی وه

Future Perfect

1st per. sing.	2nd per. sing.	3rd per. sing.	1st per. plu.	2nd per. plu.	3rd per. plu.
[ma newaly we]	[tha newale we]	[hagha newale we]	[mung newale we]	[thasu newale we]	[haghoi newale we]
ما به نیولی وی	تابه نیولی وی	هغه به نیولی وی	مونږ به نیولی وی	تاسو به نیولی وی	هغوی به نیولی وی

To increase – ډیرکول [der kawal]
(Derivative Verb)

Present Imperfective

1st per. sing.	2nd per. sing.	3rd per. sing.	1st per. plu.	2nd per. plu.	3rd per. plu.
[za ye der kawam]	[tha ye der kawe]	[hagha ye der kawi]	[mung ye der kawu]	[thasu ye der kaway]	[haghoi ye der kawe]
زه یی ډیر کوم	ته یی ډیر کوې	هغه یی ډیر کوی	مونږ یی ډیر کوو	تاسو یی ډیر کوئ	هغوی یی ډیر کوی

Present Perfective

1st per. sing.	2nd per. sing.	3rd per. sing.	1st per. plu.	2nd per. plu.	3rd per. plu.
[za ye der kram]	[tha ye der kre]	[hagha ye der kri]	[mung ye der kru]	[thasu ye der kray]	[haghoi ye der kre]
زه یی ډیر کړم	ته یی ډیر کړې	هغه یی ډیر کړی	مونږ یی ډیر کړو	تاسو یی ډیر کړئ	هغوی یی ډیر کړی

Past Imperfective

1st per. sing.	2nd per. sing.	3rd per. sing. f/m	1st per. plu.	2nd per. plu.	3rd per. plu. f/m
[der kawal me]	[tha der kawale]	[hagha der kawa/kawala]	[mung der kawalu]	[thasu der kawalay]	[hagha der kawal/kawalay]
ډیر کول می	تا ډیر کولې	هغه ډیر کوه/کوله	مونږ ډیر کولی	تاسو ډیر کولئ	هغوی ډیر کول/کولئ

Past Perfective

1st per. sing.	2nd per. sing.	3rd per. sing. f/m	1st per. plu.	2nd per. plu.	3rd per. plu. f/m
[za ye der **kram**] زه يي ډيرکړم	[tha ye der **kre**] ته يي ډيرکړي	[hagha ye der **kar/kra**] هغه ډير کړ/ کړه	[mung ye der **kru**] مونږ يي ډير کړو	[thasu ye der **kray**] تاسو يي ډير کړئ	[haghoi ye der **kre/krè**] هغوی یی ډير کړه/کړي

Future Imperfective

1st per. sing.	2nd per. sing.	3rd per. sing.	1st per. plu.	2nd per. plu.	3rd per. plu. f/m
[za ba ye der **kawam**] زه به يي ډير کوم	[tha ba ye der **kawe**] ته به يي ډير کوي	[hagha ba ye der **kawi**] هغه به يي ډير کوی	[mung ba ye der **kawu**] مونږ به يي ډير کوو	[thasu ba ye der **kaway**] تاسو به يي ډير کوئ	[haghoi ba ye der **kawe**] هغوی به يي ډيرکوی

Future Perfective

1st per. sing.	2nd per. sing.	3rd per. sing.	1st per. plu.	2nd per. plu.	3rd per. plu.
[za ba ye der **kram**] زه به يي ډير کړم	[tha ba ye der **kre**] ته به یی ډيرکړي	[hagha ba ye der **kri**] هغه به يي ډيرکړی	[mung ba ye der **kru**] مونږ به يي ډير کړو	[thasu ba ye der **kray**] تاسو به يي ډير کړئ	[haghoi ba ye der **kre**] هغوی به يي ډير کړی

Present Perfect

1st per. sing.	2nd per. sing.	3rd per. sing.	1st per. plu.	2nd per. plu.	3rd per. plu.
[ma der kre **da**] ما ډير کړی ده	[tha der kre **de**] تا ډير کړی دي	[hagha der kre **di**] هغه ډير کړی دی	[mung der kre **da**] مونږ ډير کړی ده	[thasu der kre **de**] تاسو ډير کړی دی	[haghoi der kre **de**] هغوی ډير کړی دي

Past Perfect

1st per. sing.	2nd per. sing.	3rd per. sing. f/m	1st per. plu.	2nd per. plu.	3rd per. plu. f/m
[ma der kre **wa**] ما ډیر کړي وه	[tha der kre **wa**] تا ډیر کړي وه	[hagha der kre **wa/way**] هغه ډیر کړی وه/وئ	[mung der kre **way**] مونږ ډیر کړی وو	[thasu der kre **way**] تاسو ډیر کړی وئ	[haghoi der kre **wu/ we**] هغوی ډیر کړی وو/وي

Future Perfect

1st per. sing.	2nd per. sing.	3rd per. sing.	1st per. plu.	2nd per. plu.	3rd per. plu.
[ma ba der kre **we**] ما به ډیر کړی وي	[tha ba der kre **we**] تا به ډیر کړی وي	[hagha ba der kre **wi**] هغه به ډیر کړی وي	[mung ba der kre wa] مونږ به ډیر کړی وي	[thasu ba der kre **we**] تاسو به ډیر کړی وي	[haghoi ba der kre **we**] هغوی ډیر کړی وي

To introduce –معرفی کول [marfi kawal]

(Simple Verb)

Present Imperfective

1st per. sing.	2ndper. sing.	3rd per. sing.	1st per. plu.	2ndper. plu.	3rd per. plu.
[za **ye** marfi kawam] زه **یی** معرفی کوم	[tha **ye** marfi kawe] ته **یی** معرفی کوي	[hagha **ye** marfi kawi] هغه **یی** معرفی کوی	[mung **ye** marfi kawu] مونږ **یی** معرفی کوو	[thasu **ye** marfi kaway] تاسو **یی** معرفی کوئ	[haghoi **ye** marfi kawe] هغوی **یی** معرفی کوی

Present Perfective

1st per. sing.	2ndper. sing.	3rd per. sing.	1st per. plu.	2ndper. plu.	3rd per. plu.
[za **ye** marfi kram] زه **یی** معرفی کړم	[tha **ye** marfi kre] ته **یی** معرفی کړي	[hagha **ye** marfi kri] هغه یی معرفی کړی	[**ye** marfi kru] مونږ **یی** معرفی کړو	[thasu **ye** marfi kray] تاسو **یی** معرفی کړئ	[haghoi **ye** marfi kre] هغوی **یی** معرفی کړی

Past Imperfective

1st per. sing.	2ndper. sing.	3rd per. sing. f/m	1st per. plu.	2ndper. plu.	3rd per. plu. f/m
[marfi kawal **me**] معرفی کول **می**	[tha marfi **kawale**] تا معرفی **کولي**	[hagha marfi **kawa/kawala**] هغه معرفی **کوه/کوله**	[mung marfi **kawalu**] مونږ معرفی **کولی**	[thasu marfi **kawalay**] تاسو معرفی **کولئ**	[haghoi marfi **kawal/kawalay**] هغوی معرفی **کول/کولئ**

Past Perfective

1st per. sing.	2nd per. sing.	3rd per. sing. f/m	1st per. plu.	2nd per. plu.	3rd per. plu. f/m
[za ye marfi **kram**] زه یی معرفی کړم	[tha ye marfi **kre**] ته یی معرفی کړي	[hagha ye marfi **kar/kra**] هغه معرفی کړ/ کړه	[mung ye marfi **kru**] مونږ یی معرفی کړو	[thasu ye marfi **kray**] تاسو یی معرفی کړئ	[haghoi ye marfi **kre/krè**] هغوی یی معرفی کړه/کړي

Future Imperfective

1st per. sing.	2nd per. sing.	3rd per. sing.	1st per. plu.	2nd per. plu.	3rd per. plu. f/m
[za ba ye marfi **kawam**] زه به یی معرفی کوم	[tha ba **ye** marfi **kawe**] ته به یی معرفی کوي	[hagha ba ye marfi **kawi**] هغه به یی معرفی کوی	[mung ba ye marfi **kawu**] مونږ به یی معرفی کوو	[thasu ba ye marfi **kaway**] تاسو به یی معرفی کوئ	[haghoi ba ye marfi **kawe**] هغوی به یی معرفی کوی

Future Perfective

1st per. sing.	2nd per. sing.	3rd per. sing.	1st per. plu.	2nd per. plu.	3rd per. plu.
[za ba ye marfi **kram**] زه به یی معرفی کړم	[tha ba ye marfi **kre**] ته به یی معرفی کړي	[hagha ba ye marfi **kri**] هغه به یی معرفی کړی	[mung ba ye marfi **kru**] مونږ به یی معرفی کړو	[thasu ba ye marfi **kray**] تاسو به یی معرفی کړئ	[haghoi ba ye marfi **kre**] هغوی به یی معرفی کړی

Present Perfect

1st per. sing.	2nd per. sing.	3rd per. sing.	1st per. plu.	2nd per. plu.	3rd per. plu.
[ma marfi kre **da**] ما معرفی کړی ده	[tha marfi kre **de**] تا معرفی کړی دي	[hagha marfi kre **di**] هغه معرفی کړی دی	[mung marfi kre **da**] مونږ معرفی کړی ده	[thasu marfi kre **de**] تاسو معرفی کړی دی	[haghoi marfi kre **de**] هغوی معرفی کړی دي

Past Perfect

1st per. sing.	2nd per. sing.	3rd per. sing. f/m	1st per. plu.	2nd per. plu.	3rd per. plu. f/m
[ma marfi kre **wa**] ما معرفی کړی وه	[tha marfi kre **wa**] تا معرفی کړي وه	[hagha marfi kre **wa/way**] هغه معرفی کړی وه/وئ	[mung marfi kre **way**] مونږ معرفی کړی وو	[thasu marfi kre **way**] تاسو معرفی کړی وئ	[haghoi marfi kre **wu/we**] هغوی معرفی کړی وو/وي

Future Perfect

1st per. sing.	2nd per. sing.	3rd per. sing.	1st per. plu.	2nd per. plu.	3rd per. plu.
[ma ba marfi kre **we**] ما به معرفی کړی وی	[tha ba marfi kre **we**] تا به معرفی کړی وي	[hagha ba marfi kre **wi**] هغه به معرفی کړی وی	[mung ba marfi kre **wa**] مونږ به معرفی کړی وی	[thasu ba marfi kre **we**] تاسو به معرفی کړی وی	[haghoi ba marfi kre **we**] هغوی معرفی کړی وی

To invite –دعوت کول [dawat kawal]
(Simple Verb)

Present Imperfective

1st per. sing.	2ndper. sing.	3rd per. sing.	1st per. plu.	2ndper. plu.	3rd per. plu.
[za **ye** dawat kawam] زه **یی** دعوت کوم	[tha **ye** dawat kawe] ته **یی** دعوت کوي	[hagha **ye** dawat kawi] هغه **یی** دعوت کوی	[mung **ye** dawat kawu] مونږ **یی** دعوت کوو	[thasu **ye** dawat kaway] تاسو **یی** دعوت کوئ	[haghoi **ye** dawat kawe] هغوی **یی** دعوت کوی

Present Perfective

1st per. sing.	2ndper. sing.	3rd per. sing.	1st per. plu.	2ndper. plu.	3rd per. plu.
[za **ye** dawat kram] زه **یی** دعوت کړم	[tha **ye** dawat kre] ته **یی** دعوت کړي	[hagha **ye** dawat kri] هغه یی دعوت کړی	[mung **ye** dawat kru] مونږ **یی** دعوت کړو	[thasu **ye** dawat kray] تاسو **یی** دعوت کړئ	[haghoi **ye** dawat kre] هغوی **یی** دعوت کړی

Past Imperfective

1st per. sing.	2ndper. sing.	3rd per. sing. f/m	1st per. plu.	2ndper. plu.	3rd per. plu. f/m
[dawat kawal **me**] دعوت کول **می**	[tha dawat **kawale**] تا دعوت **کولي**	[hagha dawat **kawa/kawala**] هغه دعوت **کوه /کوله**	[mung dawat **kawalu**] مونږ دعوت **کولی**	[thasu dawat **kawalay**] تاسو دعوت **کولئ**	[haghoi dawat **kawal/kawalay**] هغوی دعوت **کول/کولئ**

Past Perfective

1st per. sing.	2ndper. sing.	3rd per. sing. f/m	1st per. plu.	2ndper. plu.	3rd per. plu. f/m
[za ye dawat **kram**] زه یی دعوت کړم	[tha ye dawat **kre**] ته یی دعوت کړي	[hagha ye dawat **kar/kra**] هغه یی دعوت کړ/ کړه	[mung ye dawat **kru**] مونږ یی دعوت کړو	[thasu ye dawat **kray**] تاسو یی دعوت کړئ	[haghoi ye dawat **kre/krè**] هغوی یی دعوت کړه/کړي

Future Imperfective

1st per. sing.	2ndper. sing.	3rd per. sing.	1st per. plu.	2ndper. plu.	3rd per. plu. f/m
[za ba ye dawat **kawam**] زه به یی دعوت کوم	[tha ba **ye** dawat **kawe**] ته به یی دعوت کوي	[hagha ba ye dawat **kawi**] هغه به یی دعوت کوی	[mung ba ye dawat **kawu**] مونږ به یی دعوت کوو	[thasu ba ye dawat **kaway**] تاسو به یی دعوت کوئ	[haghoi ba ye dawat **kawe**] هغوی به یی دعوت کوی

Future Perfective

1st per. sing.	2ndper. sing.	3rd per. sing.	1st per. plu.	2ndper. plu.	3rd per. plu.
[za ba ye dawat **kram**] زه به یی دعوت کړم	[tha ba ye dawat **kre**] ته به یی دعوت کړي	[hagha ba ye dawat **kri**] هغه به یی دعوت کړی	[mung ba ye dawat **kru**] مونږ به یی دعوت کړو	[thasu ba ye dawat **kray**] تاسو به یی دعوت کړئ	[haghoi ba ye dawat **kre**] هغوی به یی دعوت کړی

Present Perfect

1st per. sing.	2ndper. sing.	3rd per. sing.	1st per. plu.	2ndper. plu.	3rd per. plu.
[ma dawat kre **da**] ما دعوت کړی ده	[tha dawat kre **de**] تا دعوت کړی دي	[hagha dawat kre **di**] هغه دعوت کړی دی	[mung dawat kre **da**] مونږ دعوت کړی ده	[thasu dawat kre **de**] تاسو دعوت کړی دی	[haghoi dawat kre **de**] هغوی دعوت کړی دي

Past Perfect

1st per. sing.	2ndper. sing.	3rd per. sing. f/m	1st per. plu.	2ndper. plu.	3rd per. plu. f/m
[ma dawat kre **wu**] ما دعوت کړی وو	[tha dawat kre **wa**] تا دعوت کړي وه	[hagha dawat kre **wa/way**] هغه دعوت کړی وه/وئ	[mung dawat kre **way**] مونږ دعوت کړی وو	[thasu dawat kre **way**] تاسو دعوت کړی وئ	[haghoi dawat kre **wu/ we**] هغوی دعوت کړی وو/وي

Future Perfect

1st per. sing.	2ndper. sing.	3rd per. sing.	1st per. plu.	2ndper. plu.	3rd per. plu.
[ma ba dawat kre **we**] ما به دعوت کړی وی	[tha ba dawat kre **we**] تا به دعوت کړی وي	[hagha ba dawat kre **wi**] هغه به دعوت کړی وی	[mung ba dawat kre **wa**] مونږ به دعوت کړی وی	[thasu ba dawat kre **we**] تاسو به دعوت کړی وی	[haghoi ba dawat kre **we**] هغوی دعوت کړی وی

To kill – وژل [wazhal]
(Simple Irregular Verb)

Present Imperfective

1ˢᵗ per. sing.	2ⁿᵈ per. sing.	3ʳᵈ per. sing.	1ˢᵗ per. plu.	2ⁿᵈ per. plu.	3ʳᵈ per. plu.
[za ye **wazh**nam] زه یی وژنم	[tha ye **wazh**ne] ته یی وژني	[hagha ye **wazh**ni] هغه یی وژني	[mung ye **wazh**nu] مونږ یی وژنو	[thasu ya **wazh**nay] تاسو یی وژنئ	[haghoi ye **wazh**ni] هغوی یی وژني

Present Perfective

1ˢᵗ per. sing.	2ⁿᵈ per. sing.	3ʳᵈ per. sing.	1ˢᵗ per. plu.	2ⁿᵈ per. plu.	3ʳᵈ per. plu.
[za ye **wawazh**nam] زه یی و وژنم	[tha ye **wawazh**ane] ته یی و وژني	[hagha ye **wawazh**ani] هغه یی و وژني	[mung ye **wawazh**anu] مونږ یی و وژنو	[thasu ye **wawazh**anay] تاسو یی و وژنئ	[haghoi ye **wawazh**ani] هغوی یی و وژني

Past Imperfective

1ˢᵗ per. sing.	2ⁿᵈ per. sing.	3ʳᵈ per. sing. f/m	1ˢᵗ per. plu.	2ⁿᵈ per. plu.	3ʳᵈ per. plu. f/m
[za ya wazhalam] زه یی وژلم	[tha ye wazhale] ته یی وژلي	[hagha ye wazhalo/ wazhala] هغه یی وژلو/ وژله	[mung ye wazhalu] مونږ یی وژلو	[thasu ye wazhalay] تاسو یی وژلئ	[haghoi ye wazhal/wazhale] هغوی یی وژل/ وژلي

Past Perfective

1st per. sing.	2nd per. sing.	3rd per. sing. f/m	1st per. plu.	2nd per. plu.	3rd per. plu. f/m
[za **ye** wazhalam] ز ه **یی** وژلم	[tha **ye** wazhanle] ته **یی** وژلي	[hagha **ye** wawazhalo/ wawazhala] هغه **یی** و وژلو/ووژله	[mung **ye** wawazhalu] مونږ **یی** و وژلو	[thasu **ye** wawazhlay] تاسو یی و وژلئ	[haghoi **ye** wawazhal/wawa zhale] هغوی **یي** ووژل/ووژلی

Future Imperfective

1st per. sing.	2nd per. sing.	3rd per. sing.	1st per. plu.	2nd per. plu.	3rd per. plu. f/m
[za ba **ye** bawazhnam] ز ه به **یی** وژنم	[tha ba **ye** wazhne] ته به **یی** وژني	[hagha ba **ye** wazhni] هغه به **یی** وژنی	[mung ba **ye** wazhnu] مونږ به **یی** وژنو	[thasu ba **ya** wazhnay] تاسو به **یی** وژنئ	[haghoi ba **ye** wazhni] هغوی به **یی** وژنی

Future Perfective

1st per. sing.	2nd per. sing.	3rd per. sing.	1st per. plu.	2nd per. plu.	3rd per. plu.
[za ba ye **wawazh**nam] ز ه به یی و وژنم	[tha ba ye **wawazh**ane] ته به یی **و وژني**	[hagha ba ye **wawazh**ani] هغه به یی **ووژنی**	[mung ba ye **wawazh**anu] مونږ به یی **ووژنو**	[thasu ba ye **wawazh**anay] تاسو به یی **ووژنئ**	[haghoi ba ye **wawazh**ani] هغوی به يي **ووژنی**

Present Perfect

1st per. sing.	2nd per. sing.	3rd per. sing.	1st per. plu.	2nd per. plu.	3rd per. plu.
[ma wajhale **de**] ما وژلی **دی**	[tha wajhale **de**] تا وژلی **دي**	[hagha wajhale **de**] هغه وژلی **دی**	[mung wajhale **de**] مونږ وژلی **دی**	[thasu wajhale **de**] تاسو وژلی **دئ**	[haghoi wajhale **di**] هغوی وژلی **دی**

Past Perfect

1st per. sing.	2nd per. sing.	3rd per. sing. f/m	1st per. plu.	2nd per. plu.	3rd per. plu. f/m
[ma wajhale **we**] ما وژلی وی	[tha wajhale **we**] تا وژلی وي	[hagha wajhale **we**] هغه وژلی وی	[mung wajhale **we**] مونږ وژلی وی	[thasu wajhale **we**] تاسو وژلی وئ	[haghoi wajhale **wi**] هغوی وژلی وی

Future Perfect

1st per. sing.	2nd per. sing.	3rd per. sing.	1st per. plu.	2nd per. plu.	3rd per. plu.
[ma ba wajhale **we**] ما به وژلی وی	[tha ba wajhale **we**] تابه وژلی وي	[hagha ba wajhale **we**] هغه به وژلی وی	[mung ba wajhale **we**] مونږ به وژلی وی	[thasu ba wajhale **we**] تاسو به وژلی وئ	[haghoi ba wajhale **wi**] هغوی به وژلی وی

To know – پوهیدل [pohedal]
(Derivative Verb)

Present Imperfective

1st per. sing.	2nd per. sing.	3rd per. sing.	1st per. plu.	2nd per. plu.	3rd per. plu.
[pohegam] پوهیږم	[pohege] پوهیږي	[pohegi] پوهیږی	[pohegu] پوهیږو	[pohegay] پوهیږئ	[pohege] پوهیږی

Present Perfective

1st per. sing.	2nd per. sing.	3rd per. sing.	1st per. plu.	2nd per. plu.	3rd per. plu.
[poh **sham**] پوه شم	[poh **she**] پوه شي	[poh **shi**] پوه شی	[poh **shu**] پوه شو	[poh **shay**] پوه شئ	[poh **she**] پوه شی

Past Imperfective

1st per. sing.	2nd per. sing.	3rd per. sing. f/m	1st per. plu.	2nd per. plu.	3rd per. plu. f/m
[pohedam] پوهیدم	[pohede] پوهیدي	[pohedi] پوهیده/پوهیده	[pohedu] پوهیدو	[poheday] پوهیدئ	[poheday] پوهیدي

Past Perfective

1st per. sing.	2nd per. sing.	3rd per. sing. f/m	1st per. plu.	2nd per. plu.	3rd per. plu. f/m
[poh **shwam**] پوه شوم	[poh **shwe**] پوه شوي	[poh **sho/shwa**] پوه شو/شوه	[poh **shwu**] پوه شوو	[poh **shway**] پوه شوئ	[poh **shwal/shwale**] پوه شول/شولی

Future Imperfective

1st per. sing.	2ndper. sing.	3rd per. sing.	1st per. plu.	2ndper. plu.	3rd per. plu.
[(za) **ba** pohegam] (زه) **به** پوهیږم	[(tha) **ba** pohege] (ته) **به** پوهیږي	[(hagha) **ba** pohegi] (هغه) **به** پوهیږی	[(mung) **ba** pohegu] (مونږ) **به** پوهیږو	[(thasu) **ba** pohegay] (تاسو) **به** پوهیږئ	[(haghoi) **ba** pohege] (هغوی) **به** پوهیږی

Future Perfective

1st per. sing.	2ndper. sing.	3rd per. sing.	1st per. plu.	2ndper. plu.	3rd per. plu.
[(za) **ba** poh sham] (زه) **به پوه** شم	[(tha) **ba** poh she] (ته) **به پوه** شي	[(hagha) **ba** poh shi] (هغه) **به پوه** شی	[(mung) **ba** poh shu] (مونږ) **به پوه** شو	[(thasu) **ba** poh shay] (تاسو) **به پوه** شئ	[(haghoi) **ba** poh she] (هغوی) **به پوه** شی

Present Perfect

1st per. sing.	2ndper. sing.	3rd per. sing.	1st per. plu.	2ndper. plu.	3rd per. plu.
[(za) poh shway **yam**] (زه)پوه شوی **یم**	[(tha) poh shway **ye]** (ته) پوه شوی **يي**	[(hagha) poh shway **da**] (هغه)پوه شوی **دی**	[(mung) poh shway **yu**] (مونږ)پوه شوی **یو**	[(thasu) poh shway **ye**] (تاسو) پوه شوی **يي**	[(haghoi) poh shway **di**] (هغوی)پوه شوی **دی**

Past Perfect

1st per. sing.	2ndper. sing.	3rd per. sing. f/m	1st per. plu.	2ndper. plu.	3rd per. plu. f/m
[(za) poh shway **wam**] (زه) پوه شوی **وم**	[(tha) poh shway **wi**] (ته)پوه شوی **وي**	[(hagha) poh shway **wa/way**] (هغه)پوه شوی وه/وئ	[(mung) poh shway **wu]** (مونږ) پوه شوی **وو**	[(thasu) poh shway **way**] (تاسو) پوه شوی **وی**	[(haghoi) poh shway **wu/wa**] (هغوی) پوه شوی **وو/وه**

Future Perfect

1st per. sing.	2ndper. sing.	3rd per. sing.	1st per. plu.	2ndper. plu.	3rd per. plu.
[(za) **ba** poh shway yam] **(زه) به پوه شوی یم**	[(tha) **ba** poh shway ye] **(ته) به پوه شوی يي**	[(hagha) **ba** poh shway wi] **(هغه) به پوه شوی وی**	[(mung) **ba** poh shway yu] **(مونږ) به پوه شوی یو**	[(thasu) **ba** poh shway ye] **(تاسو) به پوه شوی يي**	[(haghoi) **ba** poh shway we] **(هغوی) به پوه شوی وی**

To learn –زده کول [zda kawal]

(Simple Verb)

Present Imperfective

1st per. sing.	2ndper. sing.	3rd per. sing.	1st per. plu.	2ndper. plu.	3rd per. plu.
[za **ye** zda kawam] زه یی زده کوم	[tha **ye** zda kawe] ته یی زده کوي	[hagha **ye** zda kawi] هغه یی زده کوی	[mung **ye** zda kawu] مونږ یی زده کوو	[thasu **ye** zda kaway] تاسو یی زده کوئ	[haghoi **ye** zda kawe] هغوی یی زده کوی

Present Perfective

1st per. sing.	2ndper. sing.	3rd per. sing.	1st per. plu.	2ndper. plu.	3rd per. plu.
[za **ye** zda kram] زه یی زده کړم	[tha **ye** zda kre] ته یی زده کړي	[hagha **ye** zda kri] هغه یی زده کړی	[mung **ye** zda kru] مونږ یی زده کړو	[thasu **ye** zda kray] تاسو یی زده کړئ	[haghoi **ye** zda kre] هغوی یی زده کړی

Past Imperfective

1st per. sing.	2ndper. sing.	3rd per. sing. f/m	1st per. plu.	2ndper. plu.	3rd per. plu. f/m
[zda kawal **me**] زده کول **می**	[tha zda **kawale**] تا زده **کولي**	[hagha zda **kawa/kawala**] هغه زده **کوه** **کوله**/	[mung zda **kawalu**] مونږ زده **کولو**	[thasu zda **kawalay**] تاسو زده **کولئ**	[haghoi zda **kawal/kawalay**] هغوی زده **کول/کولئ**

Past Perfective

1st per. sing.	2nd per. sing.	3rd per. sing. f/m	1st per. plu.	2nd per. plu.	3rd per. plu. f/m
[za ye zda **kram**]	[tha ye zda **kre**]	[hagha ye zda **kar/kra**]	[mung ye zda **kru**]	[thasu ye zda **kray**]	[haghoi ye zda **kre/krè**]
زه یی زده کړم	ته یی زده کړې	هغه زده کړ/ کړه	مونږ یی زده کړو	تاسو یی زده کړئ	هغوی یی زده کړه/کړې

Future Imperfective

1st per. sing.	2nd per. sing.	3rd per. sing.	1st per. plu.	2nd per. plu.	3rd per. plu. f/m
[za ba ye zda **kawam**]	[tha ba ye zda **kawe**]	[hagha ba ye zda **kawi**]	[mung ba ye zda **kawu**]	[thasu ba ye zda **kaway**]	[haghoi ba ye zda **kawe**]
زه به یی زده کوم	ته به یی زده کوې	هغه به یی زده کوي	مونږ به یی زده کوو	تاسو به یی زده کوئ	هغوی به یی زده کوې

Future Perfective

1st per. sing.	2nd per. sing.	3rd per. sing.	1st per. plu.	2nd per. plu.	3rd per. plu.
[za ba ye zda **kram**]	[tha ba ye zda **kre**]	[hagha ba ye zda **kri**]	[mung ba ye zda **kru**]	[thasu ba ye zda **kray**]	[haghoi ba ye zda **kre**]
زه به یی زده کړم	ته به یی زده کړې	هغه به یی زده کړي	مونږ به یی زده کړو	تاسو به یی زده کړئ	هغوی به یی زده کړي

Present Perfect

1st per. sing.	2nd per. sing.	3rd per. sing.	1st per. plu.	2nd per. plu.	3rd per. plu.
[ma zda kre **da**]	[tha zda kre **de**]	[hagha zda kre **di**]	[mung zda kre **da**]	[thasu zda kre **de**]	[haghoi zda kre **de**]
ما زده کړی ده	تا زده کړی دې	هغه زده کړی دی	مونږ زده کړی ده	تاسو زده کړی دي	هغوی زده کړی دي

Past Perfect

1st per. sing.	2ndper. sing.	3rd per. sing. f/m	1st per. plu.	2ndper. plu.	3rd per. plu. f/m
[ma zda kre **wa**] ما زده کړی وه	[tha zda kre **wa**] تا زده کړي وه	[hagha zda kre **wa/way**] هغه زده کړی وه/وئ	[mung zda kre **way**] مونږ زده کړی وو	[thasu zda kre **way**] تاسو زده کړی وئ	[haghoi zda kre **wu/ we**] هغوی زده کړی وو/وي

Future Perfect

1st per. sing.	2ndper. sing.	3rd per. sing.	1st per. plu.	2ndper. plu.	3rd per. plu.
[ma ba zda kre **we**] ما به زده کړی وی	[tha ba zda kre **we**] تا به زده کړی وي	[hagha ba zda kre **wi**] هغه به زده کړی وی	[mung ba zda kre w**a**] مونږ به زده کړی وی	[thasu ba zda kre **we**] تاسو به زده کړی وی	[haghoi ba zda kre **we**] هغوی به زده کړی وی

To laugh – خندل [khandal]
(Simple Verb)

Present Imperfective

1st per. sing.	2ndper. sing.	3rd per. sing.	1st per. plu.	2ndper. plu.	3rd per. plu.
[za **khandam**] زه **خاندم**	[tha **khande**] ته **خاندي**	[hagha **khandi**] هغه **خاندی**	[mung **khandu**] مونږ **خاندو**	[thasu **khanday**] تاسو **خاندئ**	[haghoi **khandi**] هغوی **خاندی**

Present Perfective

1st per. sing.	2ndper. sing.	3rd per. sing.	1st per. plu.	2ndper. plu.	3rd per. plu.
[za **wakhandam**] زه و **خاندم**	[tha **wakhande**] ته **وخاندي**	[hagha **wakhandi**] هغه وخاندی	[mung **wakhandu**] مونږ وخاندو	[thasu **wakhanday**] تاسو وخاندئ	[haghoi sà **wakhandi**] هغوی وخاندی

Past Imperfective

1st per. sing.	2ndper. sing.	3rd per. sing. f/m	1st per. plu.	2ndper. plu.	3rd per. plu. f/m
[ma **khandal**] ما **خندل**	[tha **khandal**] تا **خندل**	[hagha **khandal/ khandal**] هغه **خندل/خندل**	[mung **khandal**] مونږ **خندل**	[thasu **khandal**] تاسو **خندل**	[haghoi **khandal/ khandal**] هغوی **خندل/ خندل**

Past Perfective

1st per. sing.	2ndper. sing.	3rd per. sing. f/m	1st per. plu.	2ndper. plu.	3rd per. plu. f/m
[ma **wakhandal**] ما **وخندل**	[tha **wakhandal**] تا **وخندل**	[hagha **wakkhandal / khandal**] هغه **وخندل/ وخندل**	[mung **khandal**] مونږ و **خندل**	[thasu **khandal**] تاسو و **خندل**	[haghoi **khandal/ khandal**] هغوی و **خندل/ وخندل**

Future Imperfective

1st per. sing.	2nd per. sing.	3rd per. sing.	1st per. plu.	2nd per. plu.	3rd per. plu. f/m
[za ba khandam]	[tha ba khande]	[hagha ba khandi]	[mung ba khandu]	[thasu ba khanday]	[haghoi ba khandi]
زه به خاندم	ته به خاندې	هغه به خاندی	مونږ به خاندو	تاسو به خاندئ	هغوی به خاندی

Future Perfective

1st per. sing.	2nd per. sing.	3rd per. sing.	1st per. plu.	2nd per. plu.	3rd per. plu.
[za ba wakhandam]	[tha ba wakhande]	[hagha ba wakhandi]	[mung ba wakhandu]	[thasu ba wakhanday]	[haghoi ba wakhandi]
زه به وخاندم	ته به وخاندې	هغه به وخاندی	مونږ به وخاندو	تاسو به وخاندئ	هغوی به وخاندی

Present Perfect

1st per. sing.	2nd per. sing.	3rd per. sing.	1st per. plu.	2nd per. plu.	3rd per. plu.
[ma khandale di]	[tha khandale di]	[hagha khandale di]	[mung khandale di]	[thasu khandale di]	[haghoi khandale di]
ما خندلی دی	تا خندلی دی	هغه خندلی دی	مونږ خندلی دی	تاسو خندلی دی	هغوی خندلی دی

Past Perfect

1st per. sing.	2nd per. sing.	3rd per. sing. f/m	1st per. plu.	2nd per. plu.	3rd per. plu. f/m
[ma khandale wa]	[tha khandale wa]	[hagha khandale wa]	[mung khandale wa]	[thasu khandale wa]	[haghoi khandale wa]
ما خندلی وه	تا خندلی وه	هغه خندلی وه	مونږ خندلی وه	تاسو خندلی وه	هغوی خندلی وه

Future Perfect

1st per. sing.	2ndper. sing.	3rd per. sing.	1st per. plu.	2ndper. plu.	3rd per. plu.
[ma ba khandale **we**] **ما به خندلی وی**	[tha ba khandale **we**] **تا به خندلی وی**	[hagha ba khandale **we**] **هغه خندلی وی**	[mung ba khandale **we**] **مونږ به خندلی وی**	[thasu ba khandale **we**] **تاسو به خندلی وی**	[haghoi ba khandale **we**] **هغوی به خندلی وی**

To kiss – مچول [machawal]

(Simple Verb)

Present Imperfective

1st per. sing.	2ndper. sing.	3rd per. sing.	1st per. plu.	2ndper. plu.	3rd per. plu.
[za **ye** machawam] زه یی مچوم	[tha **ye** machawe] ته یی مچوي	[hagha **ye** machawi] هغه یی مچوی	[mung **ye** machawu] مونږ یی مچوو	[thasu **ye** machaway] تاسو یی مچوئ	[haghoi **ye** machawe] هغوی یی مچوی

Present Perfective

1st per. sing.	2ndper. sing.	3rd per. sing.	1st per. plu.	2ndper. plu.	3rd per. plu.
[za **ye** mach kram] زه یی مچ کړم	[tha **ye** mach kre] ته یی مچ کړي	[hagha **ye** mach kri] هغه مچ کړی	[mung **ye** mach kru] مونږ یی مچ کړو	[thasu **ye** mach kray] تاسو یی مچ کړئ	[haghoi **ye** mach kre] هغوی یی مچ کړی

Past Imperfective

1st per. sing.	2ndper. sing.	3rd per. sing. f/m	1st per. plu.	2ndper. plu.	3rd per. plu. f/m
[mach kawal **me**] مچ کول **می**	[tha mach **kawale**] تا مچ **کولي**	[hagha mach **kawa/ kawala**] هغه مچ **کوه /کوله**	[mung mach **kawalu**] مونږ مچ **کولو**	[thasu mach **kawalay**] تاسو مچ **کولئ**	[haghoi mach **kawal/kawalay**] هغوی مچ **کول/کولئ**

Past Perfective

1st per. sing.	2ndper. sing.	3rd per. sing. f/m	1st per. plu.	2ndper. plu.	3rd per. plu. f/m
[za ye mach **kram**] زه یی مچ کړم	[tha ye mach **kre**] ته یی مچ کړي	[hagha ye mach **kar/kra**] هغه مچ کړ/ کړه	[mung ye mach **kru**] مونږ یی مچ کړو	[thasu ye mach **kray**] تاسو یی مچ کړئ	[haghoi ye mach ro **kre/krè**] هغوی یی مچ کړه/کړي

Future Imperfective

1st per. sing.	2ndper. sing.	3rd per. sing.	1st per. plu.	2ndper. plu.	3rd per. plu. f/m
[za ba ye mach **kawam**] زه به یی مچ کوم	[tha ba **ye** sh mach ro **kawe**] ته به یی مچ کوي	[hagha ba ye mach **kawi**] هغه به یی مچ کوی	[mung ba ye mach **kawu**] مونږ به یی مچ کوو	[thasu ba ye mach **kaway**] تاسو به یی مچ کوئ	[haghoi ba ye mach **kawe**] هغوی به یی مچ **کوی**

Future Perfective

1st per. sing.	2ndper. sing.	3rd per. sing.	1st per. plu.	2ndper. plu.	3rd per. plu.
[za ba ye mach **kram**] زه به یی مچ کړم	[tha ba ye mach **kre**] ته به یی مچ کړي	[hagha ba ye mach hro **kri**] هغه به یی مچ کړی	[mung ba ye mach **kru**] مونږ به یی مچ کړو	[thasu ba ye mach **kray**] تاسو به یی مچ کړئ	[haghoi ba ye mach **kre**] هغوی به یی مچ **کړی**

Present Perfect

1st per. sing.	2ndper. sing.	3rd per. sing.	1st per. plu.	2ndper. plu.	3rd per. plu.
[ma mach kre **da**] ما مچ کړی ده	[tha mach kre **de**] تا مچ کړی دي	[hagha mach kre **di**] هغه مچ کړی دی	[mung mach kre **da**] مونږ مچ کړی ده	[thasu mach kre **de**] تاسو مچ کړی دی	[haghoi mach kre **de]** هغوی مچ کړی دي

Past Perfect

1st per. sing.	2ndper. sing.	3rd per. sing. f/m	1st per. plu.	2ndper. plu.	3rd per. plu. f/m
[ma mach kre **wa**] ما مچ کړی وه	[tha mach kre **wa**] تا مچ کړي وه	[hagha mach kre **wa/way**] هغه مچ کړی وه/وئ	[mung mach kre **way**] مونږ مچ کړی وو	[thasu mach kre **way**] تاسو مچ کړی وئ	[haghoi mach kre **wu/ we**] هغوی مچ کړی وو/وي

Future Perfect

1st per. sing.	2ndper. sing.	3rd per. sing.	1st per. plu.	2ndper. plu.	3rd per. plu.
[ma ba mach kre **we**] ما به مچ کړی وی	[tha ba mach kre **we**] تا به مچ کړی وي	[hagha ba mach kre **wi**] هغه به مچ کړی وی	[mung ba mach kre w**a**] مونږ به مچ کړی وی	[thasu ba mach kre **we**] تاسو به مچ کړی وی	[haghoi ba mach kre **we**] هغوی به مچ کړی وی

To lie down –(څملاستل) [samlasthal]

(Irregular Verb)

Present Imperfective

1st per. sing.	2ndper. sing.	3rd per. sing.	1st per. plu.	2nd per. plu.	3rd per. plu.
[za samal**am**] زه څملم	[tha samal**e**] **ته څملي**	[hagha samal**i**] هغه څملی	[mung samal**u**] مونږ څملو	[thasu samal**ay**] تاسو څملئ	haghoi samal**i**] هغوی څملی

Present Perfective

1st per. sing.	2nd per. sing.	3rd per. sing.	1st per. plu.	2nd per. plu.	3rd per. plu.
[za **sam lam**] زه څملم	[tha **sam le**] ته څملي	[hagha **sam li**] هغه څملي	Mung **sam lu**] مونږ څملو	[thasu **sam lay**] تاسو څملئ	[haghoi **sam le**] هغوی څملي

Past Imperfective

1st per. sing.	2ndper. sing.	3rd per. sing. f/m	1st per. plu.	2ndper. plu.	3rd per. plu. f/m
[za samlasthl**am**] زه څملاستلم	[tha samlasthl**e**] ته څملاستلي	[hagha ysamlasthl**i**/samlasthl**a**] هغه څملاستلی/ څملاستله	[mung samlasthl**u**] مونږ څملاستلو	[thasu samlasthl**ay**] تاسو څملاستلئ	[haghoi samlasthl**u**/samlasthl**ay**] هغوی څملاستلو/څملاستلي

Past Perfective

1st per. sing.	2ndper. sing.	3rd per. sing. f/m	1st per. plu.	2ndper. plu.	3rd per. plu. f/m
[za samlasth**am**] زه څملاستم	[tha samlasth**e**] ته څملاستي	[hagha samlasth**i**/samlasth**a**] هغه څملاستي/ څملاسته	[mung samlasth**u**] مونږ څملاستو	[thasu samlasth**ay**] تاسو څملاستئ	[haghoi samlasth**u**/samlasth**ay**] هغوی څملاستو/څملاستي

Future Imperfective

1st per. sing.	2nd per. sing.	3rd per. sing.	1st per. plu.	2nd per. plu.	3rd per. plu.
[za ba samal**am**]	[tha ba samal**e**]	[hagha ba samal**i**]	[mung ba samal**u**]	[thasu ba samal**ay**]	haghoi ba samal**i**]
زه به څملم	ته به څملې	هغه به څملي	مونږ به څملو	تاسو به څملئ	هغوی به څملي

Future Perfective

1st per. sing.	2nd per. sing.	3rd per. sing.	1st per. plu.	2nd per. plu.	3rd per. plu.
[za ba **sam lam**]	[tha ba **sam le**]	[hagha ba **sam li**]	Mung ba **sam lu**]	[thasu ba **sam lay**]	[haghoi ba **sam le**]
زه به څملم	ته به څملې	هغه به څملي	مونږ به څملئ	تاسو به څملئ	هغوی به څملي

Present Perfect

1st per. sing.	2nd per. sing.	3rd per. sing.	1st per. plu.	2nd per. plu.	3rd per. plu.
[za samlasthale **yam**]	[tha samlasthale **ye**]	[hagha samlasthale **da**]	[mung samlasthale **yu**]	[thasu samlasthale **ye**]	[haghoi samlasthale **di**]
زه څملاستلی یم	ته څملاستلی یې	هغه څملاستلی دی	مونږ څملاستلی یو	تاسو څملاستلی یې	هغوی څملاستلی دی

Past Perfect

1st per. sing.	2nd per. sing.	3rd per. sing. f/m	1st per. plu.	2nd per. plu.	3rd per. plu. f/m
[za samlasthale **wam**]	[tha samlasthale **wi**]	[hagha samlasthale **wa/way**]	[mung samlasthale **wu**]	[thasu samlasthale **way**]	[haghoi samlasthale **wu/wa**]
زه څملاستلی وم	ته څملاستلی وې	هغه څملاستلی وه/وی	مونږ څملاستلی وو	تاسو څملاستلی وې	هغوی څملاستلی وو/وي

Future Perfect

1st per. sing.	2ndper. sing.	3rd per. sing.	1st per. plu.	2ndper. plu.	3rd per. plu.
[za ba samlasthale **yam**] ز ه به څملاستلی يم	[tha ba samlasthale **ye**] ته به څملاستلی يي	[hagha ba samlasthale **wi**] هغه به څملاستلی وی	[mung ba samlasthale **yu**] مونږ به څملاستلی يو	[thasu ba samlasthale **ye**] تاسو به څملاستلی يي	[haghoi ba samlasthale **we**] هغوی به څملاستلی وی

To like –(خوښول) [khwakhwal]
(Simple Verb)

Present Imperfective

1st per. sing.	2nd per. sing.	3rd per. sing.	1st per. plu.	2nd per. plu.	3rd per. plu.
[zma khwakegi] زما خوښیږي	[stha khwakegi] ستا خوښیږي	[hagha khwakegi] هغه خوښیږي	[mung khwakegi] مونږ خوښیږي	[sthaso khwakegi] ستاسو خوښیږي	[haghoi khwakegi] هغوی خوښیږي

Present Perfective

1st per. sing.	2nd per. sing.	3rd per. sing.	1st per. plu.	2nd per. plu.	3rd per. plu.
[zma khwakh **shi**] زما خوښ **شي**	[stha khwakh **shi**] ستا خوښ **شي**	[hagha khwakh **shi**] هغه خوښ **شي**	[mung khwakh **shi**] مونږ خوښ **شي**	[sthaso khwakh **shi**] ستاسو خوښ **شي**	[haghoi khwakh **shi**] هغوی خوښ **شي**

Past Imperfective

1st per. sing.	2nd per. sing.	3rd per. sing. f/m	1st per. plu.	2nd per. plu.	3rd per. plu. f/m
[zma khwakh **keda**] زما خوښ **کیده**	[sthaso khwakh **keda**] ستا خوښ **کیده**	[hagha khwakh **keda**] هغه خوښ **کیده**	[mung khwakh **keda**] مونږ خوښ **کیده**	[sthaso khwakh **keda**] ستاسو خوښ **کیده**	[haghoi khwakh **keda**] هغوی خوښ **کیده**

Past Perfective

1st per. sing.	2nd per. sing.	3rd per. sing. f/m	1st per. plu.	2nd per. plu.	3rd per. plu. f/m
[zma khwakh **sho**] زما خوښ **شو**	[stha khwakh **sho**] ستا خوښ **شو**	[hagha khwakh **sho/sho**] هغه خوښ **شو/شو**	[mung khwakh **sho**] مونږ خوښ **شو**	[sthaso khwakh **sho**] ستاسو خوښ **شو**	[haghoi khwakh **sho/sho**] هغوی خوښ **شو/شو**

Future Imperfective

1st per. sing.	2nd per. sing.	3rd per. sing.	1st per. plu.	2nd per. plu.	3rd per. plu.
[zma ba khwakhegi]	[stha ba khwakhegi]	[hagha ba khwakhegi]	[mung ba khwakhegi]	[sthaso ba khwakhegi]	[haghoi ba khwakhegi]
زما به خوښېږي	ستا به خوښېږي	هغه به خوښېږي	مونږ به خوښېږي	ستاسو به خوښېږي	هغوی به خوښېږي

Future Perfective

1st per. sing.	2nd per. sing.	3rd per. sing.	1st per. plu.	2nd per. plu.	3rd per. plu.
[zma ba khwakh shi]	[stha ba khwakh shi]	[hagha ba khwakh shi]	[mung ba khwakh shi]	[sthaso ba khwakh shi]	[haghoi ba khwakh shi]
زما به خوښ شی	ستا به خوښ شی	هغه به خوښ شی	مونږ به خوښ شی	ستاسو به خوښ شی	هغوی به خوښ شی

Present Perfect

1st per. sing.	2nd per. sing.	3rd per. sing.	1st per. plu.	2nd per. plu.	3rd per. plu.
[zma khwakh shwe di]	[stha khwakh shwe di]	[hagha khwakh shwe di]	[mung khwakh shwe di]	[sthaso khwakh shwe di]	[haghoi khwakh shwe di]
زما خوښ شوی دی	ستا خوښ شوی دی	هغه خوښ شوی دی	مونږ خوښ شوی دی	ستاسو خوښ شوی دی	هغوی خوښ شوی دی

Past Perfect

1st per. sing.	2nd per. sing.	3rd per. sing. f/m	1st per. plu.	2nd per. plu.	3rd per. plu. f/m
[zma khwakh shwe wa]	[stha khwakh shwe wa]	[hagha khwakh shwe wa]	[mung khwakh shwe wa]	[sthaso khwakh shwe wa]	[haghoi khwakh shwe wa]
زما خوښ شوی وه	ستا خوښ شوی وه	هغه خوښ شوی وه	مونږ خوښ شوی وه	ستاسو خوښ شوی وه	هغوی خوښ شوی وه

Future Perfect

1st per. sing.	2nd per. sing.	3rd per. sing.	1st per. plu.	2nd per. plu.	3rd per. plu.
[zma ba khwakh shwe wi] زما به خوښ شوی وی	[stha ba khwakh shwe wi] ستا به خوښ شوی وی	[hagha ba khwakh shwe wi] هغه به خوښ شوی وی	[mung ba khwakh shwe wi] مونږ به خوښ شوی وی	[sthaso ba khwakh shwe wi] ستاسو به خوښ شوی وی	[haghoi ba khwakh shwe **wi**] هغوی به خوښ شوی وی

To hear – غوږ نیول [ghwag newal]
(Simple Irregular Verb)

Present Imperfective

1st per. sing.	2nd per. sing.	3rd per. sing.	1st per. plu.	2nd per. plu.	3rd per. plu.
[za ghwag **nes**am] زه غوږ نیسم	[tha ghwag **nes**e] ته غوږ نیسي	[hagha ghwag **nes**i] هغه غوږ نیسي	[mung ghwag **nes**u] مونږ غوږ نیسو	[thasu ghwag **nes**ay] تاسو غوږ نیسئ	[haghoi ghwag **nes**i] هغوی غوږ نیسي

Present Perfective

1st per. sing.	2nd per. sing.	3rd per. sing.	1st per. plu.	2nd per. plu.	3rd per. plu.
[za ghwag **wa**nesam] زه غوږ ونیسم	[tha ghwag **wa**nese] ته غوږ ونیسي	[hagha ghwag **wa**nesi] هغه غوږ ونیسي	[mung ghwag **wa**nesu] مونږ غوږ ونیسو	[thasu ghwag **wa**nesay] تاسو غوږ ونیسئ	[haghoi ghwag **wa**nesi] هغوی غوږ ونیسي

Past Imperfective

1st per. sing.	2nd per. sing.	3rd per. sing. f/m	1st per. plu.	2nd per. plu.	3rd per. plu. f/m
[ma ghwag **newale**] ما غوږ نیولی	[tha ghwag **newale**] تا غوږ نیولی	[hagha ghwag **newale/newalo**] هغه غوږ نیولو/ نیولو	[mung ghwag **newale**] مونږ غوږ نیولی	[thasu ghwag **newalay**] تاسو غوږ نیولئ	[haghoi ghwag **newale/newale**] هغوی غوږ نیولی/نیولی

Past Perfective

1st per. sing.	2nd per. sing.	3rd per. sing. f/m	1st per. plu.	2nd per. plu.	3rd per. plu. f/m
[ma ghwag wanewalo] ما غوږ ونيولو	[tha ghwag wanewalo] تا غوږ ونيولو	[hagha ghwag wanewalo/wanewalo] هغه غوږ ونيولو/ ونيولو	[mung ghwag wanewalo] مونږ غوږ ونيولو	[thasu ghwag wanewalo] تاسو غوږ ونيولو	[haghoi ghwag wanewalo/wanewalo] هغوی غوږ ونيولو/ ونيولو

Future Imperfective

1st per. sing.	2nd per. sing.	3rd per. sing.	1st per. plu.	2nd per. plu.	3rd per. plu. f/m
[za ba ghwag nesam] زه به غوږ نيسم	[tha ba ghwag nese] ته به غوږ نيسي	[hagha ba ghwag nesi] هغه به غوږ نيسي	[mung ba ghwag nesu] مونږ به غوږ نيسو	[thasu ba ghwag nesay] تاسو به غوږ نيسئ	[haghoi ba ghwag nesi] هغوی به غوږ نيسی

Future Perfective

1st per. sing.	2nd per. sing.	3rd per. sing.	1st per. plu.	2nd per. plu.	3rd per. plu.
[za ba ghwag wanesam] زه به غوږ ونيسم	[tha ba ghwag wanese] ته به غوږ ونيسي	[hagha ba ghwag wanesi] هغه به غوږ ونيسی	[mung ba ghwag wanesu] مونږ به غوږ ونيسو	[thasu ba ghwag wanesay] تاسو به غوږ ونيسئ	[haghoi ba ghwag wanesi] هغوی به غوږ ونيسی

Present Perfect

1st per. sing.	2nd per. sing.	3rd per. sing.	1st per. plu.	2nd per. plu.	3rd per. plu.
[ma ghwag newaly **de**] ما غوږ نیولی دی	[tha ghwag newaly **de**] تا غوږ نیولی دی	[hagha ghwag newaly **de**] هغه غوږ نیولی دی	[mung ghwag newaly **de**] مونږ غوږ نیولی دی	[thasu ghwag newaly **de**] تاسو غوږ نیولی دی	[haghoi ghwag newaly **de**] هغوی غوږ نیولی دی

Past Perfect

1st per. sing.	2nd per. sing.	3rd per. sing. f/m	1st per. plu.	2nd per. plu.	3rd per. plu. f/m
[ma ghwag newaly **wa**] ما غوږ نیولی وه	[tha ghwag newaly **wa**] تا غوږ نیولی وه	[hagha ghwag newaly **wa**] هغه غوږ نیولی وه	[mung ghwag newaly **wa**] مونږ غوږ نیولی وه	[thasu ghwag newaly **wa**] تاسو غوږ نیولی وه	[haghoi ghwag newaly **wa**] هغوی غوږ نیولی وه

Future Perfect

1st per. sing.	2nd per. sing.	3rd per. sing.	1st per. plu.	2nd per. plu.	3rd per. plu.
[ma ba ghwag newaly **we**] ما به غوږ نیولی وی	[tha ba ghwag newaly **we**] تا به غوږ نیولی وی	[hagha ba ghwag newaly **we**] هغه به غوږ نیولی وی	[mung ba ghwag newaly **we**] مونږ به غوږ نیولی وی	[thasu ba ghwag newaly **we**] تاسو به غوږ نیولی وی	[haghoi ba ghwag newaly **we**] هغوی به غوږ نیولی وی

To live – اوسيدل [osedal]

(Simple Verb)

Present Imperfective

1st per. sing.	2ndper. sing.	3rd per. sing.	1st per. plu.	2nd per. plu.	3rd per. plu.
[osegam] اوسيږم	[osege] اوسيږي	[osegi] اوسيږی	[osegu] اوسيږو	[osegay] اوسيږئ	[osege] اوسيږی

Present Perfective

1st per. sing.	2nd per. sing.	3rd per. sing.	1st per. plu.	2nd per. plu.	3rd per. plu.
[wa osegam] و اوسيږم	[wa osege] و اوسيږي	[wa osegi] واوسيږی	[wa osegu] واوسيږو	[wa osegay] و اوسيږئ	[wa osege] و اوسيږی

Past Imperfective

1st per. sing.	2ndper. sing.	3rd per. sing. f/m	1st per. plu.	2ndper. plu.	3rd per. plu. f/m
[osedalam] اوسيدلم	[osedale] اوسيدلي	[osedali] اوسيدله/اوسيدله	[osedalu] اوسيدلو	[osedalay] اوسيدلئ	[osedale] اوسيدلي

Past Perfective

1st per. sing.	2ndper. sing.	3rd per. sing. f/m	1st per. plu.	2ndper. plu.	3rd per. plu. f/m
[wa osedalam] واوسيدلم	[wa osedale] واوسيدلي	[wa osedali] واوسيدله/واوسيد له	[wa osedalu] واوسيدلو	[wa osedalay] واوسيدلئ	[wa osedale] واوسيدلي

Future Imperfective

1st per. sing.	2ndper. sing.	3rd per. sing.	1st per. plu.	2ndper. plu.	3rd per. plu.
[(za) **ba** osegam] (زه) **به** اوسیږم	[(tha) **ba** osege] (ته) **به** اوسیږیږي	[(hagha) **ba** osegi] (هغه) **به** اوسیږی	[(mung) **ba** osegu] (مونږ) **به** اوسیږو	[(thasu) **ba** osegay] (تاسو) **به** اوسیږئ	[(haghoi) **ba** osege] (هغوی) **به** اوسیږی

Future Perfective

1st per. sing.	2ndper. sing.	3rd per. sing.	1st per. plu.	2ndper. plu.	3rd per. plu.
[(za) **ba** wa osegam] (زه) **به** و اوسیږم	[(tha) **ba** wa osege] (ته) **به** واوسیږیږي	[(hagha) **ba** **wa** osegi] (هغه) **به** واوسیږی	[(mung) **ba** wa osegu] (مونږ) **به** واوسیږو	[(thasu) **ba** wa osegay] (تاسو) **به** واوسیږئ	[(haghoi) **ba** wa osege] (هغوی) **به** واوسیږی

Present Perfect

1st per. sing.	2ndper. sing.	3rd per. sing.	1st per. plu.	2ndper. plu.	3rd per. plu.
[(za) osedale **yam**] (زه) اوسیدلی **يم**	[(tha) osedale **ye**] (ته) اوسیدلی **يي**	[(hagha) osedale **da**] (هغه) اوسیدلی **دی**	[(mung) osedale **yu**] (مونږ) اوسیدلی **يو**	[(thasu) osedale **ye**] (تاسو) اوسیدلی **يي**	[(haghoi) osedale **di**] (هغوی) اوسیدلی **دی**

Past Perfect

1st per. sing.	2ndper. sing.	3rd per. sing. f/m	1st per. plu.	2ndper. plu.	3rd per. plu. f/m
[(za) osedale **wam**] (زه) اوسیدلی **وم**	[(tha) osedale **wi**] (ته) اوسیدلی **وي**	[(hagha) osedale **wa/way**] (هغه) اوسیدلی **وه/وئ**	[(mung) osedale **wu**] (مونږ) اوسیدلی **وو**	[(thasu) osedale **way**] (تاسو) اوسیدلی **وی**	[(haghoi) osedale **wu/we**] (هغوی) اوسیدلی **وو/وي**

Future Perfect

1st per. sing.	2nd per. sing.	3rd per. sing.	1st per. plu.	2nd per. plu.	3rd per. plu.
[(za) **ba** osedale yam]	[(tha) **ba** osedale ye]	[(hagha) **ba** osedale wi]	[(mung) **ba** osedale yu]	[(thasu) **ba** osedale ye]	[(haghoi) **ba** osedale we]
(زه) به اوسیدلی یم	(ته) به اوسیدلی یې	(هغه) به اوسیدلی وی	(مونږ) به اوسیدلی یو	(تاسو) به اوسیدلی یې	(هغوی) به اوسیدلی وی

To lose – بايلودل [baylodal]
(Doubly Irregular Verb)

Present Imperfective

1st per. sing.	2nd per. sing.	3rd per. sing.	1st per. plu.	2nd per. plu.	3rd per. plu.
[za ya baylom] زه یی بایلوم	[tha bayle] ته یی بایلي	[hagha bayli] هغه یی بایلي	[mung baylu] مونږ یی بایلو	[thasu baylay] تاسو یی بایلئ	[haghoi bayle] هغوی یی بایلی

Present Perfective

1st per. sing.	2nd per. sing.	3rd per. sing.	1st per. plu.	2nd per. plu.	3rd per. plu.
[baylam] بایلم	[bayle] بایلي	[bayli] بایلی	[baylu] بایلو	[baylay] بایلئ	[bayle] بایلی

Past Imperfective

1st per. sing.	2nd per. sing.	3rd per. sing. f/m	1st per. plu.	2nd per. plu.	3rd per. plu. f/m
[ma baylodael] ما بایلودل	[tha baylodael] تا بایلودل	[hagha baylodael/baylodael] هغه بایلودل/بایلودل	[mung baylodael] مونږ بایلودل	[thasu baylodael] تاسو بایلودل	[haghoi baylodael/baylodael] هغوی بایلودل/بایلودل

Past Perfective

1st per. sing.	2nd per. sing.	3rd per. sing. f/m	1st per. plu.	2nd per. plu.	3rd per. plu. f/m
[ma baylodal] ما بایلودل	[tha baylodal] تا بایلودل	[hagha baylodal/baylodal] هغه بایلودل/بایلودل	[mung baylodal] مونږ بایلودل	[thasu baylodal] تاسو بایلودل	[haghoi baylodal/baylodal] هغوی بایلودل/بایلودل

Future Imperfective

1st per. sing.	2ndper. sing.	3rd per. sing.	1st per. plu.	2ndper. plu.	3rd per. plu. f/m
[za **ba** ye baylom] زه **به** يې بايلوم	[tha **ba** ye bayle] ته **به** يې **بايلي**	[hagha **ba** ye bayli] هغه **به** يې بايلي	[mung **ba** ye baylu] مونږ **به** يې بايلو	[thasu **ba** ye baylay] تاسو **به** يې **بايلئ**	[haghoi **ba** ye bayle] هغوی **به** يې بايلی

Future Perfective

1st per. sing.	2ndper. sing.	3rd per. sing.	1st per. plu.	2ndper. plu.	3rd per. plu.
[za **ba** ye baylom] زه **به** يې بايلم	[tha **ba** ye bayle] ته **به** يې **بايلي**	[hagha **ba** ye bayli] هغه **به** يې بايلي	[mung **ba** ye baylu] مونږ **به** يې بايلو	[thasu **ba** ye baylay] تاسو **به** يې **بايلئ**	[haghoi **ba** ye bayle] هغوی **به** يې بايلي

Present Perfect

1st per. sing.	2ndper. sing.	3rd per. sing.	1st per. plu.	2ndper. plu.	3rd per. plu.
[ma baylodale **de**] ما بايلودلی **دی**	[tha baylodale **de**] **تا**بايلودلی **دی**	[hagha baylodale **de**] هغه بايلودلی **دی**	[mung baylodale **de**] مونږ بايلودلی **دی**	[thasu baylodale **de**] تاسو بايلودلی **دی**	[haghoi baylodale **de**] هغوی بايلودلی **دی**

Past Perfect

1st per. sing.	2ndper. sing.	3rd per. sing. f/m	1st per. plu.	2ndper. plu.	3rd per. plu. f/m
[ma baylodale **wa**] ما بايلودلی وه	[tha baylodale **wa**] تا بايلودلی وه	[hagha baylodale **wa**] هغه بايلودلی وه	[mung baylodale **wa**] مونږ بايلودلی وه	[thasu baylodale **wa**] تاسو بايلودلی وه	[haghoi baylodale **wa**] هغوی بايلودلی وه

Future Perfect

1st per. sing.	2nd per. sing.	3rd per. sing.	1st per. plu.	2nd per. plu.	3rd per. plu.
[ma ba baylodale **wi**] ما به بایلودلی وی	[tha ba baylodale **wi**] تا به بایلودلی وی	[hagha ba baylodale **wi**] هغه به بایلودلی وی	[mung ba baylodale **wi**] مونږ به بایلودلی وی	[thasu ba baylodale **wi**] تاسو به بایلودلی وی	[haghoi ba baylodale **wi**] هغوی به بایلودلی وی

To love –مینه کول [mena kawal]

(Simple verb)

Present Imperfective

1st per. sing.	2ndper. sing.	3rd per. sing.	1st per. plu.	2ndper. plu.	3rd per. plu.
[za mena **kawam**] زه مینه کوم	[tha mena **kawe**] ته مینه کوي	[hagha mena **kawi**] هغه مینه کوی	[mung mena **kawu**] مونږ مینه کوو	[thasu mena **kaway**] تاسو مینه کوئ	[haghoi mena **kawe**] هغوی مینه کوی

Present Perfective

1st per. sing.	2ndper. sing.	3rd per. sing.	1st per. plu.	2ndper. plu.	3rd per. plu.
[za mena **wakram**] زه مینه وکړم	[tha mena wakre] ته مینه و کړي	[hagha mena **wakri**] هغه مینه و کړی	[mung mena **wakru**] مونږ مینه و کړو	[thasu mena **wakray**] تاسو مینه و کړئ	[haghoi mena **wakre**] هغوی مینه و کړی

Past Imperfective

1st per. sing.	2ndper. sing.	3rd per. sing. f/m	1st per. plu.	2ndper. plu.	3rd per. plu. f/m
[ma mena **kawale**] ما مینه کولی	[tha mena **kawale**] ته مینه کولي	[hagha mena **kawa/kawala**] هغه مینه کوه /کوله	[mung mena **kawalu**] مونږ مینه کولو	[thasu mena **kawalay**] تاسو مینه کولئ	[haghoi mena **kawal/kawalay**] هغوی مینه کول/کولئ

Past Perfective

1st per. sing.	2ndper. sing.	3rd per. sing. f/m	1st per. plu.	2ndper. plu.	3rd per. plu. f/m
[ma mena **wakro**] ما مينه وکړو	[tha mena **wakre**] ته مينه وکړي	[hagha mena **wakri/wakri**] هغه مينه وکړی /وکړی	[mung mena **wakru**] مونږ مينه وکړو	[thasu mena **wakray**] تاسو مينه وکړئ	[haghoi mena **wakre/wakre**] هغوی مينه وکړو/ وکړو

Future Imperfective

1st per. sing.	2ndper. sing.	3rd per. sing.	1st per. plu.	2ndper. plu.	3rd per. plu. f/m
[za ba mena **kawam**] زه به مينه **کوم**	[tha ba mena **kawe**] ته به مينه **کوي**	[hagha ba mena **kawi**] هغه به مينه **کوی**	[mung ba mena **kawu**] مونږ به مينه **کوو**	[thasu ba mena **kaway**] تاسو به مينه **کوئ**	[haghoi ba mena **kawe**] هغوی به مينه **کوی**

Future Perfective

1st per. sing.	2ndper. sing.	3rd per. sing.	1st per. plu.	2ndper. plu.	3rd per. plu.
[za ba mena **wakram**] زه به مينه **وکړم**	[tha ba mena **wakre**] ته به مينه و **کړي**	[hagha ba mena **wakri**] هغه به مينه و **کړی**	[mung ba mena **wakru**] مونږ به مينه و **کړو**	[thasu ba mena **wakray**] تاسو به مينه و **کړئ**	[haghoi ba mena **wakre**] هغوی به مينه و **کړی**

Present Perfect

1st per. sing.	2ndper. sing.	3rd per. sing.	1st per. plu.	2ndper. plu.	3rd per. plu.
[ma mena kre **da**] ما مينه کړی ده	[tha mena kre **de**] تا مينه کړی دي	[hagha mena kre **di**] هغه مينه کړی دی	[mung mena kre **da**] مونږ مينه کړی ده	[thasu mena kre **de**] تاسو مينه کړی دی	[haghoi mena kre **de**] هغوی مينه کړی دي

Past Perfect

1st per. sing.	2ndper. sing.	3rd per. sing. f/m	1st per. plu.	2ndper. plu.	3rd per. plu. f/m
[ma mena kre **wa**] ما مينه کړی وه	[tha mena kre **wa**] تا مينه کړي وه	[hagha mena kre **wa/way**] هغه مينه کړی وه/وئ	[mung mena kre **way**] مونږ مينه کړی وو	[thasu mena kre **way**] تاسو مينه کړی وئ	[haghoi mena kre **wu/ we**] هغوی مينه کړی وو/وي

Future Perfect

1st per. sing.	2ndper. sing.	3rd per. sing.	1st per. plu.	2ndper. plu.	3rd per. plu.
[ma ba mena kre **we**] ما به مينه کړی وی	[tha ba mena kre **we**] تا به مينه کړی وي	[hagha ba mena kre **wi**] هغه به مينه کړی وی	[mung ba mena kre **wa**] مونږ به مينه کړی وی	[thasu ba mena kre **we**] تاسو به مينه کړی وی	[haghoi ba telemenafon kre **we**] هغوی مينه کړی وی

To meet –کتنه کول [kathana kawal]

(Simple verb)

Present Imperfective

1st per. sing.	2ndper. sing.	3rd per. sing.	1st per. plu.	2ndper. plu.	3rd per. plu.
[za kathana **kawam**] زه کتنه **کوم**	[tha kathana **kawe**] ته کتنه **کوي**	[hagha kathana **kawi**] هغه کتنه کوی	[mung kathana **kawu**] مونږ کتنه **کوو**	[thasu kathana **kaway**] تاسو کتنه **کوئ**	[haghoi kathana **kawe**] هغوی کتنه **کوی**

Present Perfective

1st per. sing.	2ndper. sing.	3rd per. sing.	1st per. plu.	2ndper. plu.	3rd per. plu.
[za kathana **wakram**] زه کتنه وکړم	[tha kathana wakre] ته کتنه و کړي	[hagha kathana **wakri**] هغه کتنه و کړی	[mung kathana **wakru**] مونږ کتنه و کړو	[thasu kathana **wakray**] تاسو کتنه و کړئ	[haghoi kathana **wakre**] هغوی کتنه و کړی

Past Imperfective

1st per. sing.	2ndper. sing.	3rd per. sing. f/m	1st per. plu.	2ndper. plu.	3rd per. plu. f/m
[ma kathana **kawale**] ما کتنه **کولی**	[tha kathana **kawale**] ته کتنه **کولي**	[hagha kathana **kawa/kawala**] هغه کتنه **کوه** /**کوله**	[mung kathana **kawalu**] مونږ کتنه **کولو**	[thasu kathana **kawalay**] تاسو کتنه **کولئ**	[haghoi kathana **kawal/kawalay**] هغوی کتنه **کول/کولئ**

Past Perfective

1st per. sing.	2nd per. sing.	3rd per. sing. f/m	1st per. plu.	2nd per. plu.	3rd per. plu. f/m
[ma kathana **wakro**] ما کتنه **وکړه**	[tha kathana **wakre**] ته کتنه **وکړي**	[hagha kathana **wakri/wakri**] هغه کتنه **وکړی/وکړی**	[mung kathana **wakru**] مونږ کتنه **وکړو**	[thasu kathana **wakray**] تاسو کتنه **وکړئ**	[haghoi kathana **wakre/wakre**] هغوی کتنه **وکړو/وکړو**

Future Imperfective

1st per. sing.	2nd per. sing.	3rd per. sing.	1st per. plu.	2nd per. plu.	3rd per. plu. f/m
[za ba kathana **kawam**] زه به کتنه **کوم**	[tha ba kathana **kawe**] ته به کتنه **کوي**	[hagha ba kathana **kawi**] هغه به کتنه **کوی**	[mung ba kathana **kawu**] مونږ به کتنه **کوو**	[thasu ba kathana **kaway**] تاسو به کتنه **کوئ**	[haghoi ba kathana **kawe**] هغوی به کتنه **کوی**

Future Perfective

1st per. sing.	2nd per. sing.	3rd per. sing.	1st per. plu.	2nd per. plu.	3rd per. plu.
[za ba kathana **wakram**] زه به کتنه **وکړم**	[tha ba kathana **wakre**] ته به کتنه **وکړي**	[hagha ba kathana **wakri**] هغه به کتنه **وکړی**	[mung ba kathana **wakru**] مونږ به کتنه **وکړو**	[thasu ba kathana **wakray**] تاسو به کتنه **وکړئ**	[haghoi ba kathana **wakre**] هغوی به کتنه **وکړی**

Present Perfect

1st per. sing.	2nd per. sing.	3rd per. sing.	1st per. plu.	2nd per. plu.	3rd per. plu.
[ma kathana kre **da**] ما کتنه کړی **ده**	[tha kathana kre **de**] تا کتنه کړی **دي**	[hagha kathana kre **di**] هغه کتنه کړی **دی**	[mung kathana kre **da**] مونږ کتنه کړی **ده**	[thasu kathana kre **de**] تاسو کتنه کړی **دی**	[haghoi kathana kre **de**] هغوی کتنه کړی **دي**

Past Perfect

1st per. sing.	2ndper. sing.	3rd per. sing. f/m	1st per. plu.	2ndper. plu.	3rd per. plu. f/m
[ma kathana kre **wa**] ما کتنه کړی وه	[tha kathana kre **wa**] تا کتنه کړي وه	[hagha kathana kre **wa/way**] هغه کتنه کړی وه/وئ	[mung kathana kre **way**] مونږ کتنه کړی وو	[thasu kathana kre **way**] تاسو کتنه کړی وئ	[haghoi kathana kre **wu/ we**] هغوی کتنه کړی وو/وي

Future Perfect

1st per. sing.	2ndper. sing.	3rd per. sing.	1st per. plu.	2ndper. plu.	3rd per. plu.
[ma ba kathana kre **we**] ما به کتنه کړی وی	[tha ba kathana kre **we**] تا به کتنه کړی وي	[hagha ba kathana kre **wi**] هغه به کتنه کړی وی	[mung ba kathana kre **wa**] مونږ به کتنه کړی وی	[thasu ba kathana kre **we**] تاسو به کتنه کړی وی	[haghoi ba kathana kre **we**] هغوی کتنه کړی وی

To need – اړتیا لرل [arthya laral]

(Simple Verb)

Present Imperfective

1st per. sing.	2nd per. sing.	3rd per. sing.	1st per. plu.	2nd per. plu.	3rd per. plu.
[za **ye** arthya laram] زه **یی** اړتیا لرم	[tha **ye** arthya lare ته **یی** اړتیا لري	[hagha **ye** arthya lari] هغه **یی** اړتیا لری	[mung **ye** arthya laru] مونږ **یی** اړتیا لرو	[thasu **ya** arthya laray] تاسو **یی** اړتیا لرئ	[haghoi **ye** arthya lari] هغوی **یی** اړتیا **لری**

Present Perfective

1st per. sing.	2nd per. sing.	3rd per. sing.	1st per. plu.	2nd per. plu.	3rd per. plu.
[za **ye** arthya walarm ز يي اړتيا و لرم	[tha **ye** arthya walare ته **یی** اړتیا و لري	[hagha **ye** arthya walari] هغه **یی** اړتیا و لری	[mung **ye** arthya walaru] مونږ **یی** اړتیا و لرو	[thasu **ye** arthya walary] تاسو **یی** اړتیا و لرئ	[haghoi **ye** arthya walari] هغوی **یی** اړتیا و لری

Past Imperfective

1st per. sing.	2nd per. sing.	3rd per. sing. f/m	1st per. plu.	2nd per. plu.	3rd per. plu. f/m
[ma arthya larale] ما اړتیا لرلی	[tha arthya larale] تا اړتیا لرلي	[hagha arthya larali/larali] هغه اړتیا لرلی / لرلی	[mung arthya larale] مونږ اړتیا لرلی	[thasu arthya laralay] تاسو اړتیا لرلئ	[haghoi arthya larale/larale] هغوی اړتیا لرلی/ لرلی

Past Perfective

1st per. sing.	2nd per. sing.	3rd per. sing. f/m	1st per. plu.	2nd per. plu.	3rd per. plu. f/m
[ma arthya **walaral]** ما اړتيا و لرل	[tha arthya **walaral]** تا اړتيا و لرل	[hagha arthya **walaral**/laral] هغه اړتيا و لرل / لرل	[mung arthya **walaral]** مونږ اړتيا و لرل	[thasu arthya **walaral]** تاسو اړتيا و لرل	[haghoi arthya **walaral**/laral] هغوی اړتيا و لرل/ لرل

Future Imperfective

1st per. sing.	2nd per. sing.	3rd per. sing.	1st per. plu.	2nd per. plu.	3rd per. plu. f/m
[za **ba** ye arthya laram] زه **به** یی اړتيا لرم	[tha **ba** ye arthya lare ته **به** یی اړتيا لري	[hagha **ba** ye arthya lari] هغه **به** یی اړتيا لری	[mung **ba** ye arthya laru] مونږ **به** یی اړتيا لرو	[thasu **ba** ya arthya laray] تاسو **به** یی اړتيا لرئ	[haghoi **ba** ye arthya lari] هغوی **به** یی اړتيا لری

Future Perfective

1st per. sing.	2nd per. sing.	3rd per. sing.	1st per. plu.	2nd per. plu.	3rd per. plu.
[za **ba** ye arthya walaram زه **به** یی اړتيا و لرم	[tha **ba** ye arthya walare ته **به** یی اړتيا و لري	[hagha **ba** ye arthya walari] هغه **به** یی اړتيا و لری	[mung **ba** ye arthya walaru] مونږ **به** یی اړتيا و لرو	[thasu **ba** ya arthya walaray] تاسو **به** یی اړتيا و لرئ	[haghoi **ba** ye arthya walari] هغوی **به** یی اړتيا و لری

Present Perfect

1st per. sing.	2nd per. sing.	3rd per. sing.	1st per. plu.	2nd per. plu.	3rd per. plu.
[ma arthya larale **de**] ما اړتيا لرلی **دی**	[tha arthya larale **de**] تا اړتيا لرلی **دي**	[hagha arthya larale **di**] هغه اړتيا لرلی **دی**	[mung arthya larale **de**] مونږ اړتيا لرلی **دی**	[thasu arthya larale **de]** تاسو اړتيا لرلی **دئ**	[haghoi arthya larale **de**] هغوی اړتيا لرلی **دی**

Past Perfect

1st per. sing.	2nd per. sing.	3rd per. sing. f/m	1st per. plu.	2nd per. plu.	3rd per. plu. f/m
[ma arthya larale **we**] ما اړتیا لرلی وه	[tha arthya larale **we**] تا اړتیا لرلی وه	[hagha arthya larale **wa/wa**] هغه اړتیا لرلی وه/وه	[mung arthya larale **we**] مونږ اړتیا لرلی وه	[thasu arthya larale **we**] تاسو اړتیا لرلی وه	[haghoi arthya larale **wa/wa**] هغوی اړتیا لرلی وه/وه

Future Perfect

1st per. sing.	2nd per. sing.	3rd per. sing.	1st per. plu.	2nd per. plu.	3rd per. plu.
[ma **ba** arthya larale we] ما **به** اړتیا لرلی وی	[tha **ba** arthya larale we] تا **به** اړتیا لرلی وی	[hagha **ba** arthya larale we/we] هغه **به** اړتیا لرلی وی/وی	[mung **ba** arthya larale we] مونږ **به** اړتیا لرلی وی	[thasu **ba** arthya larale we] تاسو **به** اړتیا لرلی وی	[haghoi **ba** arthya larale we/we] هغوی **به** اړتیا لرلی وی/وی

To notice – (پام کېدل) [pam kedal]
(Simple Verb)

Present Imperfective

1st per. sing.	2nd per. sing.	3rd per. sing.	1st per. plu.	2nd per. plu.	3rd per. plu.
[zma pam **kegi**]	[stha pam **kegi**]	[hagha pam **kegi**]	[mung pam **kegi**]	[sthaso pam **kegi**]	[haghoi pam **kegi**]
زما پام کېږي	ستا پام کېږي	هغه پام کېږي	مونږ پام کېږي	ستاسو پام کېږي	هغوی پام کېږي

Present Perfective

1st per. sing.	2nd per. sing.	3rd per. sing.	1st per. plu.	2nd per. plu.	3rd per. plu.
[zma pam **shi**]	[stha pam **shi**]	[hagha khw pam **shi**]	[mung pam **shi**]	[sthaso pam **shi**]	[haghoi pam **shi**]
زما پام شي	ستا پام شي	هغه پام شي	مونږ پام شي	ستاسو پام شي	هغوی پام شي

Past Imperfective

1st per. sing.	2nd per. sing.	3rd per. sing. f/m	1st per. plu.	2nd per. plu.	3rd per. plu. f/m
[zma pam **keda**]	[sthaso pam **keda**]	[hagha pam **keda**]	[mung pam **keda**]	[sthaso pam **keda**]	[haghoi pam **keda**]
زما پام کېده	ستا پام کېده	هغه پام کېده	مونږ پام کېده	ستاسو پام کېده	هغوی پام کېده

Past Perfective

1st per. sing.	2nd per. sing.	3rd per. sing. f/m	1st per. plu.	2nd per. plu.	3rd per. plu. f/m
[zma pam **sho**]	[stha pam **sho**]	[hagha pam **sho/sho**]	[mung pam **sho**]	[sthaso pam **sho**]	[haghoi pam **sho/sho**]
زما پام شو	ستا پام شو	هغه پام شو/شو	مونږ پام شو	ستاسو پام شو	هغوی پام شو/شو

Future Imperfective

1st per. sing.	2nd per. sing.	3rd per. sing.	1st per. plu.	2nd per. plu.	3rd per. plu.
[zma ba pam kegi]	[stha ba pam kegi]	[hagha ba pam kegi]	[mung ba pam kegi]	[sthaso ba pam kegi]	[haghoi ba pam kegi]
زما به پام کیږی	ستا به پام کیږی	هغه به پام کیږی	مونږ به پام کیږی	ستاسو به پام کیږی	هغوی به پام کیږی

Future Perfective

1st per. sing.	2nd per. sing.	3rd per. sing.	1st per. plu.	2nd per. plu.	3rd per. plu.
[zma ba pam shi]	[stha ba pam shi]	[hagha ba pam shi]	[mung ba pam shi]	[sthaso ba pam shi]	[haghoi ba pam shi]
زما به پام شی	ستا به پام شی	هغه به پام شی	مونږ به پام شی	ستاسو به پام شی	هغوی به پام شی

Present Perfect

1st per. sing.	2nd per. sing.	3rd per. sing.	1st per. plu.	2nd per. plu.	3rd per. plu.
[zma pam shwe di]	[stha pam shwe di]	[hagha pam shwe di]	[mung pam shwe di]	[sthaso pam shwe di]	[haghoi pam shwe di]
زما پام شوی دی	ستا پام شوی دی	هغه پام شوی دی	مونږ پام شوی دی	ستاسو پام شوی دی	هغوی پام شوی دی

Past Perfect

1st per. sing.	2nd per. sing.	3rd per. sing. f/m	1st per. plu.	2nd per. plu.	3rd per. plu. f/m
[zma pam shwe wa]	[stha pam shwe wa]	[hagha pam shwe wa]	[mung pam shwe wa]	[sthaso pam shwe wa]	[haghoi pam shwe wa]
زما پام شوی وه	ستا پام شوی وه	هغه پام شوی وه	مونږ پام شوی وه	ستاسو پام شوی وه	هغوی پام شوی وه

Future Perfect

1st per. sing.	2nd per. sing.	3rd per. sing.	1st per. plu.	2nd per. plu.	3rd per. plu.
[zma ba pam shwe **wi**]	[stha ba pam shwe **wi**]	[hagha ba pam shwe **wi**]	[mung ba pam shwe **wi**]	[sthaso ba pam shwe **wi**]	[haghoi ba pam shwe **wi**]
زما به پام شوی وی	ستا به پام شوی وی	هغه به پام شوی وی	مونږ به پام شوی وی	ستاسو به پام شوی وی	هغوی به پام شوی وی

To open –خلاص کول [khlas kawal]

(Derivative Verb)

Present Imperfective

1st per. sing.	2ndper. sing.	3rd per. sing.	1st per. plu.	2ndper. plu.	3rd per. plu.
[za ye khlas **kawam**] ز ه یی خلاص **کوم**	[tha ye khlas **kawe**] ته یی خلاص **کوي**	[hagha ye khlas **kawi**] هغه یی خلاص **کوی**	[mung ye khlas **kawu**] مونږ یی خلاص **کوو**	[thasu ye khlas **kaway**] تاسو یی خلاص **کوئ**	[haghoi ye khlas **kawe**] هغوی یی خلاص **کوی**

Present Perfective

1st per. sing.	2ndper. sing.	3rd per. sing.	1st per. plu.	2ndper. plu.	3rd per. plu.
[za ye khlas **kram**] ز ه یی خلاص **کړم**	[tha ye khlas kre] ته یی خلاص **کړي**	[hagha ye khlas **kri**] هغه یی خلاص **کړی**	[mung ye khlas **kru**] مونږ یی خلاص **کړو**	[thasu ye khlas **kray**] تاسو یی خلاص **کړئ**	[haghoi ye khlas **kre**] هغوی یی خلاص **کړی**

Past Imperfective

1st per. sing.	2ndper. sing.	3rd per. sing. f/m	1st per. plu.	2ndper. plu.	3rd per. plu. f/m
[ma khlas **kawale**] ما خلاص **کولی**	[tha khlas **kawale**] تا خلاص **کولي**	[hagha khlas **kawa/kawala**] هغه خلاص **کوه /کوله**	[mung khlas **kawalu**] مونږ خلاص **کولو**	[thasu khlas **kawalay**] تاسو خلاص **کولئ**	[haghoi khlas **kawal/kawalay**] هغوی خلاص **کول/کولئ**

Past Perfective

1st per. sing.	2ndper. sing.	3rd per. sing. f/m	1st per. plu.	2ndper. plu.	3rd per. plu. f/m
[ma khlas **kro**] ما خلاص کړو	[tha khlas **kre**] ته خلاص کړي	[hagha khlas **kri/kri**] هغه خلاص کړی /کړی	[mung khlas **kru**] مونږ خلاص کړو	[thasu khlas **kray**] تاسو خلاص کړئ	[haghoi khlas **kre/kre**] هغوی خلاص کړو/ کړو

Future Imperfective

1st per. sing.	2ndper. sing.	3rd per. sing.	1st per. plu.	2ndper. plu.	3rd per. plu. f/m
[za ba ye khlas **kawam**] زه به یی خلاص کوم	[tha ba ye khlas **kawe**] ته به یی خلاص کوي	[hagha ba ye khlas **kawi**] هغه به یی خلاص کوی	[mung ba ye khlas **kawu**] مونږ به یی خلاص کوو	[thasu ye ba khlas **kaway**] تاسو به یی خلاص کوئ	[haghoi ba ye khlas **kawe**] هغوی به یی ص‌ال‌خ کوی

Future Perfective

1st per. sing.	2ndper. sing.	3rd per. sing.	1st per. plu.	2ndper. plu.	3rd per. plu.
[za ba ye khlas **kram**] زه به یی خلاص کړم	[tha ba ye khlas kre] ته به یی خلاص کړي	[hagha ba ye khlas **kri**] هغه به یی خلاص کړی	[mung ba ye khlas **kru**] مونږ به یی خلاص کړو	[thasu ba ye khlas **kray**] تاسو به یی خلاص کړئ	[haghoi ba ye khlas **kre**] هغوی به یی خلاص کړی

Present Perfect

1st per. sing.	2ndper. sing.	3rd per. sing.	1st per. plu.	2ndper. plu.	3rd per. plu.
[ma khlas kre **da**] ما خلاص کړی ده	[tha khlas kre **de**] تا خلاص کړی دي	[hagha khlas kre **di**] هغه خلاص کړی دی	[mung khlas kre **da**] مونږ خلاص کړی ده	[thasu khlas kre **de**] تاسو خلاص کړی دی	[haghoi khlas kre **de**] هغوی خلاص کړی دي

Past Perfect

1st per. sing.	2ndper. sing.	3rd per. sing. f/m	1st per. plu.	2ndper. plu.	3rd per. plu. f/m
[ma khlas kre **wa**] ما خلاص کړی وه	[tha khlas kre **wa**] تا خلاص کړي وه	[hagha khlas kre **wa/way**] هغه خلاص کړی وه/وئ	[mung khlas kre **way**] مونږ خلاص کړی وو	[thasu khlas kre **way**] تاسو خلاص کړی وئ	[haghoi khlas kre **wu/ we**] هغوی خلاص کړی وو/وي

Future Perfect

1st per. sing.	2ndper. sing.	3rd per. sing.	1st per. plu.	2ndper. plu.	3rd per. plu.
[ma ba khlas kre **we**] ما به خلاص کړی وی	[tha ba khlas kre **we**] تا به خلاص کړی وي	[hagha ba khlas kre **wi**] هغه به خلاص کړی وی	[mung ba khlas kre **wa**] مونږ به خلاص کړی وی	[thasu ba khlas kre **we**] تاسو به خلاص کړی وی	[haghoi ba khlas kre **we**] هغوی به خلاص کړی وی

To play –لوبه کول [loba kawal]

(Simple Verb)

Present Imperfective

1st per. sing.	2ndper. sing.	3rd per. sing.	1st per. plu.	2ndper. plu.	3rd per. plu.
[za loba **kawam**] زه لوبه کوم	[tha loba **kawe**] ته لوبه کوي	[hagha loba **kawi**] هغه لوبه کوی	[mung loba] مونږ لوبه کوو	[thasu loba **kaway**] تاسو لوبه کوئ	[haghoi loba **kawe**] هغوی لوبه کوی

Present Perfective

1st per. sing.	2ndper. sing.	3rd per. sing.	1st per. plu.	2ndper. plu.	3rd per. plu.
[za loba **kram**] زه لوبه کړم	[tha loba kre] ته لوبه کړي	[hagha loba **kri**] هغه لوبه کړی	[mung loba **kru**] مونږ لوبه کړو	[thasu loba **kray**] تاسو لوبه کړئ	[haghoi loba **kre**] هغوی لوبه کړی

Past Imperfective

1st per. sing.	2ndper. sing.	3rd per. sing. f/m	1st per. plu.	2ndper. plu.	3rd per. plu. f/m
[ma loba **kawale**] ما لوبه کولی	[tha loba **kawale**] تا لوبه کولي	[hagha loba **kawa/kawala**] هغه لوبه کوه /کوله	[mung loba **kawalu**] مونږ لوبه کولو	[thasu loba **kawalay**] تاسو لوبه کولئ	[haghoi loba **kawal/kawalay**] هغوی لوبه کول/کولئ

Past Perfective

1st per. sing.	2ndper. sing.	3rd per. sing. f/m	1st per. plu.	2ndper. plu.	3rd per. plu. f/m
[ma loba **wakra**] ما لوبه وکړه	[tha loba **kre**] ته لوبه کړي	[hagha loba **kri/kri**] هغه لوبه کړی /کړی	[mung loba **kru**] مونږ لوبه کړو	[thasu loba **kray**] تاسو لوبه کړئ	[haghoi loba **kre/kre**] هغوی لوبه کړو/ کړو

Future Imperfective

1st per. sing.	2ndper. sing.	3rd per. sing.	1st per. plu.	2ndper. plu.	3rd per. plu. f/m
[za ba loba **kawam**] زه به لوبه **کوم**	[tha ba loba **kawe**] ته به لوبه **کوي**	[hagha ba loba **kawi**] هغه به لوبه **کوی**	[mung ba loba **kawu**] مونږ به لوبه **کوو**	[thasu ye loba **kaway**] تاسو به لوبه **کوئ**	[haghoi ba loba **kawe**] هغوی به لوبه **کوی**

Future Perfective

1st per. sing.	2ndper. sing.	3rd per. sing.	1st per. plu.	2ndper. plu.	3rd per. plu.
[za ba loba **kram**] زه به لوبه **کړم**	[tha ba loba kre] ته به لوبه **کړي**	[hagha ba loba **kri**] هغه به لوبه **کړی**	[mung ba loba **kru**] مونږ به لوبه **کړو**	[thasu ba loba **kray**] تاسو به لوبه **کړئ**	[haghoi ba loba **kre**] هغوی به لوبه **کړی**

Present Perfect

1st per. sing.	2ndper. sing.	3rd per. sing.	1st per. plu.	2ndper. plu.	3rd per. plu.
[ma loba kre **da**] ما لوبه کړی **ده**	[tha loba kre **de**] تا لوبه کړی **دي**	[hagha loba kre **di**] هغه لوبه کړی **دی**	[mung loba kre **da**] مونږ لوبه کړی **ده**	[thasu loba kre **de**] تاسو لوبه کړی **دی**	[haghoi loba kre **de**] هغوی لوبه کړی **دي**

Past Perfect

1st per. sing.	2ndper. sing.	3rd per. sing. f/m	1st per. plu.	2ndper. plu.	3rd per. plu. f/m
[ma loba kre **wa**] ما لوبه کړی **وه**	[tha loba kre **wa**] تا لوبه کړي **وه**	[hagha loba kre **wa/way**] هغه لوبه کړی **وه/وئ**	[mung loba kre **way**] مونږ لوبه کړی **وو**	[thasu loba kre **way**] تاسو لوبه کړی **وئ**	[haghoi loba kre **wu/ we**] هغوی لوبه کړی **وو/وي**

Future Perfect

1st per. sing.	2ndper. sing.	3rd per. sing.	1st per. plu.	2ndper. plu.	3rd per. plu.
[ma ba loba kre **we**] ما به لوبه کړی وی	[tha ba loba kre **we**] تا به لوبه کړی وي	[hagha ba loba kre **wi**] هغه به لوبه کړی وی	[mung ba loba kre **wa**] مونږ به لوبه کړی وی	[thasu ba loba kre **we**] تاسو به لوبه کړی وی	[haghoi ba loba kre **we**] هغوی لوبه کړی وی

To put –(کیښودل) [kekhodal]

(Irregular Verb)

Present Imperfective

1st per. sing.	2ndper. sing.	3rd per. sing.	1st per. plu.	2nd per. plu.	3rd per. plu.
[za **ye** kegadam] زه یی کیږه دم	[tha **ye** kegade] ته یی کیږه دي	[hagha **ye** kegad**i**] هغه یی کیږه دی	[mung **ye** kegad**u**] مونږ یی کیږه دو	[thasu **ye** kegad**ay**] تاسو یی کیږه دئ	haghoi **ye** kegad**i**] هغوی یی کیږه دی

Present Perfective

1st per. sing.	2nd per. sing.	3rd per. sing.	1st per. plu.	2nd per. plu.	3rd per. plu.
[za **ye** kegdam] زه **یی** کیږ دم	[tha **ye** kegde] ته **یی** کیږ دي	[hagha **ye** kegdi] هغه **یی** کیږ دی	[mung **ye** kegdu] مونږ **یی** کیږ دو	[thasu **ye** kegday] تاسو **یی** کیږ دئ	haghoi **ye** kegdi] هغوی **یی** کیږ دی

Past Imperfective

1st per. sing.	2ndper. sing.	3rd per. sing. f/m	1st per. plu.	2ndper. plu.	3rd per. plu. f/m
[ma keg**dalo**] ما کیږدلو	[tha keg**dalo**] ته **کیږدلو**	[hagha keg**dalo**/kegd alo] هغه کیږدلو / کیږدلو	[mung keg**dalo**] مونږ **کیږدلو**	[thasu keg**dalo**] تاسو کیږدلو	[haghoi keg**dalo**/keg**dalo**] هغوی کیږدلو/ کیږدلو

Past Perfective

1st per. sing.	2ndper. sing.	3rd per. sing. f/m	1st per. plu.	2ndper. plu.	3rd per. plu. f/m
[ma kegdo] ما کیږدو	[tha kegdo] ته کیږدو	[hagha kegdo/kegdo] هغه کیږدو / کیږدو	[mung kegdo] مونږ کیږدو	[thasu kegdo] تاسو کیږدو	[haghoi kegdo/kegdo] هغوی کیږدو/ کیږدو

Future Imperfective

1st per. sing.	2ndper. sing.	3rd per. sing.	1st per. plu.	2ndper. plu.	3rd per. plu.
[za ba **ye** kegadam] زه به یی کیږه دم	[tha ba **ye** kegad**e**] ته به یی کیږه دي	[hagha ba **ye** kegad**i**] هغه به یی کیږه دی	[mung ba **ye** kegad**u**] مونږ به یی کیږه دو	[thasu ba **ye** kegad**ay**] تاسو به یی کیږه دئ	haghoi ba **ye** kegad**i**] هغوی به یی کیږه دی

Future Perfective

1st per. sing.	2ndper. sing.	3rd per. sing.	1st per. plu.	2ndper. plu.	3rd per. plu.
[za ba **ye** kegdam] زه به یی کیږ دم	[tha ba **ye** kegd**e**] ته به یی کیږ دي	[hagha ba **ye** kegd**i**] هغه به یی کیږ دی	[mung ba **ye** kegd**u**] مونږ به یی کیږ دو	[thasu ba **ye** kegd**ay**] تاسو به یی کیږ دئ	haghoi ba **ye** kegd**i**] هغوی به یی کیږ دی

Present Perfect

1st per. sing.	2ndper. sing.	3rd per. sing.	1st per. plu.	2ndper. plu.	3rd per. plu.
[ma kekhodale **de**] ما کیښودلی دی	[tha kekhodale **de**] تا کیښودلی دی	[hagha kekhodale **de**] هغه کیښودلی دی	[mung kekhodale **de**] مونږ کیښودلی دی	[thasu kekhodale **de**] تاسو کیښودلی دی	[haghoi kekhodale **de**] هغوی کیښودلی دی

Past Perfect

1st per. sing.	2ndper. sing.	3rd per. sing. f/m	1st per. plu.	2ndper. plu.	3rd per. plu. f/m
[ma kekhodale **wa**] ما کیښودلی وه	[tha kekhodale **wa**] تا کیښودلی وه	[hagha kekhodale **wa**] هغه کیښودلی وه	[mung kekhodale **wa**] مونږ کیښودلی وه	[thasu kekhodale **wa**] تاسو کیښودلی وه	[haghoi kekhodale **wa**] هغوی کیښودلی وه

Future Perfect

1st per. sing.	2ndper. sing.	3rd per. sing.	1st per. plu.	2ndper. plu.	3rd per. plu.
[ma kekhodale **wi**] ما به کېښودلی وی	[tha kekhodale **wi**] تا به کېښودلی وی	[hagha kekhodale **wi**] هغه به کېښودلی وی	[mung kekhodale **wi**] مونږ به کېښودلی وی	[thasu kekhodale **wi**] تاسو به کېښودلی وی	[haghoi kekhodale **wi**] هغوی به کېښودلی وی

To read – لوستل [lwasthal]

(Simple Verb)

Present Imperfective

1st per. sing.	2nd per. sing.	3rd per. sing.	1st per. plu.	2nd per. plu.	3rd per. plu.
[za **ye** lwalam] زه یی لولم	[tha **ye** lwale] ته یی لولي	[hagha **ye** lwali] هغه یی لولی	[mung **ye** lwalu] مونږ یی لولو	[thasu **ya** lwalay] تاسو یی لولئ	[haghoi **ye** lwali] هغوی یی لولی

Present Perfective

1st per. sing.	2nd per. sing.	3rd per. sing.	1st per. plu.	2nd per. plu.	3rd per. plu.
[za ye **walwala**m] زه یی ولولم	[tha ye **walwale**] ته یی ولولي	[hagha ye **walwali**] هغه یی ولولي	[mung ye **walwalu**] مونږ یی ولولو	[thasu ye **walwalay**] تاسو یی ولولئ	[haghoi ye **walwali**] هغوی يي ولولي

Past Imperfective

1st per. sing.	2nd per. sing.	3rd per. sing. f/m	1st per. plu.	2nd per. plu.	3rd per. plu. f/m
[ma lwasthalo] ما لوستلو	[tha lwasthalo] تا لوستلو	[hagha lwasthalo/lwasthalo] هغه لوستلو/لوستلو	[mung lwasthalo] مونږ لوستلو	[thasu lwasthalo] تاسو لوستلو	[haghoi lwasthalo/lwasthalo] هغوی لوستلو/لوستلو

Past Perfective

1st per. sing.	2nd per. sing.	3rd per. sing. f/m	1st per. plu.	2nd per. plu.	3rd per. plu. f/m
[ma walwasthalo] ما ولوستلو	[tha walwasthalo] تا ولوستلو	[hagha walwasthalo/ walwasthalo] هغه ولوستلو/ولوستلو	[mung walwasthalo] مونږ ولوستلو	[thasu walwasthalo] تاسو ولوستلو	[haghoi walwasthalo/walwasthalo] هغوی ولوستلو/ولوستلو

Future Imperfective

1st per. sing.	2nd per. sing.	3rd per. sing.	1st per. plu.	2nd per. plu.	3rd per. plu. f/m
[za ba ye lwalam] زه به یی لولم	[tha ba ye lwale] ته به یی لولي	[hagha ba ye lwali] هغه به یی لولي	[mung ba ye lwalu] مونږ به یی لولو	[thasu ba ya lwalay] تاسو به یی لولئ	[haghoi ba ye lwali] هغوی به یی لولي

Future Perfective

1st per. sing.	2nd per. sing.	3rd per. sing.	1st per. plu.	2nd per. plu.	3rd per. plu.
[za ba ye **walwalam**] زه به یی ولولم	[tha ba ye **walwale**] ته به یی ولولي	[hagha ba ye **walwali**] هغه به یی ولولي	[mung ba ye **walwalu**] مونږ به یی ولولو	[thasu ba ye **walwalay**] تاسو به یی ولولئ	[haghoi ba ye **walwali**] هغوی به یی ولولي

Present Perfect

1st per. sing.	2nd per. sing.	3rd per. sing.	1st per. plu.	2nd per. plu.	3rd per. plu.
[ma lwasthale **de**] ما لوستلی دی	[tha lwasthale **de**] تا لوستلی دی	[hagha lwasthale **de**] هغه لوستلی دی	[mung lwasthale **de**] مونږ لوستلی دی	[thasu lwasthale **de**] تاسو لوستلی دی	[haghoi lwasthale **de**] هغوی لوستلی دی

Past Perfect

1st per. sing.	2nd per. sing.	3rd per. sing. f/m	1st per. plu.	2nd per. plu.	3rd per. plu. f/m
[ma lwasthale wa] ما لوستلی وه	[tha lwasthale wa] تا لوستلی وه	[hagha lwasthale wa] هغه لوستلی وه	[mung lwasthale wa] مونږ لوستلی وه	[thasu lwasthale wa] تاسو لوستلی وه	[haghoi lwasthale wa] هغوی لوستلی وه

Future Perfect

1st per. sing.	2nd per. sing.	3rd per. sing.	1st per. plu.	2nd per. plu.	3rd per. plu.
[ma ba lwasthale wa] ما به لوستلی وه	[tha ba lwasthale wa] تا به لوستلی وه	[hagha ba lwasthale wa] هغه به لوستلی وه	[mung ba lwasthale wa] مونږ به لوستلی وه	[thasu ba lwasthale wa] تاسو به لوستلی وه	[haghoi ba lwasthale wa] هغوی به لوستلی وه

To receive –حاصل کول [hasal kawal]

(Simple Verb)

Present Imperfective

1st per. sing.	2ndper. sing.	3rd per. sing.	1st per. plu.	2ndper. plu.	3rd per. plu.
[za **ye** hasal kawam] زه **یی** حاصل کوم	[tha **ye** hasal kawe] ته **یی** حاصل کوي	[hagha **ye** hasal kawi] هغه **یی** حاصل کوی	[mung **ye** hasal kawu] مونږ **یی** حاصل کوو	[thasu **ye** hasal kaway] تاسو **یی** حاصل کوئ	[haghoi **ye** hasal kawe] هغوی **یی** حاصل کوی

Present Perfective

1st per. sing.	2ndper. sing.	3rd per. sing.	1st per. plu.	2ndper. plu.	3rd per. plu.
[za **ye** hasal kram] زه **یی** حاصل کړم	[tha **ye** hasal kre] ته **یی** حاصل کړي	[hagha **ye** hasal kri] هغه یی حاصل کړی	[mung **ye** hasal kru] مونږ **یی** حاصل کړو	[thasu **ye** hasal kray] تاسو **یی** حاصل کړئ	[haghoi **ye hasal** kre] هغوی **یی** حاصل کړی

Past Imperfective

1st per. sing.	2ndper. sing.	3rd per. sing. f/m	1st per. plu.	2ndper. plu.	3rd per. plu. f/m
[hasal kawal **me**] حاصل کول **می**	[tha hasal **kawale**] تا حاصل **کولي**	[hagha hasal **kawa/kawala**] هغه حاصل **کوه/کوله**	[mung hasal **kawalu**] مونږ حاصل **کولی**	[thasu hasal **kawalay**] تاسو حاصل **کولئ**	[haghoi hasal **kawal/kawalay**] هغوی حاصل **کول/کولئ**

Past Perfective

1st per. sing.	2nd per. sing.	3rd per. sing. f/m	1st per. plu.	2nd per. plu.	3rd per. plu. f/m
[za ye hasal **kram**] زه یی حاصل کړم	[tha ye hasal **kre**] ته یی حاصل کړي	[hagha ye hasal **kar/kra**] هغه حاصل کړ/کړه	[mung ye hasal **kru**] مونږ یی حاصل کړو	[thasu ye hasal **kray**] تاسو یی حاصل کړئ	[haghoi ye hasal **kre/krè**] هغوی یی حاصل کړه/کړي

Future Imperfective

1st per. sing.	2nd per. sing.	3rd per. sing.	1st per. plu.	2nd per. plu.	3rd per. plu. f/m
[za ba ye hasal **kawam**] زه به یی حاصل کوم	[tha ba ye hasal **kawe**] ته به یی حاصل کوي	[hagha ba ye hasal **kawi**] هغه به یی حاصل کوي	[mung ba ye hasal **kawu**] مونږ به یی حاصل کوو	[thasu ba ye hasal **kaway**] تاسو به یی حاصل کوئ	[haghoi ba ye hasal **kawe**] هغوی به یی حاصل کوي

Future Perfective

1st per. sing.	2nd per. sing.	3rd per. sing.	1st per. plu.	2nd per. plu.	3rd per. plu.
[za ba ye hasal **kram**] زه به یی حاصل کړم	[tha ba ye hasal **kre**] ته به یی حاصل کړي	[hagha ba ye hasal **kri**] هغه به یی حاصل کړی	[mung ba ye hasal **kru**] مونږ به یی حاصل کړو	[thasu ba ye hasal **kray**] تاسو به یی حاصل کړئ	[haghoi ba ye hasal **kre**] هغوی به یی حاصل کړی

Present Perfect

1st per. sing.	2nd per. sing.	3rd per. sing.	1st per. plu.	2nd per. plu.	3rd per. plu.
[ma hasal kre **da**] ما حاصل کړی ده	[tha hasal kre **de**] تا حاصل کړی دي	[hagha hasal kre **di**] هغه حاصل کړی دي	[mung hasal kre **da**] مونږ حاصل کړی ده	[thasu hasal kre **de**] تاسو حاصل کړی دي	[haghoi hasal kre **de**] هغوی حاصل کړی دي

Past Perfect

1st per. sing.	2nd per. sing.	3rd per. sing. f/m	1st per. plu.	2nd per. plu.	3rd per. plu. f/m
[ma hasal kre **wa**] ما حاصل کړی وه	[tha hasal kre **wa**] تا حاصل کړي وه	[hagha hasal kre **wa/way**] هغه حاصل کړی وه/وئ	[mung hasal kre **way**] مونږ حاصل کړی وو	[thasu hasal kre **way**] تاسو حاصل کړی وئ	[haghoi hasal kre **wu/ we**] هغوی حاصل کړی وو/وي

Future Perfect

1st per. sing.	2nd per. sing.	3rd per. sing.	1st per. plu.	2nd per. plu.	3rd per. plu.
[ma ba hasal kre **we**] ما به حاصل کړی وی	[tha ba hasal kre **we**] تا به حاصل کړی وي	[hagha ba hasal kre **wi**] هغه به حاصل کړی وی	[mung ba hasal kre **wa**] مونږ به حاصل کړی وی	[thasu ba hasal kre **we**] تاسو به حاصل کړی وی	[haghoi ba hasal kre **we**] هغوی حاصل کړی وی

To remember – په یاد راتلل [pa yad rathlal]
(Doubly Irregular Verb)

Present Imperfective

1st per. sing.	2nd per. sing.	3rd per. sing.	1st per. plu.	2nd per. plu.	3rd per. plu.
[zma pa yad **razi**]	[tha pa yad **razi**]	[hagha pa yad **razi**]	[mung pa yad **razi**]	[thasu pa yad **razi**]	[haghoi pa yad **razi**]
زما په یاد راځی	تا په یاد راځی	هغه په یاد راځی	مونږ په یاد راځی	تاسو په یاد راځی	هغوی په یاد راځی

Present Perfective

1st per. sing.	2nd per. sing.	3rd per. sing.	1st per. plu.	2nd per. plu.	3rd per. plu.
[zma pa yad **rashi**]	[tha pa yad **rashi**]	[hagha pa yad **rashi**]	[mung pa yad **rashi**]	[thasu pa yad **rashi**]	[haghoi pa yad **rashi**]
زما په یاد راشی	تا په یاد راشی	هغه په یاد راشی	مونږ په یاد راشی	تاسو په یاد راشی	هغوی په یاد راشی

Past Imperfective

1st per. sing.	2nd per. sing.	3rd per. sing. f/m	1st per. plu.	2nd per. plu.	3rd per. plu. f/m
[zma pa yad ra**thlalo**]	[tha pa yad ra**thlalo**]	[hagha pa yad ra**thlalo**]	[mung pa yad ra**thlalo**]	[thasu pa yad ra**thlalo**]	[haghoi pa yad ra**thlalo**]
زما په یاد راتللو	تا په یاد راتللو	هغه په یاد راتللو	مونږ په یاد راتللو	تاسو په یاد راتللو	هغوی په یاد راتللو

Past Perfective

1st per. sing.	2nd per. sing.	3rd per. sing. f/m	1st per. plu.	2nd per. plu.	3rd per. plu. f/m
[zma pa yad raghlo]	[tha pa yad raghlo]	[hagha pa yad raghlo]	[mung pa yad raghlo]	[thasu pa yad raghlo]	[haghoi pa yad raghlo]
زما په یاد راغلو	تا په یاد راغلو	هغه په یاد راغلو	مونږ په یاد راغلو	تاسو په یاد راغلو	هغوی په یاد راغلو

Future Imperfective

1st per. sing.	2nd per. sing.	3rd per. sing.	1st per. plu.	2nd per. plu.	3rd per. plu. f/m
[zma pa yad **ba** razi]	[tha pa yad **ba** razi]	[hagha pa yad **ba** razi]	[mung pa yad **ba** razi]	[thasu pa yad **ba** razi]	[haghoi pa yad **ba** razi]
زما په یاد به راځی	تا په یاد به راځی	هغه په یاد به راځی	مونږ په یاد به راځی	تاسو په یاد به راځی	هغوی په یاد به راځی

Future Perfective

1st per. sing.	2nd per. sing.	3rd per. sing.	1st per. plu.	2nd per. plu.	3rd per. plu.
[zma pa yad ba rashi]	[tha pa yad ba rashi]	[hagha pa yad ba rashi]	[mung pa yad ba rashi]	[thasu pa yad ba rashi]	[haghoi pa yad ba rashi]
زما په یاد به راشی	تا په یاد به راشی	هغه په یاد به راشی	مونږ په یاد به راشی	تاسو په یاد به راشی	هغوی په یاد به راشی

Present Perfect

1st per. sing.	2nd per. sing.	3rd per. sing.	1st per. plu.	2nd per. plu.	3rd per. plu.
[zma pa yad raghale de]	[tha pa yad raghale de]	[hagha pa yad raghale de]	[mung pa yad raghale de]	[thasu pa yad raghale de]	[haghoi pa yad raghale de]
زما په یاد راغلی دی	تا په یاد راغلی دی	هغه په یاد راغلی دی	مونږ په یاد راغلی دی	تاسو په یاد راغلی دی	هغوی په یاد راغلی دی

Past Perfect

1st per. sing.	2nd per. sing.	3rd per. sing. f/m	1st per. plu.	2nd per. plu.	3rd per. plu. f/m
[zma pa yad raghale wa]	[tha pa yad raghale wa]	[hagha pa yad raghale wa]	[mung pa yad raghale wa]	[thasu pa yad raghale wa]	[haghoi pa yad raghale wa]
زما په یاد راغلی وه	تا په یاد راغلی وه	هغه په یاد راغلی وه	مونږ په یاد راغلی وه	تاسو په یاد راغلی وه	هغوی په یاد راغلی وه

Future Perfect

1st per. sing.	2nd per. sing.	3rd per. sing.	1st per. plu.	2nd per. plu.	3rd per. plu.
[zma pa yad raghale we]	[tha pa yad raghale we]	[hagha pa yad raghale we]	[mung pa yad raghale we]	[thasu pa yad raghale we]	[haghoi pa yad raghale we]
زما په یاد راغلی وی	تا په یاد راغلی وی	هغه په یاد راغلی وی	مونږ په یاد راغلی وی	تاسو په یاد راغلی وی	هغوی په یاد راغلی وی

To repeat –تکرار کول[thekrar kawal]

(Simple Verb)

Present Imperfective

1st per. sing.	**2ndper. sing.**	**3rd per. sing.**	**1st per. plu.**	**2ndper. plu.**	**3rd per. plu.**
[za **ye** thekrar kawam] زه **یی** تکرار کوم	[tha **ye** thekrar kawe] ته **یی** تکرار کوي	[hagha **ye** thekrar kawi] هغه **یی** تکرار کوی	[mung **ye** thekrar kawu] مونږ **یی** تکرار کوو	[thasu **ye** thekrar kaway] تاسو **یی** تکرار کوئ	[haghoi **ye** thekrar kawe] هغوی **یی** تکرار کوی

Present Perfective

1st per. sing.	**2ndper. sing.**	**3rd per. sing.**	**1st per. plu.**	**2ndper. plu.**	**3rd per. plu.**
[za **ye** thekrar kram] زه **یی** تکرار کړم	[tha **ye** thekrar kre] ته **یی** تکرار کړي	[hagha **ye** thekrar kri] هغه یی تکرار کړی	[mung **ye** thekrar kru] مونږ **یی** تکرار کړو	[thasu **ye** thekrar kray] تاسو **یی** تکرار کړئ	[haghoi **ye** thekrar kre] هغوی **یی** تکرار کړی

Past Imperfective

1st per. sing.	**2ndper. sing.**	**3rd per. sing. f/m**	**1st per. plu.**	**2ndper. plu.**	**3rd per. plu. f/m**
[thekrar kawal **me**] تکرار کول **می**	[tha thekrar kawale] تا تکرار کولي	[hagha thekrar **kawa/kawal a**] هغه تکرار **کوه /کوله**	[mung thekrar **kawalu**] مونږ تکرار **کولو**	[thasu thekrar **kawalay**] تاسو تکرار **کولئ**	[haghoi thekrar **kawal/kawalay**] هغوی تکرار **کول/کولئ**

Past Perfective

1st per. sing.	2ndper. sing.	3rd per. sing. f/m	1st per. plu.	2ndper. plu.	3rd per. plu. f/m
[za ye thekrar **kram**] زه يي تكرار **كړم**	[tha ye thekrar **kre**] ته يي تكرار **كړي**	[hagha ye thekrar **kar/kra**] هغه تكرار كړ/ كړه	[mung ye thekrar **kru**] مونږ يي تكرار **كړو**	[thasu ye thekrar **kray**] تاسو يي تكرار **كړئ**	[haghoi ye thekrar **kre/krè**] هغوی يي تكرار **كړه/كړي**

Future Imperfective

1st per. sing.	2ndper. sing.	3rd per. sing.	1st per. plu.	2ndper. plu.	3rd per. plu. f/m
[za ba ye thekrar **kawam**] زه به يي تكرار **كوم**	[tha ba ye thekrar **kawe**] ته به يي تكرار **كوي**	[hagha ba ye thekrar **kawi**] هغه به يي تكرار **كوی**	[mung ba ye thekrar **kawu**] مونږ به يي تكرار **كوو**	[thasu ba ye thekrar **kaway**] تاسو به يي تكرار **كوئ**	[haghoi ba ye thekrar **kawe**] هغوی به يي تكرار **كوی**

Future Perfective

1st per. sing.	2ndper. sing.	3rd per. sing.	1st per. plu.	2ndper. plu.	3rd per. plu.
[za ba ye thekrar **kram**] زه به يي تكرار **كړم**	[tha ba ye thekrar **kre**] ته به يي تكرار **كړي**	[hagha ba ye thekrar **kri**] هغه به يي تكرار **كړی**	[mung ba ye thekrar **kru**] مونږ به يي تكرار **كړو**	[thasu ba ye thekrar **kray**] تاسو به يي تكرار **كړئ**	[haghoi ba ye thekrar **kre**] هغوی به يي تكرار **كړی**

Present Perfect

1st per. sing.	2ndper. sing.	3rd per. sing.	1st per. plu.	2ndper. plu.	3rd per. plu.
[ma thekrar kre **da**] ما تكرار كړی ده	[tha thekrar kre **de**] تا تكرار كړی دي	[hagha thekrar kre **di**] هغه تكرار كړی دی	[mung thekrar kre **da**] مونږ تكرار كړی ده	[thasu thekrar kre **de**] تاسو تكرار كړی دی	[haghoi thekrar kre **de]** هغوی تكرار كړی دي

Past Perfect

1st per. sing.	2ndper. sing.	3rd per. sing. f/m	1st per. plu.	2ndper. plu.	3rd per. plu. f/m
[ma thekrar kre **wa**] ما تکرار کړی وه	[tha thekrar kre **wa**] تا تکرار کړي وه	[hagha thekrar kre **wa/way**] هغه تکرار کړی وه/وئ	[mung thekrar kre **way**] مونږ تکرار کړی وو	[thasu thekrar kre **way**] تاسو تکرار کړی وئ	[haghoi thekrar kre **wu/ we**] هغوی تکرار کړی وو/وي

Future Perfect

1st per. sing.	2ndper. sing.	3rd per. sing.	1st per. plu.	2ndper. plu.	3rd per. plu.
[ma ba thekrar kre **we**] ما به تکرار کړی وی	[tha ba thekrar kre **we**] تا به تکرار کړی وي	[hagha ba thekrar kre **wi**] هغه به تکرار کړی وی	[mung ba thekrar kre w**a**] مونږ به تکرار کړی وی	[thasu ba thekrar kre **we**] تاسو به تکرار کړی وی	[haghoi ba thekrar kre **we**] هغوی تکرار کړی وی

To return –(ستون کېدل) [sthon kedal]

(Simple Verb)

Present Imperfective

1st per. sing.	2ndper. sing.	3rd per. sing.	1st per. plu.	2ndper. plu.	3rd per. plu.
[za sthon **kegam**] زه ستون **کیږم**	[tha sthon **kege**] ته ستون **کیږي**	[hagha sthon **kegi**] هغه ستون کیږی	[mung sthana **kegu**] مونږ ستانه **کیږو**	[thasu sthana **kegay**] تاسو ستانه **کیږئ**	[haghoi sthana **kege**] هغوی ستانه **کیږی**

Present Perfective

1st per. sing.	2ndper. sing.	3rd per. sing.	1st per. plu.	2ndper. plu.	3rd per. plu.
[za sthon **sham**] زه ستون **شم**	[tha sthon **she**] ته ستون **شي**	[hagha sthon **shi**] هغه ستون **شی**	[mung sthana **shu**] مونږ ستانه **شو**	[thasu sthana **shay**] تاسو ستانه **شئ**	[haghoi sthana **shi**] هغوی ستانه **شي**

Past Imperfective

1st per. sing.	2ndper. sing.	3rd per. sing. f/m	1st per. plu.	2ndper. plu.	3rd per. plu. f/m
[za sthon **kedam**] زه ستون **کیدم**	[tha sthon **kede**] ته ستون **کیدي**	[hagha sthon **keda/keda**] هغه ستون **کیده**/ ستون **کیده**	[mung sthana **kedu**] مونږ ستانه **کیدو**	[thasu sthana **keday**] تاسو ستانه **کیدئ**	[haghoi sthana **kedal/kede**] هغوی ستانه **کیدل/کیدي**

Past Perfective

1st per. sing.	2ndper. sing.	3rd per. sing. f/m	1st per. plu.	2ndper. plu.	3rd per. plu. f/m
[za sthon **shwam**] زه ستون **شوم**	[tha sthon **shwe**] ته ستون **شوي**	[hagha sthon **sha**/ sthon **shwa**] هغه ستون **شه**/ ستون **شوه**	[mung sthana **shwu**] مونږ ستانه **شوو**	[thasu sthana **shway**] تاسو ستانه **شوئ**	[haghoi sthana **shwal**/ sthana **shwe**] هغوی ستانه شول/ ستانه **شوي**

Future Imperfective

1st per. sing.	2ndper. sing.	3rd per. sing.	1st per. plu.	2ndper. plu.	3rd per. plu. f/m
[za **ba** sthon kegam] زه **به** ستون کيږم	[tha **ba** sthon kege] ته **به** ستون کيږي	[hagha **ba** sthon kegi] هغه **به** ستون کيږی	[mung **ba** sthana kegu] مونږ **به** ستانه کيږو	[thasu **ba** sthana kegay] تاسو **به** ستانه کيږئ	[haghoi **ba** sthana kege] هغوی **به** ستانه کيږی

Future Perfective

1st per. sing.	2ndper. sing.	3rd per. sing.	1st per. plu.	2ndper. plu.	3rd per. plu.
[za sthon **sham**] زه به ستون **شم**	[tha ba sthon **she**] ته به ستون **شي**	[hagha **ba** sthon **shi**] هغه به ستون **شی**	[mung ba sthana **shu**] مونږ به ستانه **شو**	[thasu ba sthana **shay**] تاسو به ستانه **شئ**	[haghoi ba sthana **she**] **هغوی** به ستانه **شي**

Present Perfect

1st per. sing.	2ndper. sing.	3rd per. sing.	1st per. plu.	2ndper. plu.	3rd per. plu.
[za sthon shwe **yam**] زه ستون شوی **یم**	[tha sthon shwe **ye**] ته ستون شوی **یی**	[hagha sthon shwi **da**] هغه ستون شوی **ده**	[mung sthana shwe **yu**] مونږ ستانه شوی **یو**	[thasu sthana **ye**] تاسو ستانه شوی **يي**	[haghoi sthana shwe **di**] هغوی ستانه شوی **دی**

Past Perfect

1st per. sing.	2ndper. sing.	3rd per. sing. f/m	1st per. plu.	2ndper. plu.	3rd per. plu. f/m
[za sthon shwe **wam**] زه ستون شوی **وم**	[tha sthon shwe **we**] ته ستون شوی **وي**	[hagha sthon shwe **wa**/ sthon shwe **way**] هغه ستون شوی ەو/ ستون شوی وئ	[mung sthana shwe **wu**] مونږ ستانه شوی **وو**	[thasu sthana shwe **way**] تاسو ستانه شوی **وئ**	[haghoi sthana shwe **wa**/ sthana **we**] **هغوی** ستانه شوی **وو**/ ستانه **وي**

Future Perfect

1st per. sing.	2ndper. sing.	3rd per. sing.	1st per. plu.	2ndper. plu.	3rd per. plu.
[za **ba** sthon shwe yam] زه **به** ستون شوی یم	[tha **ba** sthon shwe ye] ته **به** ستون **شوی** **يي**	[hagha **ba** sthon shwe wi] **هغه به** ستون شوی **وی**	[mung **ba** sthana shwe yu] مونږ **به** ستانه شوی **یو**	[thasu **ba** sthana shwe ye] تاسو **به** ستانه شوی **يي**	[haghoi **ba** sthana shwe we] هغوی **به** ستانه شوی **وی**

To run – مندی وهل [mande wahal]

(Simple verb)

Present Imperfective

1st per. sing.	2ndper. sing.	3rd per. sing.	1st per. plu.	2ndper. plu.	3rd per. plu.
[za mande waham] زه مندی وهم	[tha mande wahe] ته مندی وهي	[hagha mande wahi] هغه مندی وهي	[mung mande wahu] مونږ.مندی وهو	[thasu mande wahay] تاسو مندی وهئ	[haghoi mande wahe] هغوی مندی وهي

Present Perfective

1st per. sing.	2ndper. sing.	3rd per. sing.	1st per. plu.	2ndper. plu.	3rd per. plu.
[za mande wawaham] زه مندی ووهم	[tha mande wawahe] ته مندی ووهي	[hagha mande wawahi] هغه مندی ووهي	[mung mande wawahu] مونږ مندی ووهو	[thasu mande wawahay] تاسو مندی ووهئ	[haghoi mande wawahe] هغوی مندی ووهي

Past Imperfective

1st per. sing.	2ndper. sing.	3rd per. sing. f/m	1st per. plu.	2ndper. plu.	3rd per. plu. f/m
[ma mande **wahale**] ما مندی وهلي	[tha mande **wahale**] تا مندی وهلي	[hagha mande **wahala/wahala**] **هغه مندی وهله/وهله**	[mung mande **wahale**] مونږ. **مندی وهلی**	[thasu mande **wahalay**] تاسو مندی وهلئ	[haghoi mande **wahale/ wahale**] **هغوی مندی** وهلي/**وهلي**

Past Perfective

1st per. sing.	2ndper. sing.	3rd per. sing. f/m	1st per. plu.	2ndper. plu.	3rd per. plu. f/m
[ma mande wa**wahale**] ما مندی ووهلي	[tha mande wa**wahale**] تا مندی ووهلي	[hagha mande wa**wahala**/wawahala] هغه مندی ووهله/ووهله	[mung mande wa**wahale**] مونږ مندی ووهلی	[thasu mande wa**wahalay**] تاسو مندی ووهلئ	[haghoi mande wa**wahale**/ wa**wahale**] هغوی مندی ووهلي/ووهلي

Future Imperfective

1st per. sing.	2ndper. sing.	3rd per. sing.	1st per. plu.	2ndper. plu.	3rd per. plu. f/m
[za **ba** mande waham] زه به مندی وهم	[tha **ba** mande wahe] ته به مندی وهي	[hagha **ba** mande wahi] هغه به مندی وهي	[mung **ba** mande wahu] مونږ به مندی وهو	[thasu **ba** mande wahay] تاسو به مندی وهئ	[haghoi **ba** mande wahe] هغوی به مندی وهي

Future Perfective

1st per. sing.	2ndper. sing.	3rd per. sing.	1st per. plu.	2ndper. plu.	3rd per. plu.
[za **ba** mande **wawaham**] زه به مندی ووهم	[tha **ba** mande **wawahe**] ته به مندی ووهي	[hagha **ba** mande **wawahi**] هغه به مندی ووهی	[mung **ba** mande **wawahu**] مونږ به مندی ووهو	[thasu **ba** mande **wawahay**] تاسو به مندی ووهئ	[haghoi **ba** mande **wawahe**] هغوی به مندی ووهی

Present Perfect

1st per. sing.	2ndper. sing.	3rd per. sing.	1st per. plu.	2ndper. plu.	3rd per. plu.
[ma mande wahale **de**] ما مندی وهلی دی	[tha mande wahale **de**] تا مندی وهلی دی	[hagha mande wahale **de**] هغه مندی وهلی دی	[mung mande wahale **de**] مونږ مندی وهلی دی	[thasu mande wahale **de**] تاسو مندی وهلی دی	[haghoi mande wahale **de**] هغوی مندی وهلی دی

Past Perfect

1st per. sing.	2ndper. sing.	3rd per. sing. f/m	1st per. plu.	2ndper. plu.	3rd per. plu. f/m
[ma mande wahale **wa**] ما منډی وهلی وه	[tha mande wahale **wa**] تا منډی وهلی وه	[hagha mande wahale **wa**] هغه منډی وهلی وه	[mung mande wahale **wa**] مونږ منډی وهلی وه	[thasu mande wahale **wa**] تاسو منډی وهلی وه	[haghoi mande wahale **wa**] هغوی منډی وهلی وه

Future Perfect

1st per. sing.	2ndper. sing.	3rd per. sing.	1st per. plu.	2ndper. plu.	3rd per. plu.
[ma mande wahale **wi**] ما به منډی وهلی وی	[tha mande wahale **wi**] تا به منډی وهلی وی	[hagha mande wahale **wi**] هغه به منډی وهلی وی	[mung mande wahale **wi**] مونږ به منډی وهلی وی	[thasu mande wahale **wi**] تاسو به منډی وهلی وی	[haghoi mande wahale **wi**] هغوی به منډی وهلی وی

To say – ویل [wayal]
(Simple verb)

Present Imperfective

1st per. sing.	2nd per. sing.	3rd per. sing.	1st per. plu.	2nd per. plu.	3rd per. plu.
[za wa**yam**] زه وايم	[tha wa**ye**] ته وايي	[hagha wa**i**/wa**i**] هغه وايي/وايي	[mung wa**yu**] مونږ وايو	[thasu wa**yi**] تاسو وايئ	haghoi wa**i**] هغوی وايي

Present Perfective

1st per. sing.	2nd per. sing.	3rd per. sing.	1st per. plu.	2nd per. plu.	3rd per. plu.
[za wawa**yam**] زه و وايم	[tha wawa**ye**] ته ووايي	[hagha wawa**i**/**wa**wa**i**] هغه ووايي/ووايي	[mung wawa**yu**] مونږ ووايو	[thasu wawa**yi**] تاسو ووايئ	haghoi wawa**i**] هغوی ووايي

Past Imperfective

1st per. sing.	2nd per. sing.	3rd per. sing. f/m	1st per. plu.	2nd per. plu.	3rd per. plu. f/m
[ma wayal] ما ويل	[tha wayal] تا ويل	[hagha wayal/wayal] هغه ويل/ ويل	[mung wayal] مونږ ويل	[thasu wayal] تاسو ويل	[haghoi wayal/wayal] هغوی ويل/ ويل

Past Perfective

1st per. sing.	2nd per. sing.	3rd per. sing. f/m	1st per. plu.	2nd per. plu.	3rd per. plu. f/m
[ma wawayal] ما وويل	[tha wawayal] تا وويل	[hagha wawayal/wawayal] هغه وويل/ وويل	[mung wawayal] مونږ وويل	[thasu wawayal] تاسو وويل	[haghoi wawayal/wawayal] هغوی وويل/ وويل

Future Imperfective

1st per. sing.	2nd per. sing.	3rd per. sing.	1st per. plu.	2nd per. plu.	3rd per. plu.
[za ba wa**yam**] زه به وایم	[tha ba wa**ye**] ته به وایي	[hagha ba wa**i**/wa**i**] هغه به وایي/وایی	[mung ba wa**yu**] مونږ به وایو	[thasu ba wa**yi**] تاسو به وایئ	haghoi ba **wai**] هغوی به وایی

Future Perfective

1st per. sing.	2nd per. sing.	3rd per. sing.	1st per. plu.	2nd per. plu.	3rd per. plu.
[za ba wawa**yam**] زه به و وایم	[tha ba wawa**ye**] ته به و وایي	[hagha ba wawa**i**/**wa**wai] هغه به ووایي/ووایی	[mung ba wawa**yu**] مونږ به ووایو	[thasu ba wawa**yi**] تاسو به ووایئ	haghoi ba wa**wai**] هغوی به ووایی

Present Perfect

1st per. sing.	2nd per. sing.	3rd per. sing.	1st per. plu.	2nd per. plu.	3rd per. plu.
[ma wayale **di**] ما ویلی دی	[tha wayale **di**] تا ویلی دی	[hagha wayale **di**] هغه ویلی دی	[mung wayale **di**] مونږ ویلی دی	[thasu wayale **di**] تاسو ویلی دی	[haghoi wayale **di**] هغوی ویلی دی

Past Perfect

1st per. sing.	2nd per. sing.	3rd per. sing. f/m	1st per. plu.	2nd per. plu.	3rd per. plu. f/m
[ma wayale **wa**] ما ویلی وه	[tha wayale **wa**] تا ویلی وه	[hagha wayale **wa**] هغه ویلی وه	[mung wayale **wa**] مونږ ویلی وه	[thasu wayale **wa**] تاسو ویلی وه	[haghoi wayale **wa**] هغوی ویلی وه

Future Perfect

1st per. sing.	2nd per. sing.	3rd per. sing.	1st per. plu.	2nd per. plu.	3rd per. plu.
[ma ba wayale wi] ما به ویلی وی	[tha ba wayale wi] تا به ویلی وی	[hagha ba wayale wi] هغه به ویلی وی	[mung ba wayale wi] مونږ به ویلی وی	[thasu ba wayale wi] تاسو به ویلی وی	[haghoi ba wayale wi] هغوی به ویلی وی

To scream – چيغی وهل [cheghe wahal]

(Simple verb)

Present Imperfective

1st per. sing.	2ndper. sing.	3rd per. sing.	1st per. plu.	2ndper. plu.	3rd per. plu.
[za cheghe waham] زه چيغی وهم	[tha cheghe wahe] ته چيغی وهي	[hagha cheghe wahi] هغه چيغی وهي	[mung m cheghe ande wahu] مونږ چيغی وهو	[thasu cheghe wahay] تاسو چيغی وهئ	[haghoi cheghe wahe] هغوی چيغی وهي

Present Perfective

1st per. sing.	2ndper. sing.	3rd per. sing.	1st per. plu.	2ndper. plu.	3rd per. plu.
[za cheghe wawaham] زه چيغی ووهم	[tha cheghe wawahe] ته چيغی ووهي	[hagha cheghe wawahi] هغه چيغی ووهي	[mung cheghe wawahu] مونږ چيغی ووهو	[thasu cheghe wawahay] تاسو چيغی ووهئ	[haghoi cheghe wawahe] هغوی چيغی ووهي

Past Imperfective

1st per. sing.	2ndper. sing.	3rd per. sing. f/m	1st per. plu.	2ndper. plu.	3rd per. plu. f/m
[ma cheghe **wahale**] ما چيغی وهلي	[tha cheghe **wahale**] تا چيغی وهلي	[hagha cheghe **wahala/wahala**] هغه چيغی **وهله/وهله**	[mung cheghe **wahale**] مونږ چيغی **وهلی**	[thasu cheghe **wahalay**] تاسو چيغی وهلئ	[haghoi cheghe **wahale/ wahale**] هغوی چيغی وهلي/**وهلي**

Past Perfective

1st per. sing.	2nd per. sing.	3rd per. sing. f/m	1st per. plu.	2nd per. plu.	3rd per. plu. f/m
[ma cheghe wawahale] ما چيغى ووهلي	[tha cheghe wawahale] تا چيغى ووهلي	[hagha cheghe wawahala/wawahala] هغه چيغى ووهله/ووهله	[mung cheghe wawahale] مونږ چيغى ووهلي	[thasu cheghe wawahalay] تاسو چيغى ووهلئ	[haghoi cheghe wawahale/wawahale] هغوى چيغى ووهلي/ووهلي

Future Imperfective

1st per. sing.	2nd per. sing.	3rd per. sing.	1st per. plu.	2nd per. plu.	3rd per. plu. f/m
[za ba cheghe waham] زه به چيغى وهم	[tha ba cheghe wahe] ته به چيغى وهي	[hagha ba cheghe wahi] هغه به چيغى وهي	[mung ba cheghe wahu] مونږ به چيغى وهو	[thasu ba cheghe wahay] تاسو به چيغى وهئ	[haghoi ba cheghe wahe] هغوى به چيغى وهي

Future Perfective

1st per. sing.	2nd per. sing.	3rd per. sing.	1st per. plu.	2nd per. plu.	3rd per. plu.
[za ba cheghe wawaham] زه به چيغى ووهم	[tha ba cheghe wawahe] ته به چيغى ووهي	[hagha ba cheghe wawahi] هغه به چيغى ووهي	[mung ba cheghe wawahu] مونږ به چيغى ووهو	[thasu ba cheghe wawahay] تاسو به چيغى ووهئ	[haghoi ba cheghe wawahe] هغوى به چيغى ووهي

Present Perfect

1st per. sing.	2nd per. sing.	3rd per. sing.	1st per. plu.	2nd per. plu.	3rd per. plu.
[ma cheghe wahale de] ما چيغى وهلى دى	[tha cheghe wahale de] تا چيغى وهلى دى	[hagha cheghe wahale de] هغه چيغى وهلى دى	[mung cheghe wahale de] مونږ چيغى وهلى دى	[thasu cheghe wahale de] تاسو چيغى وهلى دى	[haghoi cheghe wahale de] هغوى چيغى وهلى دى

Past Perfect

1st per. sing.	2nd per. sing.	3rd per. sing. f/m	1st per. plu.	2nd per. plu.	3rd per. plu. f/m
[ma cheghe wahale **wa**] ما چیغی وهلی وه	[tha cheghe wahale **wa**] تا چیغی وهلی وه	[hagha cheghe wahale **wa**] هغه چیغی وهلی وه	[mung cheghe wahale **wa**] مونږ چیغی وهلی وه	[thasu cheghe wahale **wa**] تاسو چیغی وهلی وه	[haghoi cheghe wahale **wa**] هغوی چیغی وهلی وه

Future Perfect

1st per. sing.	2nd per. sing.	3rd per. sing.	1st per. plu.	2nd per. plu.	3rd per. plu.
[ma cheghe wahale **wi**] ما به چیغی وهلی وی	[tha cheghe wahale **wi**] تا به چیغی وهلی وی	[hagha cheghe wahale **wi**] هغه به چیغی وهلی وی	[mung cheghe wahale **wi**] مونږ به چیغی وهلی وی	[thasu cheghe wahale **wi**] تاسو به چیغی وهلی وی	[haghoi cheghe wahale **wi**] هغوی به چیغی وهلی وی

To see – لیدل [ledal]

(Simple Verb)

Present Imperfective

1st per. sing.	2nd per. sing.	3rd per. sing.	1st per. plu.	2nd per. plu.	3rd per. plu.
[za **ye** wenam] زه یی وینم	[tha **ye** wene] ته یی ویني	[hagha **ye** weni] هغه یی وینی	[mung **ye** wenu] مونږ یی وینو	[thasu **ya** wenay] تاسو یی وینئ	[haghoi **ye** weni] هغوی یی وینی

Present Perfective

1st per. sing.	2nd per. sing.	3rd per. sing.	1st per. plu.	2nd per. plu.	3rd per. plu.
[za ye **wawenam**] زه یی ووینم	[tha ye **walwene**] ته یی ووینی	[hagha ye **waweni**] هغه یی ووینی	[mung ye **wawenu**] مونږ یی ووینو	[thasu ye **wawenay**] تاسو یی ووینئ	[haghoi ye **waweni**] هغوی يي ووینی

Past Imperfective

1st per. sing.	2nd per. sing.	3rd per. sing. f/m	1st per. plu.	2nd per. plu.	3rd per. plu. f/m
[ma ledalo] ما لیدلو	[tha ledalo] تا لیدلو	[hagha ledalo/ledalo] هغه لیدلو/لیدلو	[mung ledalo] مونږ لیدلو	[thasu ledalo] تاسو لیدلو	[haghoi ledalo/ledalo] هغوی لیدلو/لیدلو

Past Perfective

1st per. sing.	2nd per. sing.	3rd per. sing. f/m	1st per. plu.	2nd per. plu.	3rd per. plu. f/m
[ma waledalo] ماو لیدلو	[tha waledalo] تا ولیدلو	[hagha waledalo/waledalo] هغه ولیدلو/ولیدلو	[mung waledalo] مونږ ولیدلو	[thasu waledalo] تاسو ولیدلو	[haghoi waledalo/waledalo] هغوی ولیدلو/ولیدلو

Future Imperfective

1st per. sing.	2nd per. sing.	3rd per. sing.	1st per. plu.	2nd per. plu.	3rd per. plu. f/m
[za ba **ye** wenam] زه به يی وينم	[tha ba **ye** wene] ته به يی ويني	[hagha ba **ye** weni] هغه به يی وينی	[mung ba **ye** wenu] مونږ به يی وينو	[thasu ba **ya** wenay] تاسو به يی وينئ	[haghoi ba **ye** weni] هغوی به يی وينی

Future Perfective

1st per. sing.	2nd per. sing.	3rd per. sing.	1st per. plu.	2nd per. plu.	3rd per. plu.
[za ba ye **wawenam**] زه به يی و وينم	[tha ba ye **walwene**] ته به يی و ويني	[hagha ba ye **waweni**] هغه به يی و وينی	[mung ba ye **wawenu**] مونږ به يی و وينو	[thasu ba ye **wawenay**] تاسو به يی و وينئ	[haghoi ba ye **waweni**] هغوی به يي و وينی

Present Perfect

1st per. sing.	2nd per. sing.	3rd per. sing.	1st per. plu.	2nd per. plu.	3rd per. plu.
[ma ledale **de**] ما ليدلی دی	[tha ledale **de**] تا ليدلی دی	[hagha ledale **de**] هغه ليدلی دی	[mung ledale **de**] مونږ ليدلی دی	[thasu ledale **de**] تاسو ليدلی دی	[haghoi ledale **de**] هغوی ليدلی دی

Past Perfect

1st per. sing.	2nd per. sing.	3rd per. sing. f/m	1st per. plu.	2nd per. plu.	3rd per. plu. f/m
[ma ledale **wa**] ما ليدلی وه	[tha ledale **wa**] تا ليدلی وه	[hagha ledale **wa**] هغه ليدلی وه	[mung ledale **wa**] مونږ ليدلی وه	[thasu ledale **wa**] تاسو ليدلی وه	[haghoi ledale **wa**] هغوی ليدلی وه

Future Perfect

1st per. sing.	2nd per. sing.	3rd per. sing.	1st per. plu.	2nd per. plu.	3rd per. plu.
[ma **ba** ledale wi]	[tha **ba** ledale wi]	[hagha **ba** ledale wi]	[mung **ba** ledale wi]	[thasu **ba** ledale wi]	[haghoi **ba** ledale wi]
ما به لیدلی وی	تا به لیدلی وی	هغه به لیدلی وی	مونږ به لیدلی وی	تاسو به لیدلی وی	هغوی به لیدلی وی

To seem –معلومیدل [malomedal]

(Simple Verb)

Present Imperfective

1st per. sing.	2nd per. sing.	3rd per. sing.	1st per. plu.	2nd per. plu.	3rd per. plu.
[za malom **kegam**] زه معلوم کیږم	[tha malom **kege**] ته معلوم کیږې	[hagha malom **kegi**] هغه معلوم کیږی	[mung malom **kegu**] مونږ معلوم کیږو	[thasu malom **kegay**] تاسو معلوم کیږئ	[haghoi malom **kege**] هغوی معلوم کیږی

Present Perfective

1st per. sing.	2nd per. sing.	3rd per. sing.	1st per. plu.	2nd per. plu.	3rd per. plu.
[za malom **sham**] زه معلوم شم	[tha malom **she**] ته معلوم شې	[hagha malom **shi**] هغه معلوم شی	[mung malom **shu**] مونږ معلوم شو	[thasu malom **shay**] تاسو معلوم شئ	[haghoi malom **shi**] هغوی معلوم شي

Past Imperfective

1st per. sing.	2nd per. sing.	3rd per. sing. f/m	1st per. plu.	2nd per. plu.	3rd per. plu. f/m
[za malom **kedam**] زه معلوم کیدم	[tha malom **kede**] ته معلوم کیدې	[hagha malom **keda/keda** هغه معلوم کیده/کیده]	[mung malom **kedu**] مونږ معلوم کیدو	[thasu malom **keday**] تاسو معلوم کیدئ	[haghoi malom **kedal/kede**] هغوی معلوم کیدل/کیدې

Past Perfective

1st per. sing.	2nd per. sing.	3rd per. sing. f/m	1st per. plu.	2nd per. plu.	3rd per. plu. f/m
[za malom **shwam**] زه معلوم **شوم**	[tha malom **shwe**] ته معلوم **شوي**	[hagha malo m **sha/shwa**] هغه معلوم **شه**/ معلوم **شوه**	[mung malom **shwu**] مونږ معلوم **شوو**	[thasu malom **shway**] تاسو معلوم **شوئ**	[haghoi malom **shwal/ shwe**] هغوی معلوم شول/ معلوم **شوي**

Future Imperfective

1st per. sing.	2nd per. sing.	3rd per. sing.	1st per. plu.	2nd per. plu.	3rd per. plu. f/m
[za ba malom **kegam**] زه به معلوم **کیږم**	[tha ba malom **kege**] ته به معلوم **کیږي**	[hagha malom **kegi**] هغه به معلوم **کیږی**	[mung **ba** malom **kegu**] مونږ به معلوم **کیږو**	[thasu ba malom **kegay**] تاسو به معلوم **کیږئ**	[haghoi ba malom **kege**] هغوی به معلوم **کیږی**

Future Perfective

1st per. sing.	2nd per. sing.	3rd per. sing.	1st per. plu.	2nd per. plu.	3rd per. plu.
[za malom **sham**] زه به معلوم **شم**	[tha malom **she**] ته به معلوم **شي**	[hagha **ba** malom **shi**] هغه به معلوم **شی**	[mung ba malom **shu**] مونږ به معلوم **شو**	[thasu ba malom **shay**] تاسو به معلوم **شئ**	[haghoi ba malom **she**] **هغوی** به معلوم **شي**

Present Perfect

1st per. sing.	2nd per. sing.	3rd per. sing.	1st per. plu.	2nd per. plu.	3rd per. plu.
[za malom shwe **yam**] زه معلوم شوی **یم**	[tha malom shwe **ye**] ته معلوم شوی **یی**	[hagha malom shwi **da**] هغه معلوم شوی **ده**	[mung malom shwe **yu**] مونږ معلوم شوی **یو**	[thasu malom **ye**] تاسو معلوم شوی **يي**	[haghoi malom shwe **di**] هغوی معلوم شوی **دی**

Past Perfect

1st per. sing.	2nd per. sing.	3rd per. sing. f/m	1st per. plu.	2nd per. plu.	3rd per. plu. f/m
[za malom shwe **wam**] زه معلوم شوی وم	[tha malom shwe **we**] ته معلوم شوی وي	[hagha malom shwe **wa/way**] هغه معلوم شوی وه/وئ	[mung malom shwe **wu**] معلوم شوی وو	[thasu malom shwe **way**] تاسو معلوم شوی وئ	[haghoi malom shwe **wa/we**] هغوی یی معلوم شوی وو/وي

Future Perfect

1st per. sing.	2nd per. sing.	3rd per. sing.	1st per. plu.	2nd per. plu.	3rd per. plu.
[za **ba** malom shwe **yam**] زه به معلوم شوی یم	[tha **ba** malom shwe **ye**] ته به معلوم شوی يي	[hagha **ba** malom shwe **wi**] هغه به معلوم شوی وی	[mung **ba** malom shwe **yu**] مونږ به معلوم شوی یو	[thasu **ba** malom shwe **ye**] تاسو به معلوم شوی يي	[haghoi **ba** malom shwe **we**] هغوی به معلوم شوی وی

To sell –خرڅ کول[khars kawal]

(Derivative Verb)

Present Imperfective

1st per. sing.	2ndper. sing.	3rd per. sing.	1st per. plu.	2ndper. plu.	3rd per. plu.
[za **ye** khars kawam] زه يی خرڅ کوم	[tha **ye** khars kawe] ته يی خرڅ کوي	[hagha **ye** khars kawi] هغه يی خرڅ کوی	[mung **ye** khars kawu] مونږ يی خرڅ کوو	[thasu **ye** khars kaway] تاسو يی خرڅ کوئ	[haghoi **ye** khars kawe] هغوی يی خرڅ کوی

Present Perfective

1st per. sing.	2ndper. sing.	3rd per. sing.	1st per. plu.	2ndper. plu.	3rd per. plu.
[za **ye** khars kram] زه يی خرڅ کړم	[tha **ye** khars kre] ته يی خرڅ کړي	[hagha **ye** khars kri] هغه يی خرڅ کړی	[mung **ye** khars kru] مونږ يی خرڅ کړو	[thasu **ye** khars kray] تاسو يی خرڅ کړئ	[haghoi **ye** khars kre] هغوی يی خرڅ کړی

Past Imperfective

1st per. sing.	2ndper. sing.	3rd per. sing. f/m	1st per. plu.	2ndper. plu.	3rd per. plu. f/m
[khars kawal **me**] خرڅ کول مې	[tha khars kawale] تا خرڅ کولي	[hagha khars **kawa/kawala**] هغه خرڅ **کوه /کوله**	[mung khars **kawalu**] مونږ خرڅ **کولو**	[thasu khars **kawalay**] تاسو خرڅ **کولئ**	[haghoi khars **kawal/kawalay**] هغوی خرڅ **کول/کولئ**

Past Perfective

1st per. sing.	2ndper. sing.	3rd per. sing. f/m	1st per. plu.	2ndper. plu.	3rd per. plu. f/m
[za ye khars **kram**] زه یی خرڅ کړم	[tha ye khars **kre**] ته یی خرڅ کړي	[hagha ye khars **kar/kra**] هغه یی خرڅ کړ/ کړه	[mung ye khars **kru**] مونږ یی خرڅ کړو	[thasu ye khars **kray**] تاسو یی خرڅ کړئ	[haghoi ye khars **kre/krè**] هغوی یی خرڅ کړه/کړي

Future Imperfective

1st per. sing.	2ndper. sing.	3rd per. sing.	1st per. plu.	2ndper. plu.	3rd per. plu. f/m
[za ba ye khars **kawam**] زه به یی خرڅ کوم	[tha ba ye khars **kawe**] ته به یی خرڅ کوي	[hagha ba ye khars **kawi**] هغه به یی خرڅ کوی	[mung ba ye khars **kawu**] مونږ به یی خرڅ کوو	[thasu ba ye khars **kaway**] تاسو به یی خرڅ کوئ	[haghoi ba ye khars **kawe**] هغوی به یی خرڅ کوی

Future Perfective

1st per. sing.	2ndper. sing.	3rd per. sing.	1st per. plu.	2ndper. plu.	3rd per. plu.
[za ba ye khars **kram**] زه به یی خرڅ کړم	[tha ba ye khars **kre**] ته به یی خرڅ کړي	[hagha ba ye khars **kri**] هغه به یی خرڅ کړی	[mung ba ye khars **kru**] مونږ به یی خرڅ کړو	[thasu ba ye khars **kray**] تاسو به یی خرڅ کړئ	[haghoi ba ye khars **kre**] هغوی به یی خرڅ کړی

Present Perfect

1st per. sing.	2ndper. sing.	3rd per. sing.	1st per. plu.	2ndper. plu.	3rd per. plu.
[ma khars kre **da**] ما خرڅ کړی ده	[tha khars kre **de**] تا خرڅ کړی دي	[hagha khars kre **di**] هغه خرڅ کړی دی	[mung khars kre **da**] مونږ خرڅ کړی ده	[thasu khars kre **de**] تاسو خرڅ کړی دی	[haghoi khars kre **de]** هغوی خرڅ کړی دي

Past Perfect

1st per. sing.	2nd per. sing.	3rd per. sing. f/m	1st per. plu.	2nd per. plu.	3rd per. plu. f/m
[ma khars kre **wa**] ما خرڅ کړی وه	[tha khars kre **wa**] تا خرڅ کړي وه	[hagha khars kre **wa/way**] هغه خرڅ کړی وه/وئ	[mung khars kre **wu**] مونږ خرڅ کړی وو	[thasu khars kre **way**] تاسو خرڅ کړی وئ	[haghoi khars kre **wu/ we**] هغوی خرڅ کړی وو/وي

Future Perfect

1st per. sing.	2nd per. sing.	3rd per. sing.	1st per. plu.	2nd per. plu.	3rd per. plu.
[ma ba khars kre **we**] ما به خرڅ کړی وي	[tha ba khars kre **we**] تا به خرڅ کړی وي	[hagha ba khars kre **wi**] هغه به خرڅ کړی وي	[mung ba khars kre **wa**] مونږ به خرڅ کړی وي	[thasu ba khars kre **we**] تاسو به خرڅ کړی وي	[haghoi ba khars kre **we**] هغوی خرڅ کړی وي

To send –(ليږل) [legal]
(Simple Verb)

Present Imperfective

1st per. sing.	2nd per. sing.	3rd per. sing.	1st per. plu.	2nd per. plu.	3rd per. plu.
[legam] ليږم	[lege] ليږي	[legi] ليږی	[legu] ليږو	[legay] ليږئ	[lege] ليږی

Present Perfective

1st per. sing.	2nd per. sing.	3rd per. sing.	1st per. plu.	2nd per. plu.	3rd per. plu.
[walegam] وليږم	[walege] وليږي	[walegi] وليږی	[walegu] وليږو	[walegay] وليږئ	[walege] وليږی

Past Imperfective

1st per. sing.	2nd per. sing.	3rd per. sing. f/m	1st per. plu.	2nd per. plu.	3rd per. plu. f/m
[ma legalo] ما ليږلو	[tha legale] تا ليږلی	[hagha legalo] هغه ليږلو/ ليږلو	[mung legalu] مونږ ليږلو	[thasu legalay] تاسو ليږلئ	[haghoi legale] هغوی ليږلي

Past Perfective

1st per. sing.	2nd per. sing.	3rd per. sing. f/m	1st per. plu.	2nd per. plu.	3rd per. plu. f/m
[ma walegalo] ماوليږلو	[tha walegale] تا وليږلی	[hagha walegalo] هغه وليږلو/ وليږلو	[mung walegalu] مونږ وليږلو	[thasu walegalay] تاسو وليږلئ	[haghoi walegale] هغوی وليږلي

Future Imperfective

1st per. sing.	2nd per. sing.	3rd per. sing.	1st per. plu.	2nd per. plu.	3rd per. plu.
[(za) ba legam]	[(tha) ba lege]	[(hagha) ba legi]	[(mung) ba legu]	[(thasu) ba legay]	[(haghoi) ba lege]
(زه) به ليږم	(ته) به ليږې	(هغه) به ليږي	(مونږ) به ليږو	(تاسو) به ليږئ	(هغوی) به ليږي

Future Perfective

1st per. sing.	2nd per. sing.	3rd per. sing.	1st per. plu.	2nd per. plu.	3rd per. plu.
[(za) ba walegam]	[(tha) ba walege]	[(hagha) ba walegi]	[(mung) ba walegu]	[(thasu) ba walegay]	[(haghoi) ba walege]
(زه) به وليږم	(ته) به وليږې	(هغه) به وليږي	(مونږ) به وليږو	(تاسو) به وليږئ	(هغوی) به وليږي

Present Perfect

1st per. sing.	2nd per. sing.	3rd per. sing.	1st per. plu.	2nd per. plu.	3rd per. plu.
[ma legale de]	[(tha) legale de]	[(hagha) legale de]	[(mung) legale de]	[(thasu) legale de]	[(haghoi) legale de]
ما ليږلی دی	(تا) ليږلی دی	(هغه) ليږلی دی	(مونږ) ليږلی دی	(تاسو) ليږلی دی	(هغوی) ليږلی دی

Past Perfect

1st per. sing.	2nd per. sing.	3rd per. sing. f/m	1st per. plu.	2nd per. plu.	3rd per. plu. f/m
[ma legale wa]	[(tha) legale wa]	[(hagha) legale wa]	[(mung) legale wa]	[(thasu) legale wa]	[(haghoi) legale wa]
ما ليږلی وه	(تا) ليږلی وه	(هغه) ليږلی وه	(مونږ) ليږلی وه	(تاسو) ليږلی وه	(هغوی) ليږلی وه

Future Perfect

1st per. sing.	2ndper. sing.	3rd per. sing.	1st per. plu.	2ndper. plu.	3rd per. plu.
[ma ba legale wi] ما به لیږلی وی	[(tha) ba legale wi] (تا)به لیږلی وی	[(hagha) ba legale wi] (هغه) به لیږلی وی	[(mung) ba legale wi] (مونږ) به لیږلی وی	[(thasu) ba legale wi] (تاسو) به لیږلی وی	[(haghoi) ba legale wi] (هغوی) به لیږلی وی

To show – (ښودل) [khodal]
(Simple Verb)

Present Imperfective

1st per. sing.	2nd per. sing.	3rd per. sing.	1st per. plu.	2nd per. plu.	3rd per. plu.
[khyem] ښيم	[khye] ښيي	[khyi] ښيی	[khyu] ښيو	[khyay] ښيئ	[khye] ښيی

Present Perfective

1st per. sing.	2nd per. sing.	3rd per. sing.	1st per. plu.	2nd per. plu.	3rd per. plu.
[wakhyem] وښيم	[wakhye] وښيي	[wakhyi] وښيی	[wakhyu] وښيو	[wakhyay] وښيئ	[wakhye] وښيی

Past Imperfective

1st per. sing.	2nd per. sing.	3rd per. sing. f/m	1st per. plu.	2nd per. plu.	3rd per. plu. f/m
[ma khowalo] ما ښولو	[tha khowale] تا ښولی	[hagha khowalo] هغه ښولو/ ښولو	[mung khowalu] مونږ ښولو	[thasu khowalay] تاسو ښولئ	[haghoi khowale] هغوی ښولي

Past Perfective

1st per. sing.	2nd per. sing.	3rd per. sing. f/m	1st per. plu.	2nd per. plu.	3rd per. plu. f/m
[ma wakhowalo] ما وښولو	[tha wakhowalo] تا وښولو	[hagha wakhowalo] هغه وښولو/ وښولو	[mung wakhowalo] مونږ وښولو	[thasu wakhowalo] تاسو وښولو	[haghoi wakhowalo] هغوی وښولو

Future Imperfective

1st per. sing.	2nd per. sing.	3rd per. sing.	1st per. plu.	2nd per. plu.	3rd per. plu.
[(za) ba khyam]	[(tha) ba khye]	[(hagha) ba khyi]	[(mung) ba khyu]	[(thasu) ba khyay]	[(haghoi) ba khye]
(زه) به ښیم	(ته) به ښیې	(هغه) به ښیی	(مونږ) به ښیو	(تاسو) به ښییئ	(هغوی) به ښیی

Future Perfective

1st per. sing.	2nd per. sing.	3rd per. sing.	1st per. plu.	2nd per. plu.	3rd per. plu.
[(za) ba wakhyam]	[(tha) ba wakhye]	[(hagha) ba wakhyi]	[(mung) ba wakhyu]	[(thasu) ba wakhyay]	[(haghoi) ba wakhye]
(زه) به و ښیم	(ته) به و ښیې	(هغه) به و ښیی	(مونږ) به و ښیو	(تاسو) به و ښییئ	(هغوی) به و ښیی

Present Perfect

1st per. sing.	2nd per. sing.	3rd per. sing.	1st per. plu.	2nd per. plu.	3rd per. plu.
[ma khwale de]	[(tha) khwale de]	[(hagha) khwale de]	[(mung) khwale de]	[(thasu) khwale de]	[(haghoi) khwale de]
ما ښوولی دی	(تا) ښوولی دی	(هغه) ښوولی دی	(مونږ) ښوولی دی	(تاسو) ښوولی دی	(هغوی) ښوولی دی

Past Perfect

1st per. sing.	2nd per. sing.	3rd per. sing. f/m	1st per. plu.	2nd per. plu.	3rd per. plu. f/m
[ma khwale wa]	[(tha) khwale wa]	[(hagha) khwale wa]	[(mung) khwale wa]	[(thasu) khwale wa]	[(haghoi) khwale wa]
ما ښوولی وه	(تا) ښوولی وه	(هغه) ښوولی وه	(مونږ) ښوولی وه	(تاسو) ښوولی وه	(هغوی) ښوولی وه

Future Perfect

1st per. sing.	2ndper. sing.	3rd per. sing.	1st per. plu.	2ndper. plu.	3rd per. plu.
[ma **ba** khwale wi] ما به ښوولی وی	[(tha) **ba** khwale wi] (تا)به ښوولی وی	[(hagha) **ba** khwale wi] (هغه) به ښوولی وی	[(mung) **ba** khwale wi] (مونږ) به ښوولی وی	[(thasu) **ba** khwale wi] (تاسو) به ښوولی وی	[(haghoi) **ba** khwale wi] (هغوی) به ښوولی وی

To sing –سندره کول [sandara kawal]

(Simple Verb)

Present Imperfective

1st per. sing.	2ndper. sing.	3rd per. sing.	1st per. plu.	2ndper. plu.	3rd per. plu.
[za sandara **kawam**] زه سندره **کوم**	[tha sandara **kawe**] ته سندره **کوي**	[hagha sandara **kawi**] هغه سندره **کوی**	[mung sandara **kawu**] مونږ سندره **کوو**	[thasu sandara **kaway**] تاسو سندره **کوئ**	[haghoi sandara **kawe**] هغوی سندره **کوی**

Present Perfective

1st per. sing.	2ndper. sing.	3rd per. sing.	1st per. plu.	2ndper. plu.	3rd per. plu.
[za sandara **kram**] زه سندره **کړم**	[tha sandara kre] ته سندره **کړي**	[hagha sandara **kri**] هغه سندره **کړی**	[mung sandara **kru**] مونږ سندره **کړو**	[thasu sandara **kray**] تاسو سندره **کړئ**	[haghoi sandara **kre**] هغوی سندره **کړی**

Past Imperfective

1st per. sing.	2ndper. sing.	3rd per. sing. f/m	1st per. plu.	2ndper. plu.	3rd per. plu. f/m
[ma sandara **kawala**] ما سندره **کوله**	[tha sandara **kawala**] تا سندره **کوله**	[hagha sandara **kawala/kaw ala**] هغه سندره **کوله /کوله**	[mung sandara **kawala**] مونږ سندره **کوله**	[thasu sandara **kawalay**] تاسو سندره **کولئ**	[haghoi sandara **kawal/kawalay**] هغوی سندره **کوله/کولئ**

Past Perfective

1st per. sing.	2ndper. sing.	3rd per. sing. f/m	1st per. plu.	2ndper. plu.	3rd per. plu. f/m
[ma sandara **wakra**] ما سندره وکړه	[tha sandara **kre**] ته سندره کړي	[hagha sandara **kri/kri**] هغه سندره کړی /کړی	[mung sandara **kru**] مونږ سندره کړو	[thasu sandara **kray**] تاسو سندره کړئ	[haghoi sandara **kre/kre**] هغوی سندره کړو/ کړو

Future Imperfective

1st per. sing.	2ndper. sing.	3rd per. sing.	1st per. plu.	2ndper. plu.	3rd per. plu. f/m
[za ba sandara **kawam**] زه به سندره **کوم**	[tha ba sandara **kawe**] ته به سندره **کوي**	[hagha ba sandara **kawi**] هغه به سندره **کوی**	[mung ba sandara **kawu**] مونږ به سندره **کوو**	[thasu ye sandara **kaway**] تاسو به سندره **کوئ**	[haghoi ba sandara **kawe**] هغوی به سندره **کوی**

Future Perfective

1st per. sing.	2ndper. sing.	3rd per. sing.	1st per. plu.	2ndper. plu.	3rd per. plu.
[za ba sandara **kram**] زه به سندره **کړم**	[tha ba sandara kre] ته به سندره **کړي**	[hagha ba sandara **kri**] هغه به سندره **کړی**	[mung ba sandara **kru**] مونږ به سندره **کړو**	[thasu ba sandara **kray**] تاسو به سندره **کړئ**	[haghoi ba sandara **kre**] هغوی به سندره **کړی**

Present Perfect

1st per. sing.	2ndper. sing.	3rd per. sing.	1st per. plu.	2ndper. plu.	3rd per. plu.
[ma sandara kre **da**] ما سندره کړی **ده**	[tha sandara kre **de**] تا سندره کړی **دي**	[hagha sandara kre **di**] هغه سندره کړی **دی**	[mung sandara kre **da**] مونږ سندره کړی **ده**	[thasu sandara kre **de**] تاسو سندره کړی **دی**	[haghoi sandara kre **de**] هغوی سندره کړی **دي**

Past Perfect

1st per. sing.	2ndper. sing.	3rd per. sing. f/m	1st per. plu.	2ndper. plu.	3rd per. plu. f/m
[ma sandara kre **wa**] ما سندره کړی وه	[tha sandara kre **wa**] تا سندره کړي وه	[hagha sandara kre **wa/way**] هغه سندره کړی وه/وئ	[mung sandara kre **way**] مونږ سندره کړی وو	[thasu sandara kre **way**] تاسو سندره کړی وئ	[haghoi sandara kre **wu/ we**] هغوی سندره کړی وو/وي

Future Perfect

1st per. sing.	2ndper. sing.	3rd per. sing.	1st per. plu.	2ndper. plu.	3rd per. plu.
[ma ba sandara kre **we**] ما به سندره کړی وی	[tha ba sandara kre **we**] تا به سندره کړی وي	[hagha ba sandara kre **wi**] هغه به سندره کړی وی	[mung ba sandara kre **wa**] مونږ به سندره کړی وی	[thasu ba sandara kre **we**] تاسو به سندره کړی وی	[haghoi ba sandara kre **we**] هغوی سندره کړی وی

To sit down –كښيناستل [kenasthal]

(Doubly Irregular Verb)

Present Imperfective

1st per. sing.	2ndper. sing.	3rd per. sing.	1st per. plu.	2ndper. plu.	3rd per. plu.
[za **ke** nam] زه **کښېنم**	[tha **ke** ne] ته **کښېني**	[hagha **ke** ni] هغه **کښېنی**	[mung **ke** **nu**] مونږ **کښېنو**	[thasu **ke** **nay**] تاسو **کښېنئ**	[haghoi **ke** **ne**] هغوی **کښېنی**

Present Perfective

1st per. sing.	2ndper. sing.	3rd per. sing.	1st per. plu.	2ndper. plu.	3rd per. plu.
[za kenam] زه کښېنم	[tha ken**e**] ته کښېني	[hagha ken**i**] هغه کښېنی	[mung ken**u**] مونږ کښېنو	[thasu ken**ay**] تاسو کښېنئ	[haghoi ken**e**] هغوی کښېنی

Past Imperfective

1st per. sing.	2ndper. sing.	3rd per. sing. f/m	1st per. plu.	2ndper. plu.	3rd per. plu. f/m
[za ke**na**sthalam**]** زه کښيناستلم	[tha ke**na**sthal**e]** ته کښيناستلي	[hagha ke**na**sthal**o**/kenasthala] هغه کښيناستلو/ کښيناستله	[mung ke**na**sthal**u**] مونږ کښيناستلو	[thasu ke**na**sthal**ay**] تاسو کښيناستلئ	[haghoi ke**na**sthal/ke**na**sthale] هغوی کښينال‌ت‌س/ **کښيناستلي**

Past Perfective

1st per. sing.	2ndper. sing.	3rd per. sing. f/m	1st per. plu.	2ndper. plu.	3rd per. plu. f/m
[za kenasthlam**]** زه کښيناستلم	[tha kenasthl**e]** ته کښيناستلي	[hagha kenasthl**o**/kenasthla] هغه کښيناستلو/ کښيناستله	[mung kenasthl**u**] مونږ کښيناستلو	[thasu kenasthl**ay**] تاسو کښيناستلئ	[haghoi kenasthl/kenasthle] هغوی رکښيناستلي/ **کښيناستلي**

Future Imperfective

1st per. sing.	2ndper. sing.	3rd per. sing.	1st per. plu.	2ndper. plu.	3rd per. plu. f/m
[za **ba ke** nam] زه به کښینم	[tha **ba ke** ne] ته به کښیني	[hagha **ba ke** ni] هغه به کښینی	[mung **ba ke** nu] مونږ به کښینو	[thasu **ba ke** nay] تاسو به کښینئ	[haghoi **ba ke** ne] هغوی به کښینی

Future Perfective

1st per. sing.	2ndper. sing.	3rd per. sing.	1st per. plu.	2ndper. plu.	3rd per. plu.
[za **ba** kenam] زه به کښینم	[tha **ba** kene] ته به کښیني	[hagha **ba** ken**i**] هغه به کښینی	[mung **ba** ken**u**] مونږ به کښینو	[thasu **ba** ken**ay**] تاسو به کښینئ	[haghoi **ba** ken**e**] هغوی به کښینی

Present Perfect

1st per. sing.	2ndper. sing.	3rd per. sing.	1st per. plu.	2ndper. plu.	3rd per. plu.
[za kenasthale **yam**] زه کښیناستلی یم	[tha kenasthale **ye**] ته کښیناستلی یي	[hagha kenasthale **di**] هغه کښیناستلی دی	[mung kenasthale **yu**] مونږ کښیناستلی یو	[thasu kenasthale **ye**] تاسو کښیناستلی یي	[haghoi kenasthale **de**] هغوی کښیناستلی دی

Past Perfect

1st per. sing.	2ndper. sing.	3rd per. sing. f/m	1st per. plu.	2ndper. plu.	3rd per. plu. f/m
[za kenasthale **wam**] زه کښیناستلی وم	[tha kenasthale **we**] ته کښیناستلی وي	[hagha kenasthale **wa**] هغه کښیناستلی وه	[mung kenasthale **wu**] مونږ کښیناستلی وو	[thasu kenasthale **way**] تاسو کښیناستلی وی	[haghoi kenasthale **wa**] هغوی کښیناستلی وه

Future Perfect

1st per. sing.	2nd per. sing.	3rd per. sing.	1st per. plu.	2nd per. plu.	3rd per. plu.
[za ba kenasthale **yam**]	[tha ba kenasthale **ye**]	[hagha ba kenasthale **di**]	[mung ba kenasthale **yu**]	[thasu ba kenasthale **ye**]	[haghoi ba kenasthale **de**]
زه به کښیناستلی یم	ته به کښیناستلی یې	هغه به کښیناستلی دی	مونږ به کښیناستلی یو	تاسو به کښیناستلی یې	هغوی به کښیناستلی دی

To sleep –خوب کول [khob kawal]

(Simple Verb)

Present Imperfective

1st per. sing.	2ndper. sing.	3rd per. sing.	1st per. plu.	2ndper. plu.	3rd per. plu.
[za khob **kawam**] زه خوب کوم	[tha khob **kawe**] ته خوب کوي	[hagha khob **kawi**] هغه خوب کوی	[mung khob **kawu**] مونږ خوب کوو	[thasu khob **kaway**] تاسو خوب کوئ	[haghoi khob **kawe**] هغوی خوب کوی

Present Perfective

1st per. sing.	2ndper. sing.	3rd per. sing.	1st per. plu.	2ndper. plu.	3rd per. plu.
[za khob **kram**] زه خوب کړم	[tha khob **kre**] تا خوب کړي	[hagha khob **kri**] هغه خوب کړی	[mung khob **kru**] مونږ خوب کړو	[thasu khob **kray**] تاسو خوب کړئ	[haghoi khob **kre**] هغوی خوب کړی

Past Imperfective

1st per. sing.	2ndper. sing.	3rd per. sing. f/m	1st per. plu.	2ndper. plu.	3rd per. plu. f/m
[ma khob **kawala**] ما خوب کولو	[tha khob **kawala**] تا خوب کولو	[hagha khob **kawala/kawala**] هغه خوب کولو /کولو	[mung khob **kawala**] مونږ خوب کولو	[thasu khob **kawalay**] تاسو خوب کولئ	[haghoi khob **kawal/kawalay**] هغوی خوب کولو/کولو

Past Perfective

1st per. sing.	2ndper. sing.	3rd per. sing. f/m	1st per. plu.	2ndper. plu.	3rd per. plu. f/m
[ma khob **wakro**] ما خوب وکړو	[tha khob **kre**] ته خوب کړي	[hagha khob **kri/kri**] هغه خوب کړی /کړی	[mung khob **kru**] مونږ خوب کړو	[thasu khob **kray**] تاسو خوب کړئ	[haghoi khob **kru/kre**] هغوی خوب کړو/ کړو

Future Imperfective

1st per. sing.	2ndper. sing.	3rd per. sing.	1st per. plu.	2ndper. plu.	3rd per. plu. f/m
[za ba khob **kawam**] زه به خوب **کوم**	[tha ba khob **kawe**] ته به خوب **کوي**	[hagha ba khob **kawi**] هغه به خوب **کوی**	[mung ba khob **kawu**] مونږ به خوب **کوو**	[thasu ye khob **kaway**] تاسو به خوب **کوئ**	[haghoi ba khob **kawe**] هغوی به خوب **کوی**

Future Perfective

1st per. sing.	2ndper. sing.	3rd per. sing.	1st per. plu.	2ndper. plu.	3rd per. plu.
[za ba khob **kram**] زه به خوب **کړم**	[tha ba khob kre] ته به خوب **کړي**	[hagha ba khob **kri**] هغه به خوب **کړی**	[mung ba khob **kru**] مونږ به خوب **کړو**	[thasu ba khob **kray**] تاسو به خوب **کړئ**	[haghoi ba khob **kre**] هغوی به خوب **کړی**

Present Perfect

1st per. sing.	2ndper. sing.	3rd per. sing.	1st per. plu.	2ndper. plu.	3rd per. plu.
[ma khob kre **da**] ما خوب کړی **ده**	[tha khob kre **de**] تا خوب کړی **دي**	[hagha khob kre **di**] هغه خوب کړی **دی**	[mung khob kre **da**] مونږ خوب کړی **ده**	[thasu khob kre **de**] تاسو خوب کړی **دی**	[haghoi khob kre **de**] هغوی خوب کړی **دي**

Past Perfect

1st per. sing.	2ndper. sing.	3rd per. sing. f/m	1st per. plu.	2ndper. plu.	3rd per. plu. f/m
[ma khob kre **wa**] ما خوب کړی **وه**	[tha khob kre **wa**] تا خوب کړي **وه**	[hagha khob kre **wa/way**] هغه خوب کړی **وه/وئ**	[mung khob kre **way**] مونږ خوب کړی **وو**	[thasu khob kre **way**] تاسو خوب کړی **وئ**	[haghoi khob kre **wu/ we**] هغوی خوب کړی **وو/وي**

Future Perfect

1st per. sing.	2ndper. sing.	3rd per. sing.	1st per. plu.	2ndper. plu.	3rd per. plu.
[ma ba khob kre **we**] ما به خوب کړی وی	[tha ba khob kre **we**] تا به خوب کړی وي	[hagha ba khob kre **wi**] هغه به خوب کړی وی	[mung ba khob kre **wa**] مونږ به خوب کړی وی	[thasu ba khob kre **we**] تاسو به خوب کړی وی	[haghoi ba khob kre **we**] هغوی خوب کړی وی

To smile –موسکا کول [moska kawal]

(Simple Verb)

Present Imperfective

1st per. sing.	**2ndper. sing.**	**3rd per. sing.**	**1st per. plu.**	**2ndper. plu.**	**3rd per. plu.**
[za moska **kawam**] زه موسکا **کوم**	[tha moska **kawe**] ته موسکا **کوي**	[hagha moska **kawi**] هغه موسکا **کوی**	[mung moska **kawu**] مونږ موسکا **کوو**	[thasu moska **kaway**] تاسو موسکا **کوئ**	[haghoi moska **kawe**] هغوی موسکا **کوی**

Present Perfective

1st per. sing.	**2ndper. sing.**	**3rd per. sing.**	**1st per. plu.**	**2ndper. plu.**	**3rd per. plu.**
[za moska **kram**] زه موسکا **کړم**	[tha moska **kre**] تا موسکا **کړي**	[hagha moska **kri**] هغه موسکا **کړی**	[mung moska **kru**] مونږ موسکا **کړو**	[thasu moska **kray**] تاسو موسکا **کړئ**	[haghoi moska **kre**] هغوی موسکا **کړی**

Past Imperfective

1st per. sing.	**2ndper. sing.**	**3rd per. sing. f/m**	**1st per. plu.**	**2ndper. plu.**	**3rd per. plu. f/m**
[ma moska **kawala**] ما موسکا **کوله**	[tha moska **kawala**] تا خوب **کوله**	[hagha moska **kawala/kawala**] هغه موسکا **کوله** **کوله**/	[mung moska **kawala**] مونږ موسکا **کوله**	[thasu moska **kawala**] تاسو موسکا **کوله**	[haghoi moska **kawala/kawalay**] هغوی موسکا **کوله/کوله**

Past Perfective

1st per. sing.	2nd per. sing.	3rd per. sing. f/m	1st per. plu.	2nd per. plu.	3rd per. plu. f/m
[ma moska **wakro**] ما موسکا وکړه	[tha moska **kre**] ته موسکا کړې	[hagha moska **kri/kri**] هغه موسکا کړی /کړی	[mung moska **kru**] مونږ موسکا کړو	[thasu moska **kray**] تاسو موسکا کړئ	[haghoi moska **kru/kre**] هغوی موسکا کړو/ کړو

Future Imperfective

1st per. sing.	2nd per. sing.	3rd per. sing.	1st per. plu.	2nd per. plu.	3rd per. plu. f/m
[za ba moska **kawam**] زه به موسکا کوم	[tha ba moska **kawe**] ته به موسکا کوې	[hagha ba moska **kawi**] هغه به موسکا کوی	[mung ba moska **kawu**] مونږ به موسکا کوو	[thasu ye moska **kaway**] تاسو به موسکا کوئ	[haghoi ba moska **kawe**] هغوی به موسکا کوی

Future Perfective

1st per. sing.	2nd per. sing.	3rd per. sing.	1st per. plu.	2nd per. plu.	3rd per. plu.
[za ba moska **kram**] زه به موسکا کړم	[tha ba moska **kre**] ته به موسکا کړې	[hagha ba moska **kri**] هغه به موسکا کړی	[mung ba moska **kru**] مونږ به موسکا کړو	[thasu ba moska **kray**] تاسو به موسکا کړئ	[haghoi ba moska **kre**] هغوی به موسکا کړی

Present Perfect

1st per. sing.	2nd per. sing.	3rd per. sing.	1st per. plu.	2nd per. plu.	3rd per. plu.
[ma moska **kre da**] ما موسکا کړی ده	[tha moska **kre de**] تا موسکا کړی دي	[hagha moska kre **di**] هغه موسکا کړی دی	[mung moska **kre da**] مونږ موسکا کړی ده	[thasu moska **kre de**] تاسو موسکا کړی دی	[haghoi moska **kre de**] هغوی موسکا کړی دی

Past Perfect

1st per. sing.	2ndper. sing.	3rd per. sing. f/m	1st per. plu.	2ndper. plu.	3rd per. plu. f/m
[ma moska kre **wa**] ما موسکا کړی وه	[tha moska kre **wa**] تا موسکا کړي وه	[hagha moska kre **wa/way**] هغه موسکا کړی وه/وئ	[mung moska kre **way**] مونږ موسکا کړی وو	[thasu moska kre **way**] تاسو موسکا کړی وئ	[haghoi moska kre **wu/ we**] هغوی موسکا کړی وو/وي

Future Perfect

1st per. sing.	2ndper. sing.	3rd per. sing.	1st per. plu.	2ndper. plu.	3rd per. plu.
[ma ba moska kre **we**] ما به موسکا کړی وی	[tha ba moska kre **we**] تا به موسکا کړی وي	[hagha ba moska kre **wi**] هغه به موسکا کړی وی	[mung ba moska kre **wa**] مونږ به موسکا کړی وی	[thasu ba moska kre **we**] تاسو به موسکا کړی وی	[haghoi ba moska kre **we**] هغوی موسکا کړی وی

To speak –خبرې کول [khabare kawal]

(Simple Verb)

Present Imperfective

1st per. sing.	2ndper. sing.	3rd per. sing.	1st per. plu.	2ndper. plu.	3rd per. plu.
[za khabare **kawam**] زه خبرې **کوم**	[tha khabare **kawe**] ته خبرې **کوي**	[hagha khabare **kawi**] هغه خبرې **کوی**	[mung khabare **kawu**] مونږ خبرې **کوو**	[thasu khabare **kaway**] تاسو خبرې **کوئ**	[haghoi khabare **kawe**] هغوی خبرې **کوی**

Present Perfective

1st per. sing.	2ndper. sing.	3rd per. sing.	1st per. plu.	2ndper. plu.	3rd per. plu.
[za khabare **kram**] زه خبرې **کړم**	[tha khabare **kre**] تا خبرې **کړي**	[hagha khabare **kri**] هغه خبرې **کړی**	[mung khabare **kru**] مونږ خبرې **کړو**	[thasu khabare **kray**] تاسو خبرې **کړئ**	[haghoi khabare **kre**] هغوی خبرې **کړی**

Past Imperfective

1st per. sing.	2ndper. sing.	3rd per. sing. f/m	1st per. plu.	2ndper. plu.	3rd per. plu. f/m
[ma khabare **kawala**] ما خبرې **کولی**	[tha khabare **kawala**] تا خبرې **کولی**	[hagha khabare **kawala/kawala**] هغه خبرې **کولی/کولی**	[mung khabare **kawala**] مونږ خبرې **کولی**	[thasu khabare **kawalay**] تاسو خبرې **کولی**	[haghoi khabare **kawal/kawalay**] هغوی خبرې **کولی/کولی**

Past Perfective

1st per. sing.	2ndper. sing.	3rd per. sing. f/m	1st per. plu.	2ndper. plu.	3rd per. plu. f/m
[ma khabare **wakro**] ما خبرى وكړى	[tha khabare **kre**] ته خبرى كړي	[hagha khabare **kri/kri**] هغه خبرى كړى /كړى	[mung khabare **kru**] مونږ خبرى كړو	[thasu khabare **kray**] تاسو خبرى كړئ	[haghoi khabare **kru/kre**] هغوى خبرى كړو/ كړي

Future Imperfective

1st per. sing.	2ndper. sing.	3rd per. sing.	1st per. plu.	2ndper. plu.	3rd per. plu. f/m
[za ba khabare **kawam**] زه به خبرى **كوم**	[tha ba khabare **kawe**] ته به خبرى **كوي**	[hagha ba khabare **kawi**] هغه به خبرى **كوى**	[mung ba khabare **kawu**] مونږ به خبرى **كوو**	[thasu ye khabare **kaway**] تاسو به خبرى **كوئ**	[haghoi ba khabare **kawe**] هغوى به خبرى **كوى**

Future Perfective

1st per. sing.	2ndper. sing.	3rd per. sing.	1st per. plu.	2ndper. plu.	3rd per. plu.
[za ba khabare **kram**] زه به خبرى **كړم**	[tha ba khabare kre] ته به خبرى **كړي**	[hagha ba khabare **kri**] هغه به خبرى **كړى**	[mung ba khabare **kru**] مونږ به خبرى **كړو**	[thasu ba khabare **kray**] تاسو به خبرى **كړئ**	[haghoi ba khob **kre**] هغوى به خبرى **كړى**

Present Perfect

1st per. sing.	2ndper. sing.	3rd per. sing.	1st per. plu.	2ndper. plu.	3rd per. plu.
[ma khabare kre **da**] ما خبرى كړى **دى**	[tha khabare kre **de**] تا خبرى كړى **دي**	[hagha khabare kre **di**] هغه خبرى كړى **دى**	[mung khabare kre **de**] مونږ خبرى كړى **دى**	[thasu khabare kre **de**] تاسو خبرى كړى **دى**	[haghoi khabare kre **de**] هغوى خبرى كړى **دي**

Past Perfect

1st per. sing.	2ndper. sing.	3rd per. sing. f/m	1st per. plu.	2ndper. plu.	3rd per. plu. f/m
[ma khabare kre **wa**] ما خبری کړی وی	[tha khabare kre **wa**] تا خبری کړي وی	[hagha khabare kre **wa/way**] هغه خبری کړی وی/وی	[mung khabare kre **way**] مونږ خبری کړی وی	[thasu khabare kre **way**] تاسو خبری کړی وی	[haghoi khabare kre **wu/ we**] هغوی خبری کړی وی/وي

Future Perfect

1st per. sing.	2ndper. sing.	3rd per. sing.	1st per. plu.	2ndper. plu.	3rd per. plu.
[ma ba khabare kre **we**] ما به خبری کړی وی	[tha ba khabare kre **we**] تا به خبری کړی وي	[hagha ba khabare kre **wi**] هغه به خبری کړی وی	[mung ba khabare kre **wa**] مونږ به خبری کړی وی	[thasu ba khabare kre **we**] تاسو به خبری کړی وی	[haghoi ba khabare kre **we**] هغوی خبری کړی وی

To stand –(دریدل) [dharedhal]

(Simple Verb)

Present Imperfective

1st per. sing.	2ndper. sing.	3rd per. sing.	1st per. plu.	2nd per. plu.	3rd per. plu.
[dharegam] دریږم	[dharege] دریږي	[dharegi] دریږی	[dharegu] دریږو	[dharegay] دریږئ	[dharege] دریږی

Present Perfective

1st per. sing.	2nd per. sing.	3rd per. sing.	1st per. plu.	2nd per. plu.	3rd per. plu.
[wadharegam] ودریږم	[wadharege] ودریږي	[wadharegi] ودریږی	[wadharegu] ودریږو	[wadharegay] ودریږئ	[wadharege] ودریږی

Past Imperfective

1st per. sing.	2ndper. sing.	3rd per. sing. f/m	1st per. plu.	2ndper. plu.	3rd per. plu. f/m
[za dharedhalam] زه دریدلم	[tha dharedhale] ته دریدلی	[hagha dharedhala/ dharedhalay] هغه دریدله/ دریدلئ	[mung dharedhalu] مونږ دریدلو	[thasu dharedhalay] تاسو دریدلئ	[haghoi dharedhale] هغوی دریدلي

Past Perfective

1st per. sing.	2ndper. sing.	3rd per. sing. f/m	1st per. plu.	2ndper. plu.	3rd per. plu. f/m
[za wadharedhalam] زه ودریدلم	[tha wadharedhale] ته ودریدلی	[hagha wadharedhalo] هغه ودریدلو/ ودریدلو	[mung wadharedhalu] مونږ ودریدلو	[thasu wadharedhalay] تاسو ودریدلئ	[haghoi wadharedhale] هغوی ودریدلي

Future Imperfective

1st per. sing.	2ndper. sing.	3rd per. sing.	1st per. plu.	2ndper. plu.	3rd per. plu.
[(za) **ba** dharegam] (زه) **به** دریږم	[(tha) **ba** dharege] (ته) **به** دریږي	[(hagha) **ba** dharegi] (هغه) **به** دریږی	[(mung) **ba** dharegu] (مونږ) **به** دریږو	[(thasu) **ba** dharegay] (تاسو) **به** دریږئ	[(haghoi) **ba** dharege] (هغوی) **به** دریږی

Future Perfective

1st per. sing.	2ndper. sing.	3rd per. sing.	1st per. plu.	2ndper. plu.	3rd per. plu.
[(za) **ba** wadharegam] (زه) **به** ودریږم	[(tha) **ba** wadharege] (ته) **به** ودریږي	[(hagha) **ba** wadharegi] (هغه) **به** ودریږی	[(mung) **ba** wadharegu] (مونږ) **به** ودریږو	[(thasu) **ba** wadharegay] (تاسو) **به** ودریږئ	[(haghoi) **ba** wadharege] (هغوی) **به** ودریږی

Present Perfect

1st per. sing.	2ndper. sing.	3rd per. sing.	1st per. plu.	2ndper. plu.	3rd per. plu.
[za dharedhale **yam**] زه دریدلی **یم**	[(tha) dharedhale **ye**] (ته) دریدلی **ئی**	[(hagha) dharedhale **de**] (هغه) دریدلی **دی**	[(mung) dharedhale **yu**] (مونږ) دریدلی **یو**	[(thasu) dharedhale **ye**] (تاسو) دریدلی **یي**	[(haghoi) dharedhale de] (هغوی) دریدلی **دی**

Past Perfect

1st per. sing.	2ndper. sing.	3rd per. sing. f/m	1st per. plu.	2ndper. plu.	3rd per. plu. f/m
[za dharedhale **wam**] زه دریدلی **وم**	[(tha) dharedhale we] (ته) دریدلی **وی**	[(hagha) dharedhale **wa**] (هغه) دریدلی **وه**	[(mung) dharedhale w**u**] (مونږ) دریدلی **وو**	[(thasu) dharedhale we] (تاسو) دریدلی **وی**	[(haghoi) dharedhale wa] (هغوی) دریدلی **وه**

Future Perfect

1st per. sing.	2ndper. sing.	3rd per. sing.	1st per. plu.	2ndper. plu.	3rd per. plu.
[za ba dharedhale **yam**] زه به دریدلی یم	[(tha) ba dharedhale **ye**] (ته) به دریدلی **ئ**	[(hagha) ba dharedhale **de**] (هغه) به دریدلی **دی**	[(mung) ba dharedhale **yu**] (مونږ) به دریدلی **یو**	[(thasu) ba dharedhale **ye**] (تاسو)به درید لی **يي**	[(haghoi) ba dharedhale **de**] (هغوی) به دریدلی **دی**

To start – پیل کول [payl kawal]
(Simple verb)

Present Imperfective

1st per. sing.	2nd per. sing.	3rd per. sing.	1st per. plu.	2nd per. plu.	3rd per. plu.
[za ye payl kawam]	[tha ye payl kawe]	[hagha ye payl kawi]	[mung ye payl kawu]	[thasu ye payl kaway]	[haghoi ye payl kawe]
زه یی پیل کوم	ته یی پیل کوې	هغه یی پیل کوی	مونږ یی پیل کوو	تاسو یی پیل کوئ	هغوی یی پیل کوی

Present Perfective

1st per. sing.	2nd per. sing.	3rd per. sing.	1st per. plu.	2nd per. plu.	3rd per. plu.
[za ye payl kram]	[tha ye payl kre]	[hagha ye payl kri]	[mung ye payl kru]	[thasu ye payl kray]	[haghoi ye payl kre]
زه یی پیل کړم	ته یی پیل کړې	هغه یي پیل کړی	مونږ یی پیل کړو	تاسو یی پیل کړئ	هغوی یی پیل کړی

Past Imperfective

1st per. sing.	2nd per. sing.	3rd per. sing. f/m	1st per. plu.	2nd per. plu.	3rd per. plu. f/m
[payl kawal me]	[tha payl kawale]	[hagha payl kawa/kawala]	[mung payl kawalu]	[thasu payl kawalay]	[haghoi payl kawal/kawalay]
پیل کول می	تا پیل کولې	هغه پیل کوه /کوله	مونږ پیل کولو	تاسو پیل کولئ	هغوی پیل کول/کولئ

Past Perfective

1st per. sing.	2nd per. sing.	3rd per. sing. f/m	1st per. plu.	2nd per. plu.	3rd per. plu. f/m
[za ye payl kram]	[tha ye payl kre]	[hagha ye payl kar/kra]	[mung ye payl kru]	[thasu ye payl kray]	[haghoi ye payl kre/krè]
زه یی پیل کړم	ته یی پیل کړې	هغه پیل کړ/ کړه	مونږ یی پیل کړو	تاسو یی پیل کړئ	هغوی یی پیل کړه/کړې

Future Imperfective

1st per. sing.	2ndper. sing.	3rd per. sing.	1st per. plu.	2ndper. plu.	3rd per. plu. f/m
[za ba ye payl **kawam**] زه به یی پیل **کوم**	[tha ba **ye** payl **kawe**] ته به یی پیل **کوي**	[hagha ba ye payl **kawi**] هغه به یی پیل **کوی**	[mung ba ye payl **kawu**] مونږ به یی پیل **کوو**	[thasu ba ye payl **kaway**] تاسو به یی پیل **کوئ**	[haghoi ba ye payl **kawe]** هغوی به یی پیل **کوی**

Future Perfective

1st per. sing.	2ndper. sing.	3rd per. sing.	1st per. plu.	2ndper. plu.	3rd per. plu.
[za ba ye payl **kram**] زه به یی پیل **کړم**	[tha ba ye payl **kre**] ته به یی پیل **کړي**	[hagha ba ye payl **kri**] هغه به یی پیل **کړی**	[mung ba ye payl **kru**] مونږ به یی پیل **کړو**	[thasu ba ye payl **kray**] تاسو به یی پیل **کړئ**	[haghoi ba ye payl **kre**] هغوی به یی پیل **کړی**

Present Perfect

1st per. sing.	2ndper. sing.	3rd per. sing.	1st per. plu.	2ndper. plu.	3rd per. plu.
[ma payl kre **da**] ما پیل کړی ده	[tha payl kre **de**] تا پیل کړی دي	[hagha payl kre **di**] هغه پیل کړی دی	[mung payl kre **da**] مونږ پیل کړی ده	[thasu payl kre **de**] تاسو پیل کړی دی	[haghoi payl kre **de]** هغوی پیل کړی دي

Past Perfect

1st per. sing.	2ndper. sing.	3rd per. sing. f/m	1st per. plu.	2ndper. plu.	3rd per. plu. f/m
[ma payl kre **wa**] ما پیل کړی وه	[tha payl kre **wa**] تا پیل کړي وه	[hagha payl kre **wa/way**] هغه پیل کړی وه/وئ	[mung payl kre **way**] مونږ پیل کړی **وو**	[thasu payl kre **way**] تاسو پیل کړی **وئ**	[haghoi payl kre **wu/ we**] هغوی پیل کړی **وو/وي**

Future Perfect

1st per. sing.	2ndper. sing.	3rd per. sing.	1st per. plu.	2ndper. plu.	3rd per. plu.
[ma ba payl kre **we**] ما به پیل کړی **وی**	[tha ba payl kre **we**] تا به پیل کړی **وي**	[hagha ba payl kre **wi**] هغه به پیل کړی **وی**	[mung ba payl kre w**a**] مونږ به پیل کړی **وی**	[thasu ba payl kre **we**] تاسو به پیل کړی **وی**	[haghoi ba payl kre **we**] هغوی به پیل کړی **وی**

To stay –توقف كول [thawaqof kawal]

(Simple verb)

Present Imperfective

1st per. sing.	2ndper. sing.	3rd per. sing.	1st per. plu.	2ndper. plu.	3rd per. plu.
[za thawaqof **kawam**] زه توقف **كوم**	[tha thawaqof **kawe**] ته توقف **كوي**	[hagha thawaqof **kawi**] هغه توقف كوى	[mung thawaqof **kawu**] مونږ توقف **كوو**	[thasu thawaqof **kaway**] تاسو توقف **كوئ**	[haghoi thawaqof **kawe**] هغوى توقف **كوى**

Present Perfective

1st per. sing.	2ndper. sing.	3rd per. sing.	1st per. plu.	2ndper. plu.	3rd per. plu.
[za thawaqof **wakram**] زه توقف **وكړم**	[tha thawaqof wakre] ته توقف **وكړي**	[hagha thawaqof **wakri**] هغه توقف وكړى	[mung thawaqof **wakru**] مونږ توقف وكړو	[thasu thawaqof **wakray**] تاسو توقف وكړئ	[haghoi thawaqof **wakre**] هغوى توقف **وكړى**

Past Imperfective

1st per. sing.	2ndper. sing.	3rd per. sing. f/m	1st per. plu.	2ndper. plu.	3rd per. plu. f/m
[ma thawaqof **kawale**] ما توقف **كولى**	[tha thawaqof **kawale**] ته توقف **كولي**	[hagha thawaqof **kawa/kawala**] هغه توقف **كوه** /**كوله**	[mung thawaqof **kawalu**] مونږ توقف **كولو**	[thasu thawaqof **kawalay**] تاسو توقف **كولئ**	[haghoi thawaqof **kawal/kawalay**] هغوى توقف **كول/كولئ**

Past Perfective

1st per. sing.	**2ndper. sing.**	**3rd per. sing. f/m**	**1st per. plu.**	**2ndper. plu.**	**3rd per. plu. f/m**
[ma thawaqof **wakro**] ما توقف وکړو	[tha thawaqof **wakre**] ته توقف وکړي	[hagha thawaqof **wakri/wakri**] هغه توقف وکړی /وکړی	[mung thawaqof **wakru**] مونږ توقف وکړو	[thasu thawaqof **wakray**] تاسو توقف وکړئ	[haghoi thawaqof **wakru/wakre**] هغوی توقف وکړو/ وکړي

Future Imperfective

1st per. sing.	**2ndper. sing.**	**3rd per. sing.**	**1st per. plu.**	**2ndper. plu.**	**3rd per. plu. f/m**
[za ba thawaqof **kawam**] زه به توقف **کوم**	[tha ba thawaqof **kawe**] ته به توقف **کوي**	[hagha ba thawaqof **kawi**] هغه به توقف **کوی**	[mung ba thawaqof **kawu**] مونږ به توقف **کوو**	[thasu ba thawaqof **kaway**] تاسو به توقف **کوئ**	[haghoi ba thawaqof **kawe**] هغوی به توقف **کوی**

Future Perfective

1st per. sing.	**2ndper. sing.**	**3rd per. sing.**	**1st per. plu.**	**2ndper. plu.**	**3rd per. plu.**
[za ba thawaqof **wakram**] زه به توقف **وکړم**	[tha ba thawaqof **wakre**] ته به توقف وکړي	[hagha ba thawaqof **wakri**] هغه به توقف وکړی	[mung ba thawaqof **wakru**] مونږ به توقف وکړو	[thasu ba thawaqof **wakray**] تاسو به توقف وکړئ	[haghoi ba thawaqof **wakre**] هغوی به توقف وکړی

Present Perfect

1st per. sing.	**2ndper. sing.**	**3rd per. sing.**	**1st per. plu.**	**2ndper. plu.**	**3rd per. plu.**
[ma thawaqof kre **da**] ما توقف کړی **ده**	[tha thawaqof kre **de**] تا توقف کړی **دي**	[hagha thawaqof kre **di**] هغه توقف کړی **دی**	[mung thawaqof kre **da**] مونږ توقف کړی **ده**	[thasu thawaqof kre **de**] تاسو توقف کړی **دی**	[haghoi thawaqof kre **de]** هغوی توقف کړی **دي**

Past Perfect

1st per. sing.	2nd per. sing.	3rd per. sing. f/m	1st per. plu.	2nd per. plu.	3rd per. plu. f/m
[ma thawaqof kre **wa**] ما توقف کړي وه	[tha thawaqof kre **wa**] تا توقف کړي وه	[hagha thawaqof kre **wa/way**] هغه توقف کړي وه/وئ	[mung thawaqof kre **way**] مونږ توقف کړي وو	[thasu thawaqof kre **way**] تاسو توقف کړي وئ	[haghoi thawaqof kre **wu/ we**] هغوی توقف کړي وو/وي

Future Perfect

1st per. sing.	2nd per. sing.	3rd per. sing.	1st per. plu.	2nd per. plu.	3rd per. plu.
[ma ba thawaqof kre **we**] ما به توقف کړي وي	[tha ba thawaqof kre **we**] تا به توقف کړي وي	[hagha ba thawaqof kre **wi**] هغه به توقف کړي وي	[mung ba thawaqof kre **wa**] مونږ به توقف کړي وي	[thasu ba thawaqof kre **we**] تاسو به توقف کړي وي	[haghoi ba thawaqof kre **we**] هغوی توقف کړي وي

To take اخستل –[akhisthal]
(Simple Irregular Verb)

Present Imperfective

1st per. sing.	2nd per. sing.	3rd per. sing.	1st per. plu.	2nd per. plu.	3rd per. plu.
[za ye akhlam] زه يی اخلم	[tha ye akhle] ته يی اخلي	[hagha ye akhli] هغه يی اخلي	[mung ye akhlu] مونږ يی اخلو	[thasu ye akhlay] تاسو يی اخلئ	[haghoi ye akhli] هغوی يی اخلی

Present Perfective

1st per. sing.	2nd per. sing.	3rd per. sing.	1st per. plu.	2nd per. plu.	3rd per. plu.
[za ye wakhlam] زه يی واخلم	[tha ye wakhle] ته يی واخلي	[hagha ye wakhli] هغه يی واخلی	[mung ye wakhlu] مونږ يی واخلو	[thasu ye wakhlay] تاسو يی واخلئ	[haghoi ye wakhli] هغوی يی واخلی

Past Imperfective

1st per. sing.	2nd per. sing.	3rd per. sing. f/m	1st per. plu.	2nd per. plu.	3rd per. plu. f/m
[ma akhestha] ما اخسته	[tha akhestha] تا اخسته	[hagha akhestha/ akhestha] هغه اخسته/ اخسته	[mung akhestha] مونږ اخسته	[thasu akhestha] تاسو اخسته	[haghoi akhestha/ akhestha] هغوی اخسته/ اخسته

Past Perfective

1st per. sing.	2ndper. sing.	3rd per. sing. f/m	1st per. plu.	2ndper. plu.	3rd per. plu. f/m
[ma **wakhestha**] ما واخسته	[tha **wakhestha**] تا واخسته	[hagha **wakhestha/ wakhestha**] هغه واخسته/ واخسته	[mung **wakhestha**] مونږ واخسته	[thasu **wakhestha**] تاسو واخسته	[haghoi **wakhestha/ wakhestha**] هغوی اخسته/ واخسته

Future Imperfective

1st per. sing.	2ndper. sing.	3rd per. sing.	1st per. plu.	2ndper. plu.	3rd per. plu. f/m
[za ba ye **akhlam**] زه به یی اخلم	[tha ba ye **akhle**] ته به یی اخلي	[hagha ba ye **akhli**] هغه به یی اخلی	[mung ba ye **akhlu**] مونږ به یی اخلو	[thasu ba ye **akhlay**] تاسو به یی اخلئ	[haghoi ba ye **akhli**] هغوی به یی اخلی

Future Perfective

1st per. sing.	2ndper. sing.	3rd per. sing.	1st per. plu.	2ndper. plu.	3rd per. plu.
[za ba ye **wakhlam**] زه به یی واخلم	[tha ba ye **wakhle**] ته به یی واخلي	[hagha ba ye **wakhli**] هغه به یی واخلي	[mung ba ye **wakhlu**] مونږ به یی واخلو	[thasu ba ye **wakhlay**] تاسو به یی واخلئ	[haghoi ba ye **wakhli**] هغوی به یی واخلی

Present Perfect

1stper. sing.	2ndper. sing.	3rd per. sing.	1st per. plu.	2ndper. plu.	3rd per. plu.
[ma akesthe **di**] ما اخستی دی	[tha akesthe **di**] تا اخستی دی	[hagha akesthe **di**] هغه اخستی دی	[mung akesthe **di**] مونږ اخستی دی	[thasu math kre **di**] تاسو اخستی دی	[haghoi akesthe **di**] هغوی اخسته دی

Past Perfect

1st per. sing.	2nd per. sing.	3rd per. sing. f/m	1st per. plu.	2nd per. plu.	3rd per. plu. f/m
[ma akesthe wa] ما اخسته وه	[tha akesthe wa] تا اخسته وه	[hagha akesthe wa] هغه اخسته وه	[mung akesthe wa] مونږ اخسته وه	[thasu akhesthe wa] تاسو اخسته وه	[haghoi akesthe wa] هغوی اخسته وه

Future Perfect

1st per. sing.	2nd per. sing.	3rd per. sing.	1st per. plu.	2nd per. plu.	3rd per. plu.
[ma ba akesthe we] ما به اخسته وی	[tha ba akesthe we] تا به اخسته وی	[hagha ba akesthe we] هغه به اخسته وی	[mung ba akesthe we] مونږ به اخسته وی	[thasu ba akesthe we] تاسو به اخسته وی	[haghoi ba akesthe we] هغوی به اخسته وی

To say –خبرى كول [khabare kawal]

(Simple verb)

Present Imperfective

1st per. sing.	2ndper. sing.	3rd per. sing.	1st per. plu.	2ndper. plu.	3rd per. plu.
[za khabare **kawam**] زه خبرى **كوم**	[tha khabare **kawe**] ته خبرى **كوي**	[hagha khabare **kawi**] هغه خبرى كوى	[mung khabare **kawu**] مونږ خبرى **كوو**	[thasu khabare **kaway**] تاسو خبرى **كوئ**	[haghoi khabare **kawe**] هغوى خبرى **كوى**

Present Perfective

1st per. sing.	2ndper. sing.	3rd per. sing.	1st per. plu.	2ndper. plu.	3rd per. plu.
[za khabare **wakram**] زه خبرى **وكړم**	[tha khabare wakre] ته خبرى و **كړي**	[hagha khabare **wakri**] هغه خبرى **وكړى**	[mung khabare **wakru**] مونږ خبرى **وكړو**	[thasu khabare **wakray**] تاسو خبرى **وكړئ**	[haghoi khabare **wakre**] هغوى خبرى **وكړى**

Past Imperfective

1st per. sing.	2ndper. sing.	3rd per. sing. f/m	1st per. plu.	2ndper. plu.	3rd per. plu. f/m
[ma khabare **kawale**] ما خبرى **كولى**	[tha khabare **kawale**] تا خبرى **كولي**	[hagha khabare **kawa/kawala**] هغه خبرى **كوه /كوله**	[mung khabare **kawale**] مونږ خبرى **كولى**	[thasu khabare **kawalay**] تاسو خبرى **كولئ**	[haghoi khabare **kawal/kawalay**] هغوى خبرى **كول/كولئ**

Past Perfective

1st per. sing.	2ndper. sing.	3rd per. sing. f/m	1st per. plu.	2ndper. plu.	3rd per. plu. f/m
[ma khabare **wakro**] ما خبری وکړو	[tha khabare **wakre**] ته خبری وکړي	[hagha khabare **wakri/wakri**] هغه خبری وکړی /وکړی	[mung khabare **wakru**] مونږ خبری وکړو	[thasu khabare **wakray**] تاسو خبری وکړئ	[haghoi khabare **wakre/wakre**] هغوی خبری وکړی/ وکړی

Future Imperfective

1st per. sing.	2ndper. sing.	3rd per. sing.	1st per. plu.	2ndper. plu.	3rd per. plu. f/m
[za ba khabare **kawam**] زه به خبری **کوم**	[tha ba khabare **kawe**] ته به خبری **کوي**	[hagha ba khabare **kawi**] هغه به خبری **کوی**	[mung ba khabare **kawu**] مونږ به خبری **کوو**	[thasu ba khabare **kaway**] تاسو به خبری **کوئ**	[haghoi ba khabare **kawe**] هغوی به خبری **کوی**

Future Perfective

1st per. sing.	2ndper. sing.	3rd per. sing.	1st per. plu.	2ndper. plu.	3rd per. plu.
[za ba khabare **wakram**] زه به خبری وکړم	[tha ba khabare **wakre**] ته به خبری وکړي	[hagha ba khabare **wakri**] هغه به خبری وکړی	[mung ba khabare **wakru**] مونږ به خبری وکړو	[thasu ba khabare **wakray**] تاسو به خبری وکړئ	[haghoi ba khabare **wakre**] هغوی به خبری وکړی

Present Perfect

1st per. sing.	2ndper. sing.	3rd per. sing.	1st per. plu.	2ndper. plu.	3rd per. plu.
[ma khabare kre **da**] ما خبری کړی **ده**	[tha khabare kre **de**] تا خبری کړی **دي**	[hagha khabare kre **di**] هغه خبری کړی **دی**	[mung khabare kre **da**] مونږ خبری کړی **ده**	[thasu khabare kre **de**] تاسو خبری کړی **دی**	[haghoi khabare kre **de**] هغوی خبری کړی **دي**

Past Perfect

1st per. sing.	2nd per. sing.	3rd per. sing. f/m	1st per. plu.	2nd per. plu.	3rd per. plu. f/m
[ma khabare kre **wa**] ما خبري کړي وه	[tha khabare kre **wa**] تا خبری کړی وه	[hagha khabare kre **wa/way**] هغه خبری کړی وه/وئ	[mung khabare kre **way**] مونږ خبری کړی وو	[thasu khabare kre **way**] تاسو خبری کړی وئ	[haghoi khabare kre **wu/ we**] هغوی خبری کړی وو/وي

Future Perfect

1st per. sing.	2nd per. sing.	3rd per. sing.	1st per. plu.	2nd per. plu.	3rd per. plu.
[ma ba khabare kre **we**] ما به خبری کړی وي	[tha ba khabare kre **we**] تا به خبری کړی وي	[hagha ba khabare kre **wi**] هغه به خبری کړی وي	[mung ba khabare kre **wa**] مونږ به خبری کړی وي	[thasu ba khabare kre **we**] تاسو به خبری کړی وي	[haghoi ba khabare kre **we**] هغوی خبری کړی وي

To teach –(درس ورکول) [dars warkawal]

(Simple Verb)

Present Imperfective

1st per. sing.	2ndper. sing.	3rd per. sing.	1st per. plu.	2ndper. plu.	3rd per. plu.
[za dars war**ka**wam] زه درس ورکوم	[tha dars war**ka**we] ته درس ور کوي	[hagha dars war**ka**wi] هغه درس ورکوی	[mung dars war**ka**wu] مونږ درس ورکوو	[thasu dars war**ka**way] تاسو درس ورکوئ	[haghoi dars war**ka**we] هغوی درس ورکوی

Present Perfective

1st per. sing.	2ndper. sing.	3rd per. sing.	1st per. plu.	2ndper. plu.	3rd per. plu.
[za dars **warkram**] زه درس ور **کړم**	[tha dars **warkre**] ته درس **ورکړي**	[hagha dars **warkri**] هغه درس **ورکړی**	[mung dars **warkru**] مونږ درس **ورکړو**	[thasu dars **warkray**] تاسو درس **ورکړئ**	[haghoi dars **warkre**] هغوی درس **ورکړی**

Past Imperfective

1st per. sing.	2ndper. sing.	3rd per. sing. f/m	1st per. plu.	2ndper. plu.	3rd per. plu. f/m
[dars me **warkawale**] درس می **ورکولی**	[tha dars **warkawale**] تا درس **ورکولي**	[hagha dars war**kawa/ warkawala**] هغه درس ورکوه / **ورکوله**	[mung dars war**kawalu**] مونږ درس **ورکولی**	[thasu dars war**kawalay**] تاسو درس **ورکولئ**	[haghoi dars war**kawal**/**warka walay**] هغوی درس **ورکول**/ **ورکولئ**

Past Perfective

1st per. sing.	2ndper. sing.	3rd per. sing. f/m	1st per. plu.	2ndper. plu.	3rd per. plu. f/m
[za dars war**kram**] زه درس ورکړم	[tha dars shro war**kre**] ته درس ورکړي	[hagha dars war**kar/warkra**] هغه درس ورکړ/ ورکړه	[mung dars war**kru**] مونږ درس ورکړو	[thasu dars war**kray**] تاسو درس ورکړئ	[haghoi dars war**kre/warkrè**] هغوی درس ورکړی/ ورکړي

Future Imperfective

1st per. sing.	2ndper. sing.	3rd per. sing.	1st per. plu.	2ndper. plu.	3rd per. plu. f/m
[za ba dars **warkawam**] زه به درس ور کوم	[tha ba dars **warkawe**] ته به درس ورکوي	[hagha ba dars **warkawi**] هغه به درس ورکوی	[mung ba dars **warkawu**] مونږ به درس ورکوو	[thasu ba dars **warkaway**] تاسو به درس ورکوئ	[haghoi ba dars **warkawe**] هغوی به درس ورکوی

Future Perfective

1st per. sing.	2ndper. sing.	3rd per. sing.	1st per. plu.	2ndper. plu.	3rd per. plu.
[za ba dars war**kram**] زه به درس ور کړم	[tha ba dars war**kre**] ته به درس ورکړي	[hagha ba dars war**kri**] هغه به درس ورکړی	[mung ba dars war**kru**] مونږ به درس ورکړو	[thasu ba dars war**kray**] تاسو به درس ورکړئ	[haghoi ba dars war**kre**] هغوی به درس ورکړی

Present Perfect

1st per. sing.	2ndper. sing.	3rd per. sing.	1st per. plu.	2ndper. plu.	3rd per. plu.
[ma dars warkre **da**] ما درس ورکړی ده	[tha dars warkre **de**] تا درس ورکړی دي	[hagha dars warkre **di**] هغه درس ورکړی دی	[mung dars warkre **da**] مونږ درس ورکړی ده	[thasu dars warkre **de**] تاسو درس ورکړی دی	[haghoi dars warkre **de**] هغوی درس ورکړی دي

Past Perfect

1st per. sing.	2ndper. sing.	3rd per. sing. f/m	1st per. plu.	2ndper. plu.	3rd per. plu. f/m
[ma dars warkre **wa**] ما درس ورکړی وه	[tha dars warkre **wa**] تا درس ورکړي وه	[hagha dars warkre **wa/way**] هغه درس ورکړی وه/وئ	[mung dars warkre **way**] مونږ درس ورکړی وو	[thasu dars warkre **way**] تاسو درس ورکړی وئ	[haghoi dars warkre **wu/ we**] هغوی درس ورکړی وو/وي

Future Perfect

1st per. sing.	2ndper. sing.	3rd per. sing.	1st per. plu.	2ndper. plu.	3rd per. plu.
[ma ba dars warkre **we**] ما به درس ورکړی وی	[tha ba dars warkre **we**] تا به درس ورکړی وي	[hagha ba dars warkre **wi**] هغه به درس ورکړی وی	[mung ba dars warkre w**a**] مونږ به درس ورکړی وی	[thasu ba dars warkre **we**] تاسو به درس ورکړی وی	[haghoi ba warkre **we**] هغوی به درس کړی وی

To think – (فکرکول) [fekar kawal]
(Simple Verb)

Present Imperfective

1st per. sing.	2nd per. sing.	3rd per. sing.	1st per. plu.	2nd per. plu.	3rd per. plu.
[za fekar **kawam**]	[tha fekar **kawe**]	[hagha fekar **kawi**]	[mung fekar **kawu**]	[thasu fekar **kaway**]	[haghoi fekar **kawe**]
زه فکر **کوم**	ته فکر **کوې**	هغه فکر **کوی**	مونږ فکر **کوو**	تاسو فکر **کوئ**	هغوی فکر **کوی**

Present Perfective

1st per. sing.	2nd per. sing.	3rd per. sing.	1st per. plu.	2nd per. plu.	3rd per. plu.
[za fekar **wakram**]	[tha fekar **wakre**]	[hagha fekar **wakri**]	[mung fekar **wakru**]	[thasu fekar **wakray**]	[haghoi fekar **wakre**]
زه فکر **وکړم**	ته فکر **وکړې**	هغه فکر **وکړی**	مونږ فکر **وکړو**	تاسو فکر **وکړئ**	هغوی فکر **وکړی**

Past Imperfective

1st per. sing.	2nd per. sing.	3rd per. sing. f/m	1st per. plu.	2nd per. plu.	3rd per. plu. f/m
[ma fekar **kawale**]	[tha fekar **kawale**]	[hagha fekar **kawa/ kaway**]	[mung fekar **kawale**]	[thasu fekar **kawalay**]	[haghoi fekar **kawal/kawalay**]
ما فکر **کولی**	تا فکر **کولې**	هغه فکر **کوه /کوئ**	مونږ فکر **کولې**	تاسو فکر **کولئ**	هغوی فکر **کول/کولئ**

Past Perfective

1st per. sing.	2ndper. sing.	3rd per. sing. f/m	1st per. plu.	2ndper. plu.	3rd per. plu. f/m
[ma fekar **wakro**] ما فکر وکړو	[tha fekar **wakre**] ته فکر وکړي	[hagha fekar **wakri/wakri**] هغه فکر وکړی /وکړی	[mung fekar **wakru**] مونږ فکر وکړو	[thasu fekar **wakray**] تاسو فکر وکړئ	[haghoi fekar **wakre/wakre**] هغوی فکر وکړی/ وکړی

Future Imperfective

1st per. sing.	2ndper. sing.	3rd per. sing.	1st per. plu.	2ndper. plu.	3rd per. plu. f/m
[za ba fekar **kawam**] زه به فکر **کوم**	[tha ba fekar **kawe**] ته به فکر **کوي**	[hagha ba fekar **kawi**] هغه به فکر **کوی**	[mung ba fekar **kawu**] مونږ به فکر **کوو**	[thasu ba fekar **kaway**] تاسو به فکر **کوئ**	[haghoi ba fekar **kawe**] هغوی به فکر **کوی**

Future Perfective

1st per. sing.	2ndper. sing.	3rd per. sing.	1st per. plu.	2ndper. plu.	3rd per. plu.
[za ba fekar **wakram**] زه به فکر **وکړم**	[tha ba fekar **wakre**] ته به فکر و **کړي**	[hagha ba fekar **wakri**] هغه به فکر وکړی	[mung ba fekar **wakru**] مونږ به فکر وکړو	[thasu ba fekar **wakray**] تاسو به فکر وکړئ	[haghoi ba fekar **wakre**] هغوی به فکر وکړی

Present Perfect

1st per. sing.	2ndper. sing.	3rd per. sing.	1st per. plu.	2ndper. plu.	3rd per. plu.
[ma fekar kre **da**] ما فکر کړی **ده**	[tha fekar kre **de**] تا فکر کړی **دي**	[hagha fekar kre **di**] هغه فکر کړی **دی**	[mung fekar kre **da**] مونږ فکر کړی **ده**	[thasu fekar kre **de**] تاسو فکر کړی **دی**	[haghoi fekar kre **de**] هغوی فکر کړی **دي**

Past Perfect

1st per. sing.	2nd per. sing.	3rd per. sing. f/m	1st per. plu.	2nd per. plu.	3rd per. plu. f/m
[ma fekar kre **wa**] ما فكر کړي وه	[tha fekar kre **wa**] تا فکر کړي وه	[hagha fekar kre **wa/way**] هغه فکر کړی وه/وئ	[mung fekar kre **way**] مونږ فکر کړی وو	[thasu fekar kre **way**] تاسو فکر کړی وئ	[haghoi fekar kre **wu/we**] هغوی فکر کړی وو/وي

Future Perfect

1st per. sing.	2nd per. sing.	3rd per. sing.	1st per. plu.	2nd per. plu.	3rd per. plu.
[ma ba fekar kre **we**] ما به فکر کړی وی	[tha ba fekar kre **we**] تا به فکر کړی وي	[hagha ba fekar kre **wi**] هغه به فکر کړی وی	[mung ba fekar kre **wa**] مونږ به فکر کړی وی	[thasu ba fekar kre **we**] تاسو به فکر کړی وی	[haghoi ba fekar kre **we**] هغوی به فکر کړی وی

To touch – لاس وهل [las wahal]

(Simple verb)

Present Imperfective

1st per. sing.	2ndper. sing.	3rd per. sing.	1st per. plu.	2ndper. plu.	3rd per. plu.
[za las wa**h**am] زه لاس وهم	[tha las wa**he**] ته لاس وهي	[hagha las wa**h**i] هغه لاس وهی	[mung las wa**h**u] لاس وهو	[thasu las wa**h**ay] تاسو لاس وهئ	[haghoi las wa**he**] هغوی لاس وهی

Present Perfective

1st per. sing.	2ndper. sing.	3rd per. sing.	1st per. plu.	2ndper. plu.	3rd per. plu.
[za las **wa**waham] زه لاس ووهم	[tha las **wa**wahe] ته لاس ووهي	[hagha las **wa**wahi] هغه لاس ووهي	[mung las **wa**wahu] مونږ لاس ووهو	[thasu las **wa**wahay] تاسو لاس ووهئ	[haghoi las **wa**wahe] هغوی لاس ووهي

Past Imperfective

1st per. sing.	2ndper. sing.	3rd per. sing. f/m	1st per. plu.	2ndper. plu.	3rd per. plu. f/m
[ma las **wahale**] ما لاس وهلي	[tha las **wahale**] تا لاس وهلي	[hagha las **wahala/wahalay**] هغه لاس وهله/وهلئ	[mung las **wahale**] مونږ لاس وهلی	[thasu las **wahalay**] تاسو لاس وهلئ	[haghoi las **wahale/ wahale**] هغوی لاس وهلي/وهلي

Past Perfective

1st per. sing.	2nd per. sing.	3rd per. sing. f/m	1st per. plu.	2nd per. plu.	3rd per. plu. f/m
[ma las wa**wah**ale] ما لاس ووهلي	[tha las wa**wah**ale] تا لاس ووهلي	[hagha las wa**wah**ala/ wa**wah**alay] هغه لاس ووهله/ووهلئ	[mung las wa**wah**ale] مونږ لاس ووهلي	[thasu las wa**wah**alay] تاسو لاس ووهلئ	[haghoi las wa**wah**ale/ wa**wah**ale] هغوی لاس ووهلي/ووهلي

Future Imperfective

1st per. sing.	2nd per. sing.	3rd per. sing.	1st per. plu.	2nd per. plu.	3rd per. plu. f/m
[za **ba** las waham] زه به لاس وهم	[tha **ba** las wahe] ته به لاس وهي	[hagha **ba** las wahi] هغه به لاس وهي	[mung **ba** las wahu] مونږ به لاس وهو	[thasu **ba** las wahay] تاسو به لاس وهئ	[haghoi **ba** las wahe] هغوی به لاس وهي

Future Perfective

1st per. sing.	2nd per. sing.	3rd per. sing.	1st per. plu.	2nd per. plu.	3rd per. plu.
[za **ba** las **wawaham**] زه به لاس ووهم	[tha **ba** las **wawahe**] ته به لاس ووهي	[hagha **ba** las **wawahi**] هغه به لاس ووهي	[mung **ba** las **wawahu**] مونږ به لاس ووهو	[thasu **ba** las **wawahay**] تاسو به لاس ووهئ	[haghoi **ba** las **wawahe**] هغوی به لاس ووهي

Present Perfect

1st per. sing.	2nd per. sing.	3rd per. sing.	1st per. plu.	2nd per. plu.	3rd per. plu.
[ma las wahale **de**] ما لاس وهلی دی	[tha las wahale **de**] تا لاس وهلی دی	[hagha las wahale **de**] هغه لاس وهلی دی	[mung las wahale **de**] مونږ لاس وهلی دی	[thasu las wahale **de**] تاسو لاس وهلی دی	[haghoi las wahale **de**] هغوی لاس وهلی دی

Past Perfect

per. sing.	2nd per. sing.	3rd per. sing. f/m	1st per. plu.	2nd per. plu.	3rd per. plu. f/m
[ma las wahale **wa**] ما لاس وهلی وه	[tha las wahale **wa**] تا لاس وهلی وه	[hagha las wahale **wa**] هغه لاس وهلی وه	[mung las wahale **wa**] مونږ لاس وهلی وه	[thasu las wahale **wa**] تاسو لاس وهلی وه	[haghoi las wahale **wa**] هغوی لاس وهلی وه

Future Perfect

1st per. sing.	2nd per. sing.	3rd per. sing.	1st per. plu.	2nd per. plu.	3rd per. plu.
[ma ba las wahale **wi**] ما به لاس وهلی وی	[tha ba las wahale **wi**] تا به لاس وهلی وی	[hagha ba las wahale **wi**] هغه به لاس وهلی وی	[mung ba las wahale **wi**] مونږ به لاس وهلی وی	[thasu ba las wahale **wi**] تاسو به لاس وهلی وی	[haghoi ba las wahale **wi**] هغوی به لاس وهلی وی

To travel – سفر کول [safar kawal]

(Simple verb)

Present Imperfective

1st per. sing.	2ndper. sing.	3rd per. sing.	1st per. plu.	2ndper. plu.	3rd per. plu.
[za safar **kawam**] زه سفر **کوم**	[tha safar **kawe**] ته سفر **کوي**	[hagha safar **kawi**] هغه سفر کوی	[mung safar **kawu**] مونږ سفر **کوو**	[thasu safar **kaway**] تاسو سفر **کوئ**	[haghoi safar **kawe**] هغوی سفر **کوی**

Present Perfective

1st per. sing.	2ndper. sing.	3rd per. sing.	1st per. plu.	2ndper. plu.	3rd per. plu.
[za safar **wakram**] زه سفر **وکړم**	[tha safar **wakre**] ته سفر و **کړي**	[hagha safar **wakri**] هغه سفر و **کړی**	[mung safar **wakru**] مونږ سفر و **کړو**	[thasu safar **wakray**] تاسو سفر و **کړئ**	[haghoi safar **wakre**] هغوی سفر و **کړی**

Past Imperfective

1st per. sing.	2ndper. sing.	3rd per. sing. f/m	1st per. plu.	2ndper. plu.	3rd per. plu. f/m
[ma safar **kawale**] ما سفر **کولی**	[tha safar **kawale**] تا سفر **کولي**	[hagha safar **kawa/ kawalay**] هغه سفر **کوه** /**کولئ**	[mung safar **kawalu**] مونږ سفر **کولو**	[thasu safar **kawalay**] تاسو سفر **کولئ**	[haghoi safar **kawal/kawalay**] هغوی سفر **کول**/**کولئ**

Past Perfective

1st per. sing.	2ndper. sing.	3rd per. sing. f/m	1st per. plu.	2ndper. plu.	3rd per. plu. f/m
[ma safar **wakro**] ما سفر وکړو	[tha safar **wakre**] ته سفر وکړي	[hagha safar **wakri/wakri**] هغه سفر وکړی /وکړی	[mung safar **wakru**] مونږ سفر وکړو	[thasu safar **wakray**] تاسو سفر وکړئ	[haghoi safar **wakre/wakre**] هغوی سفر وکړو/ وکړو

Future Imperfective

1st per. sing.	2ndper. sing.	3rd per. sing.	1st per. plu.	2ndper. plu.	3rd per. plu. f/m
[za ba safar **kawam**] زه به سفر **کوم**	[tha ba safar **kawe**] ته به سفر **کوي**	[hagha ba safar **kawi**] هغه به سفر **کوی**	[mung ba safar **kawu**] مونږ به سفر **کوو**	[thasu ba safar **kaway**] تاسو به سفر **کوئ**	[haghoi ba safar **kawe**] هغوی به سفر **کوی**

Future Perfective

1st per. sing.	2ndper. sing.	3rd per. sing.	1st per. plu.	2ndper. plu.	3rd per. plu.
[za ba safar **wakram**] زه به سفر وکړم	[tha ba safar **wakre**] ته به سفر و کړي	[hagha ba safar **wakri**] هغه به سفر وکړی	[mung ba safar **wakru**] مونږ به سفر وکړو	[thasu ba safar **wakray**] تاسو به سفر وکړئ	[haghoi ba safar **wakre**] هغوی به سفر وکړی

Present Perfect

1st per. sing.	2ndper. sing.	3rd per. sing.	1st per. plu.	2ndper. plu.	3rd per. plu.
[ma safar kre **da**] ما سفر کړی ده	[tha safar kre **de**] تا سفر کړی دي	[hagha safar kre **di**] هغه سفر کړی دی	[mung safar kre **da**] مونږ سفر کړی ده	[thasu safar kre **de**] تاسو سفر کړی دی	[haghoi safar kre **de]** هغوی سفر کړی دي

Past Perfect

1st per. sing.	2nd per. sing.	3rd per. sing. f/m	1st per. plu.	2nd per. plu.	3rd per. plu. f/m
[ma safar kre wa]	[tha safar kre wa]	[hagha safar kre wa/way]	[mung safar kre way]	[thasu safar kre way]	[haghoi safar kre wu/ we]
ما سفر کړي وه	تا سفر کړي وه	هغه سفر کړي وه/وئ	مونږ سفر کړي وو	تاسو سفر کړي وئ	هغوی سفر کړي وو/وي

Future Perfect

1st per. sing.	2nd per. sing.	3rd per. sing.	1st per. plu.	2nd per. plu.	3rd per. plu.
[ma ba safar kre we]	[tha ba safar kre we]	[hagha ba safar kre wi]	[mung ba safar kre wa]	[thasu ba safar kre we]	[haghoi ba safar kre we]
ما به سفر کړي وی	تا به سفر کړي وي	هغه به سفر کړي وي	مونږ به سفر کړي وي	تاسو به سفر کړي وي	هغوی سفر کړي وي

To understand – پوهیدل [pohedal]
(Derivative Verb)

Present Imperfective

1st per. sing.	2nd per. sing.	3rd per. sing.	1st per. plu.	2nd per. plu.	3rd per. plu.
[pohegam] پوهیږم	[pohege] پوهیږې	[pohegi] پوهیږی	[pohegu] پوهیږو	[pohegay] پوهیږئ	[pohege] پوهیږی

Present Perfective

1st per. sing.	2nd per. sing.	3rd per. sing.	1st per. plu.	2nd per. plu.	3rd per. plu.
[poh sham] پوه شم	[poh she] پوه شې	[poh shi] پوه شی	[poh shu] پوه شو	[poh shay] پوه شئ	[poh she] پوه شی

Past Imperfective

1st per. sing.	2nd per. sing.	3rd per. sing. f/m	1st per. plu.	2nd per. plu.	3rd per. plu. f/m
[pohedam] پوهیدم	[pohede] پوهیدې	[poheda/ poheda] پوهیده/پوهیده	[pohedu] پوهیدو	[poheday] پوهیدئ	[pohede] پوهیدې

Past Perfective

1st per. sing.	2nd per. sing.	3rd per. sing. f/m	1st per. plu.	2nd per. plu.	3rd per. plu. f/m
[poh shwam] پوه شوم	[poh shwe] پوه شوې	[poh sho/ shwa] پوه شو/شوه	[poh shwu] پوه شوو	[poh shway] پوه شوئ	[pohshwal/ shwale] پوه شول/شولی

Future Imperfective

1st per. sing.	2nd per. sing.	3rd per. sing.	1st per. plu.	2nd per. plu.	3rd per. plu.
[(za) ba pohegam]	[(tha) ba pohege]	[(hagha) ba pohegi]	[(mung) ba pohegu]	[(thasu) ba pohegay]	[(haghoi) ba pohege]
(زه) به پوهیږم	(ته) به پوهیږي	(هغه) به پوهیږي	(مونږ) به پوهیږو	(تاسو) به پوهیږئ	(هغوی) به پوهیږي

Future Perfective

1st per. sing.	2nd per. sing.	3rd per. sing.	1st per. plu.	2nd per. plu.	3rd per. plu.
[(za) ba poh sham]	[(tha) ba poh she]	[(hagha) ba poh shi]	[(mung) ba poh shu]	[(thasu) ba poh shay]	[(haghoi) ba poh she]
(زه) به پوه شم	(ته) به پوه شي	(هغه) به پوه شي	(مونږ) به پوه شو	(تاسو) به پوه شئ	(هغوی) به پوه شی

Present Perfect

1st per. sing.	2nd per. sing.	3rd per. sing.	1st per. plu.	2nd per. plu.	3rd per. plu.
[(za) poh shway yam]	[(tha) poh shway ye]	[(hagha) poh shway da]	[(mung) poh shway yu]	[(thasu) poh shway ye]	[(haghoi) poh shway di]
(زه)پوه شوی یم	(ته) پوه شوی يي	(هغه)پوه شوی دی	(مونږ)پوه شوی یو	(تاسو) پوه شوی يي	(هغوی)پوه شوی دی

Past Perfect

1st per. sing.	2nd per. sing.	3rd per. sing. f/m	1st per. plu.	2nd per. plu.	3rd per. plu. f/m
[(za) poh shway wam]	[(tha) poh shway wi]	[(hagha) poh shway wa/way]	[(mung) poh shway wu]	[(thasu) poh shway way]	[(haghoi) poh shway wu/wa]
(زه) پوه شوی وم	(ته)پوه شوی وي	(هغه)پوه شوی وه/وئ	(مونږ) پوه شوی وو	(تاسو) پوه شوی وي	(هغوی) پوه شوی وو/وه

Future Perfect

1st per. sing.	2ndper. sing.	3rd per. sing.	1st per. plu.	2ndper. plu.	3rd per. plu.
[(za) **ba** poh shway yam] (زه) **به** پوه شوی یم	[(tha) **ba** poh shway ye] (ته) **به** پوه شوی يي	[(hagha) **ba** poh shway wi] (هغه) **به** پوه شوی وی	[(mung) **ba** poh shway yu] (مونږ) **به** پوه شوی یو	[(thasu) **ba** poh shway ye] (تاسو) **به** پوه شوی يي	[(haghoi) **ba** poh shway we] (هغوی) **به** پوه شوی وی

To use – استعمال کول [esthemal kawal]

(Simple verb)

Present Imperfective

1st per. sing.	2ndper. sing.	3rd per. sing.	1st per. plu.	2ndper. plu.	3rd per. plu.
[za **ye** esthemal kawam] زه یی استعمال کوم	[tha **ye** esthemal kawe] ته یی استعمال کوي	[hagha **ye** esthemal kawi] هغه یی استعمال کوی	[mung **ye** esthemal kawu] مونږ یی استعمال کوو	[thasu **ye** esthemal kaway] تاسو یی استعمال کوئ	[haghoi **ye** esthemal kawe] هغوی یی استعمال کوی

Present Perfective

1st per. sing.	2ndper. sing.	3rd per. sing.	1st per. plu.	2ndper. plu.	3rd per. plu.
[za **ye** esthemal kram] زه یی استعمال کړم	[tha **ye** esthemal kre] ته یی استعمال کړي	[hagha **ye** esthemal kri] هغه یی استعمال کړی	[mung **ye** esthemal kru] مونږ یی استعمال کړو	[thasu **ye** esthemal kray] تاسو یی استعمال کړئ	[haghoi **ye** esthemal kre] هغوی یی استعمال کړی

Past Imperfective

1st per. sing.	2ndper. sing.	3rd per. sing. f/m	1st per. plu.	2ndper. plu.	3rd per. plu. f/m
[esthemal kawal **me**] استعمال کول می	[tha esthemal kawale] تا استعمال کولي	[hagha esthemal **kawa/ kawala**] هغه استعمال کوه /کوله	[mung esthemal **kawalu**] مونږ استعمال **کولو**	[thasu esthemal **kawalay**] تاسو استعمال **کولئ**	[haghoi esthemal **kawal/kawalay**] هغوی استعمال **کول/کولئ**

Past Perfective

1st per. sing.	2ndper. sing.	3rd per. sing. f/m	1st per. plu.	2ndper. plu.	3rd per. plu. f/m
[za ye esthemal **kram**] زه یی استعمال **کړم**	[tha ye esthemal **kre**] ته یی استعمال **کړي**	[hagha ye esthemal **kar/kra**] هغه یی استعمال **کړ/ کړه**	[mung ye esthemal **kru**] مونږ یی استعمال **کړو**	[thasu ye esthemal **kray**] تاسو یی استعمال **کړئ**	[haghoi ye esthemal **kre/krè**] هغوی یی استعمال **کړه/کړي**

Future Imperfective

1st per. sing.	2ndper. sing.	3rd per. sing.	1st per. plu.	2ndper. plu.	3rd per. plu. f/m
[za ba ye esthemal **kawam**] زه به یی استعمال **کوم**	[tha ba **ye** esthemal **kawe**] ته به یی استعمال **کوي**	[hagha ba ye esthemal **kawi**] هغه به یی استعمال **کوی**	[mung ba ye esthemal **kawu**] مونږ به یی استعمال **کوو**	[thasu ba ye esthemal **kaway**] تاسو به یی استعمال **کوئ**	[haghoi ba ye esthemal **kawe**] هغوی به یی استعمال **کوی**

Future Perfective

1st per. sing.	2ndper. sing.	3rd per. sing.	1st per. plu.	2ndper. plu.	3rd per. plu.
[za ba ye esthemal **kram**] زه به یی استعمال **کړم**	[tha ba ye esthemal **kre**] ته به یی استعمال **کړي**	[hagha ba ye esthemal **kri**] هغه به یی استعمال **کړی**	[mung ba ye esthemal **kru**] مونږ به یی استعمال **کړو**	[thasu ba ye esthemal **kray**] تاسو به یی استعمال **کړئ**	[haghoi ba ye esthemal **kre**] هغوی به یی استعمال **کړی**

Present Perfect

1st per. sing.	2ndper. sing.	3rd per. sing.	1st per. plu.	2ndper. plu.	3rd per. plu.
[ma esthemal kre **da**] ما استعمال کړی **ده**	[tha esthemal kre **de**] تا استعمال کړی **دي**	[hagha esthemal kre **di**] هغه استعمال کړی **دی**	[mung esthemal kre **da**] مونږ استعمال کړی **ده**	[thasu esthemal kre **de**] تاسو استعمال کړی **دی**	[haghoi esthemal kre **de]** هغوی استعمال کړی **دي**

Past Perfect

1st per. sing.	2nd per. sing.	3rd per. sing. f/m	1st per. plu.	2nd per. plu.	3rd per. plu. f/m
[ma esthemal kre **wa**] ما استعمال کړی وه	[tha esthemal kre **wa**] تا استعمال کړي وه	[hagha esthemal kre **wa/way**] هغه استعمال کړی وه/وئ	[mung esthemal kre **way**] مونږ استعمال کړی وو	[thasu esthemal kre **way**] تاسو استعمال کړی وئ	[haghoi esthemal kre **wu/ we**] هغوی استعمال کړی وو/وي

Future Perfect

1st per. sing.	2nd per. sing.	3rd per. sing.	1st per. plu.	2nd per. plu.	3rd per. plu.
[ma ba esthemal kre **we**] ما به استعمال کړی وی	[tha ba esthemal kre **we**] تا به استعمال کړی وي	[hagha ba esthemal kre **wi**] هغه به استعمال کړی وی	[mung ba esthemal kre **wa**] مونږ به استعمال کړی وی	[thasu ba esthemal kre **we**] تاسو به استعمال کړی وی	[haghoi ba esthemal kre **we**] هغوی به استعمال کړی وی

To wait – انتظار کول [enthezar kawal]

(Simple verb)

Present Imperfective

1st per. sing.	2ndper. sing.	3rd per. sing.	1st per. plu.	2ndper. plu.	3rd per. plu.
[za enthezar **kawam**] ز ه انتظار **کوم**	[tha enthezar **kawe**] ته انتظار **کوي**	[hagha enthezar **kawi**] هغه انتظار کوی	[mung enthezar **kawu**] مونږ انتظار **کوو**	[thasu enthezar **kaway**] تاسو انتظار **کوئ**	[haghoi enthezar **kawe**] هغوی انتظار **کوی**

Present Perfective

1st per. sing.	2ndper. sing.	3rd per. sing.	1st per. plu.	2ndper. plu.	3rd per. plu.
[za enthezar **wakram**] ز ه انتظار **وکړم**	[tha enthezar **wakre**] ته انتظار **وکړي**	[hagha enthezar **wakri**] هغه انتظار **وکړی**	[mung enthezar **wakru**] مونږ انتظار **وکړو**	[thasu enthezar **wakray**] تاسو انتظار **وکړئ**	[haghoi enthezar **wakre**] هغوی انتظار **وکړی**

Past Imperfective

1st per. sing.	2ndper. sing.	3rd per. sing. f/m	1st per. plu.	2ndper. plu.	3rd per. plu. f/m
[ma enthezar **kawale**] ما انتظار **کولی**	[tha enthezar **kawale**] تا انتظار **کولي**	[hagha enthezar **kawa/kawal a**] هغه انتظار **کوه /کوله**	[mung enthezar **kawalu**] مونږ انتظار **کولو**	[thasu enthezar **kawalay**] تاسو انتظار **کولئ**	[haghoi enthezar **kawal/kawalay**] هغوی انتظار **کول/کولئ**

Past Perfective

1st per. sing.	2nd per. sing.	3rd per. sing. f/m	1st per. plu.	2nd per. plu.	3rd per. plu. f/m
[ma enthezar **wakro**] ما انتظار وکړو	[tha enthezar **wakre**] ته انتظار وکړې	[hagha enthezar **wakri/wakri**] هغه انتظار وکړی/ وکړی	[mung enthezar **wakru**] مونږ انتظار وکړو	[thasu enthezar **wakray**] تاسو انتظار وکړئ	[haghoi enthezar **wakre/wakre**] هغوی انتظار وکړو/ وکړو

Future Imperfective

1st per. sing.	2nd per. sing.	3rd per. sing.	1st per. plu.	2nd per. plu.	3rd per. plu. f/m
[za ba enthezar **kawam**] زه به انتظار کوم	[tha ba enthezar **kawe**] ته به انتظار کوې	[hagha ba enthezar **kawi**] هغه به انتظار کوی	[mung ba enthezar **kawu**] مونږ به انتظار کوو	[thasu ba enthezar **kaway**] تاسو به انتظار کوئ	[haghoi ba enthezar **kawe**] هغوی به انتظار کوی

Future Perfective

1st per. sing.	2nd per. sing.	3rd per. sing.	1st per. plu.	2nd per. plu.	3rd per. plu.
[za ba enthezar **wakram**] زه به انتظار وکړم	[tha ba enthezar **wakre**] ته به انتظار وکړې	[hagha ba enthezar **wakri**] هغه به انتظار وکړی	[mung ba enthezar **wakru**] مونږ به انتظار وکړو	[thasu ba enthezar **wakray**] تاسو به انتظار وکړئ	[haghoi ba enthezar **wakre**] هغوی به انتظار وکړی

Present Perfect

1st per. sing.	2ndper. sing.	3rd per. sing.	1st per. plu.	2ndper. plu.	3rd per. plu.
[ma enthezar kre **da**] ما انتظار کړی ده	[tha enthezar kre **de**] تا انتظار کړی دي	[hagha enthezar kre **di**] هغه انتظار کړی دی	[mung enthezar kre **da**] مونږ انتظار کړی ده	[thasu enthezar kre **de**] تاسو انتظار کړی دی	[haghoi enthezar kre **de**] هغوی انتظار کړی دي

Past Perfect

st per. sing.	2ndper. sing.	3rd per. sing. f/m	1st per. plu.	2ndper. plu.	3rd per. plu. f/m
[ma enthezar kre **wa**] ما انتظار کړی وه	[tha enthezar kre **wa**] تا انتظار کړي وه	[hagha enthezar kre **wa/way**] هغه انتظار کړی وه/وئ	[mung enthezar kre **wu**] مونږ انتظار کړی وو	[thasu enthezar kre **way**] تاسو انتظار کړی وئ	[haghoi enthezar kre **wu/ we**] هغوی انتظار کړی وو/وي

Future Perfect

1st per. sing.	2ndper. sing.	3rd per. sing.	1st per. plu.	2ndper. plu.	3rd per. plu.
[ma ba enthezar kre **we**] ما به انتظار کړی وی	[tha ba enthezar kre **we**] تا به انتظار کړی وي	[hagha ba enthezar kre **wi**] هغه به انتظار کړی وی	[mung ba enthezar kre **wa**] مونږ به انتظار کړی وی	[thasu ba enthezar kre **we**] تاسو به انتظار کړی وی	[haghoi ba enthezar kre **we**] هغوی به انتظار کړی وی

To walk – قدم وهل [qadam wahal]
(Simple verb)

Present Imperfective

1st per. sing.	2nd per. sing.	3rd per. sing.	1st per. plu.	2nd per. plu.	3rd per. plu.
[za qadam **waham**] زه قدم وهم	[tha qadam **wahe**] ته قدم وهي	[hagha qadam **wahi**] هغه قدم وهي	[mung qadam **wahu**] مونږ قدم وهو	[thasu qadam **wahay**] تاسو قدم وهئ	[haghoi qadam **wahe**] هغوی قدم وهي

Present Perfective

1st per. sing.	2nd per. sing.	3rd per. sing.	1st per. plu.	2nd per. plu.	3rd per. plu.
[za qadam **wawaham**] زه قدم ووهم	[tha qadam **wawahe**] ته قدم ووهي	[hagha qadam **wawahi**] هغه قدم ووهي	[mung qadam **wawahu**] مونږ قدم ووهو	[thasu qadam **wawahay**] تاسو قدم ووهئ	[haghoi qadam **wawahe**] هغوی قدم ووهي

Past Imperfective

1st per. sing.	2nd per. sing.	3rd per. sing. f/m	1st per. plu.	2nd per. plu.	3rd per. plu. f/m
[ma qadam **wahale**] ما قدم وهلي	[tha qadam **wahale**] تا قدم وهلي	[hagha qadam **wahala/wahala**] هغه قدم وهله/وهله	[mung qadam **wahale**] مونږ قدم وهلي	[thasu qadam **wahalay**] تاسو قدم وهلئ	[haghoi qadam **wahale/wahale**] هغوی قدم ووهلي/وهلي

Past Perfective

1st per. sing.	2ndper. sing.	3rd per. sing. f/m	1st per. plu.	2ndper. plu.	3rd per. plu. f/m
[ma qadam wa**wahalo**] ما قدم ووهلو	[tha qadam wa**wahalo**] تا قدم ووهلو	[hagha qadam wa**wahala**/wa**wahala**] هغه قدم ووهله/ووهله	[mung qadam wa**wahalo**] مونږ قدم ووهلو	[thasu qadam wa**wahalo**] تاسو قدم ووهلو	[haghoi qadam wa**wahalo**/ wa**wahalo**] هغوی قدم ووهلو/ووهلو

Future Imperfective

1st per. sing.	2ndper. sing.	3rd per. sing.	1st per. plu.	2ndper. plu.	3rd per. plu. f/m
[za **ba** qadam waham] زه به قدم وهم	[tha **ba** qadam wahe] ته به قدم وهي	[hagha **ba** qadam wahi] هغه به قدم وهی	[mung **ba** qadam wahu] مونږ به قدم وهو	[thasu **ba** qadam wahay] تاسو به قدم وهئ	[haghoi **ba** qadam wahe] هغوی به قدم وهی

Future Perfective

1st per. sing.	2ndper. sing.	3rd per. sing.	1st per. plu.	2ndper. plu.	3rd per. plu.
[za **ba** qadam **wawaham**] زه به قدم ووهم	[tha **ba** qadam **wawahe**] ته به قدم ووهي	[hagha **ba** qadam **wawahi**] هغه به قدم ووهی	[mung **ba** qadam **wawahu**] مونږ به قدم ووهو	[thasu **ba** qadam **wawahay**] تاسو به قدم ووهئ	[haghoi **ba** qadam **wawahe**] هغوی به قدم ووهی

Present Perfect

1st per. sing.	2ndper. sing.	3rd per. sing.	1st per. plu.	2ndper. plu.	3rd per. plu.
[ma qadam wahale **de**] ما قدم وهلی دی	[tha qadam wahale **de**] تا قدم وهلی دی	[hagha qadam wahale **de**] هغه قدم وهلی دی	[mung qadam wahale **de**] مونږ قدم وهلی دی	[thasu qadam wahale **de**] تاسو قدم وهلی دی	[haghoi qadam wahale **de**] هغوی قدم وهلی دی

Past Perfect

1st per. sing.	2nd per. sing.	3rd per. sing. f/m	1st per. plu.	2nd per. plu.	3rd per. plu. f/m
[ma qadam wahale **wa**] ما قدم وهلی وه	[tha qadam wahale **wa**] تا قدم وهلی وه	[hagha qadam wahale **wa**] هغه قدم وهلی وه	[mung qadam wahale **wa**] مونږ قدم وهلی وه	[thasu qadam wahale **wa**] تاسو قدم وهلی وه	[haghoi qadam wahale **wa**] هغوی قدم وهلی وه

Future Perfect

1st per. sing.	2nd per. sing.	3rd per. sing.	1st per. plu.	2nd per. plu.	3rd per. plu.
[ma ba qadam wahale **wi**] ما به قدم وهلی وی	[tha ba qadam wahale **wi**] تا به قدم وهلی وی	[hagha ba qadam wahale **wi**] هغه به قدم وهلی وی	[mung ba qadam wahale **wi**] مونږ به قدم وهلی وی	[thasu ba qadam wahale **wi**] تاسو به قدم وهلی وی	[haghoi ba qadam wahale **wi**] هغوی به قدم وهلی وی

To want غوښتل– [ghokhthal]

(Simple Irregular Verb)

Present Imperfective

1st per. sing.	2ndper. sing.	3rd per. sing.	1st per. plu.	2ndper. plu.	3rd per. plu.
[za ye **ghwaram**] زه يې غواړم	[tha ye **ghware**] ته يې غواړې	[hagha ye **ghwari**] هغه يې غواړي	[mung ye **ghwaru**] مونږ يې غواړو	[thasu ye **ghwaray**] تاسو يې غواړئ	[haghoi ye **ghwari**] هغوی يې غواړی

Present Perfective

1st per. sing.	2ndper. sing.	3rd per. sing.	1st per. plu.	2ndper. plu.	3rd per. plu.
[za ye wa**ghwaram**] زه يې وغواړم	[tha ye wa**ghware**] ته يې وغواړې	[hagha ye wa**ghwari**] هغه يې وغواړي	[mung ye wa**ghwaru**] مونږيې وغواړو	[thasu ye wa**ghwaray**] تاسو يې وغواړئ	[haghoi ye wa**ghwari**] هغوی يې وغواړی

Past Imperfective

1st per. sing.	2ndper. sing.	3rd per. sing. f/m	1st per. plu.	2ndper. plu.	3rd per. plu. f/m
[ma ghokh**thal**] ما غوښتل	[tha ghokh**thal**] تا غوښتل	[hagha ghokh**thal**/ ghokh**thal**] هغه غوښتل/ غوښتل	[mung ghokh**thal**] مونږ غوښتل	[thasu ghokh **thal**] تاسو غوښتل	[haghoi ghokh**thal**/ ghokh**thal**] هغوی غوښتل/ غوښتل

Past Perfective

1st per. sing.	2ndper. sing.	3rd per. sing. f/m	1st per. plu.	2ndper. plu.	3rd per. plu. f/m
[ma **wa**ghokhthal] ما وغوښتل	[tha **wa**ghokhthal] تا وغوښتل	[hagha **wa**ghokhthal/ **wa**ghokhthal] هغه وغوښتل/ غوښتل	[mung **wa**ghokhthal] مونږ وغوښتل	[thasu **wa**ghokhthal] تاسو وغوښتل	[haghoi **wa**ghokhthal/ **wa**ghokhthal] هغوی وغوښتل/ وغوښتل

Future Imperfective

1st per. sing.	2ndper. sing.	3rd per. sing.	1st per. plu.	2ndper. plu.	3rd per. plu. f/m
[za **ba** ye ghwaram] زه به یی غواړم	[tha **ba** ye ghware] ته به یی غواړي	[hagha **ba** ye ghwari] هغه به یی غواړي	[mung **ba** ye ghwaru] مونږ به یی غواړو	[thasu **ba** ye ghwaray] تاسو به یی غواړئ	[haghoi **ba** ye ghwari] هغوی به یی غواړی

Future Perfective

1st per. sing.	2ndper. sing.	3rd per. sing.	1st per. plu.	2ndper. plu.	3rd per. plu.
[za **ba** ye **w** ghwaram] زه به یی وغواړم	[tha **ba** ye **wa** ghware] ته به یی وغواړي	[hagha **ba** ye **wa** ghwari] هغه به یی وغواړي	[mung **ba** ye **wa** ghwaru] مونږ به یی وغواړو	[thasu **ba** ye **wa** ghwaray] تاسو به یی وغواړي	[haghoi **ba** ye **wa** ghwari] هغوی به یی وغواړي

Present Perfect

1stper. sing.	2ndper. sing.	3rd per. sing.	1st per. plu.	2ndper. plu.	3rd per. plu.
[ma ghokhthale **di**] ما غوښتلی دی	[tha ghokhthale **di**] تا غوښتلی دی	[hagha ghokhthale **di**] هغه غوښتلی دی	[mung sà ghokhthale **di**] مونږ غوښتلی دی	[thasu ghokhthale kre **di**] تاسو غوښتلی دی	[haghoi ghokhthale di] هغوی غوښتلی دی

Past Perfect

1st per. sing.	2ndper. sing.	3rd per. sing. f/m	1st per. plu.	2ndper. plu.	3rd per. plu. f/m
[ma ghokhthale **wa**] ما غوښتلی وه	[tha ghokhthale **wa**] تا غوښتلی وه	[hagha ghokhthale **wa**] هغه غوښتلی وه	[mung ghokhthale **wa]** مونږ غوښتلی وه	[thasu ghokhthale wa] تاسو غوښتلی وه	[haghoi ghokhthale **wa**] هغوی غوښتلی وه

Future Perfect

1st per. sing.	2ndper. sing.	3rd per. sing.	1st per. plu.	2ndper. plu.	3rd per. plu.
[ma ba ghokhthale **we**] ما به غوښتلی وی	[tha ba ghokhthale **we**] تا به غوښتلی وی	[hagha ba ghokhthale **we**] هغوی به غوښتلی وی	[mung ba ghokhthale **we**] مونږ به غوښتلی وی	[thasu ba ghokhthale **we**] تاسو به غوښتلی وی	[haghoi ba ghokhthale **we**] هغوی به غوښتلی وی

To watch – کتل [kathal]

(Simple Verb)

Present Imperfective

1st per. sing.	2nd per. sing.	3rd per. sing.	1st per. plu.	2nd per. plu.	3rd per. plu.
[za **ye** goram] زه يی گورم	[tha **ye** gore] ته يی گوري	[hagha **ye** gori] هغه يی گوری	[mung **ye** goru] مونږ يی گورو	[thasu **ya** goray] تاسو يی گورئ	[haghoi **ye** gori] هغوی يی گوری

Present Perfective

1st per. sing.	2nd per. sing.	3rd per. sing.	1st per. plu.	2nd per. plu.	3rd per. plu.
[za **ye** wagoram] زه يی وگورم	[tha **ye** wagore] ته يی وگوري	[hagha **ye** wagori] هغه يی وگوری	[mung **ye** wagoru] مونږ يی وگورو	[thasu **ye** wagoray] تاسو يی وگورئ	[haghoi **ye** wagori] هغوی يی وگوری

Past Imperfective

1st per. sing.	2nd per. sing.	3rd per. sing. f/m	1st per. plu.	2nd per. plu.	3rd per. plu. f/m
[ma ka**tha**lo] ما کتلو	[tha ka**tha**lo] تا کتلو	[hagha ka**tha**lo/ ka**tha**lo] هغه کتلو/کتلو	[mung ka**tha**lo] مونږ کتلو	[thasu ka**tha**lo] تاسو کتلو	[haghoi ka**tha**lo/ka**tha**lo] هغوی کتلو/کتلو

Past Perfective

1st per. sing.	2nd per. sing.	3rd per. sing. f/m	1st per. plu.	2nd per. plu.	3rd per. plu. f/m
[ma **wa**kathalo] ما وکتلو	[tha **wa**kathalo] تا وکتلو	[hagha **wa**kathalo/ **wa**kathalo] هغه وکتلو/وکتلو	[mung **wa**kathalo] مونږو کتلو	[thasu **wa**kathalo] تاسو وکتلو	[haghoi **wa**kathalo/ **wa**kathalo] هغوی وکتلو/وکتلو

Future Imperfective

1st per. sing.	2nd per. sing.	3rd per. sing.	1st per. plu.	2nd per. plu.	3rd per. plu. f/m
[za ba **ye** goram] زه به **يی** گورم	[tha ba **ye** gore] ته به **يی** گوري	[hagha ba **ye** gori] هغه به **يی** گوری	[mung ba **ye** goru] مونږ به **يی** گورو	[thasu ba **ya** goray] تاسو به **يی** گورئ	[haghoi ba **ye** gori] هغوی به **يی** گوری

Future Perfective

1st per. sing.	2nd per. sing.	3rd per. sing.	1st per. plu.	2nd per. plu.	3rd per. plu.
[za ba **ye** wagoram] زه به **يی** وگورم	[tha ba **ye** wagore] ته به **يی** وگوري	[hagha ba **ye** wagori] هغه به **يی** وگوری	[mung ba **ye** wagoru] مونږ به **يی** وگورو	[thasu ba **ya** wagoray] تاسو به **يی** وگورئ	[haghoi ba **ye** wagori] هغوی به **يی** وگوری

Present Perfect

1st per. sing.	2nd per. sing.	3rd per. sing.	1st per. plu.	2nd per. plu.	3rd per. plu.
[ma kathale **de**] ما کتلی دی	[tha kathale **de**] تا کتلی دی	[hagha kathale **de**] هغه کتلی دی	[mung kathale **de**] مونږ کتلی دی	[thasu kathale **de**] تاسو کتلی دی	[haghoi kathale **de**] هغوی کتلی دی

Past Perfect

1st per. sing.	2nd per. sing.	3rd per. sing. f/m	1st per. plu.	2nd per. plu.	3rd per. plu. f/m
[ma kathale **wa**] ما کتلی وه	[tha kathale **wa**] تا کتلی وه	[hagha kathale **wa**] هغه کتلی وه	[mung kathale **wa**] مونږ کتلی وه	[thasu kathale **wa**] تاسو کتلی وه	[haghoi kathale **wa**] هغوی کتلی وه

Future Perfect

1st per. sing.	2nd per. sing.	3rd per. sing.	1st per. plu.	2nd per. plu.	3rd per. plu.
[ma ba kathale wi]	[tha ba kathale wi]	[hagha ba kathale wi]	[mung ba kathale wi]	[thasu ba kathale wi]	[haghoi ba kathale wi]
ما به کتلی وی	تا به کتلی وی	هغه به کتلی وی	مونږ به کتلی وی	تاسو به کتلی وی	هغوی به کتلی وی

To win – گټل [gatal]

(Simple Verb)

Present Imperfective

1st per. sing.	2nd per. sing.	3rd per. sing.	1st per. plu.	2nd per. plu.	3rd per. plu.
[za **ye** gatam] زه یی گټم	[tha **ye** gate] ته یی گټي	[hagha **ye** gati] هغه یی گټی	[mung **ye** gatu] مونږ یی گټو	[thasu **ya** gatay] تاسو یی گټئ	[haghoi **ye** gati] هغوی یی گټی

Present Perfective

1st per. sing.	2nd per. sing.	3rd per. sing.	1st per. plu.	2nd per. plu.	3rd per. plu.
[za **ye** wagatam] زه یی وگټم	[tha **ye** wagate] ته یی وگټي	[hagha **ye** wagati] هغه یی وگټی	[mung **ye** wagatu] مونږ یی وگټو	[thasu **ya** wagatay] تاسو یی وگټئ	[haghoi **ye** wagati] هغوی یی وگټی

Past Imperfective

1st per. sing.	2nd per. sing.	3rd per. sing. f/m	1st per. plu.	2nd per. plu.	3rd per. plu. f/m
[ma **gat**alo] ما گټلو	[tha **gat**alo] تا گټلو	[hagha **gat**alo/**gat**alo] هغه گټلو/گټلو	[mung **gat**alo] مونږ گټلو	[thasu **gat**alo] تاسو گټلو	[haghoi **gat**alo/**gat**alo] هغوی گټلو/گټلو

Past Perfective

1st per. sing.	2nd per. sing.	3rd per. sing. f/m	1st per. plu.	2nd per. plu.	3rd per. plu. f/m
[ma **wa**gatalo] ما وگټلو	[tha **wa**gatalo] تا وگټلو	[hagha **wa**gatalo/ wagatalo] هغه وگټلو/وگټلو	[mung **wa**gatalo] مونږ وگټلو	[thasu **wa**gatalo] تاسو وگټلو	[haghoi **wa**gatalo/ **wa**gatalo] هغوی وگټلو/وگټلو

Future Imperfective

1st per. sing.	2nd per. sing.	3rd per. sing.	1st per. plu.	2nd per. plu.	3rd per. plu. f/m
[za ba ye gatam]	[tha ba ye gate]	[hagha ba ye gati]	[mung ba ye gatu]	[thasu ba ya gatay]	[haghoi ba ye gati]
زه به یی گتم	ته به یی گتي	هغه به یی گتی	مونږ به یی گتو	تاسو به یی گتئ	هغوی به یی گتی

Future Perfective

1st per. sing.	2nd per. sing.	3rd per. sing.	1st per. plu.	2nd per. plu.	3rd per. plu.
[za ba ye wagatam]	[tha ba ye wagate]	[hagha ba ye wagati]	[mung ba ye wagatu]	[thasu ba ya wagatay]	[haghoi ba ye wagati]
زه به یی وگتم	ته به یی وگتي	هغه به یی وگتی	مونږ به یی وگتو	تاسو به یی وگتئ	هغوی به یی وگتی

Present Perfect

1st per. sing.	2nd per. sing.	3rd per. sing.	1st per. plu.	2nd per. plu.	3rd per. plu.
[ma gatale de]	[tha gatale de]	[hagha gatale de]	[mung gatale de]	[thasu gatale de]	[haghoi gatale de]
ما گتلی دی	تا گتلی دی	هغه گتلی دی	مونږ گتلی دی	تاسو گتلی دی	هغوی گتلی دی

Past Perfect

1st per. sing.	2nd per. sing.	3rd per. sing. f/m	1st per. plu.	2nd per. plu.	3rd per. plu. f/m
[ma gatale wa]	[tha gatale wa]	[hagha gatale wa]	[mung gatale wa]	[thasu gatale wa]	[haghoi gatale wa]
ما گتلی وه	تا گتلی وه	هغه گتلی وه	مونږ گتلی وه	تاسو گتلی وه	هغوی گتلی وه

Future Perfect

1st per. sing.	2nd per. sing.	3rd per. sing.	1st per. plu.	2nd per. plu.	3rd per. plu.
[ma **ba** gatale wi] ما به گټلی وی	[tha **ba** gatale wi] تا به گټلی وی	[hagha **ba** gatale wi] هغه به گټلی وی	[mung **ba** gatale wi] مونږ به گټلی وی	[thasu **ba** gatale wi] تاسو به گټلی وی	[haghoi **ba** gatale wi] هغوی به گټلی وی

To work – کار کول [kar kawal]

(Simple verb)

Present Imperfective

1st per. sing.	2ndper. sing.	3rd per. sing.	1st per. plu.	2ndper. plu.	3rd per. plu.
[za enthezar **kawam**] زه کار **کوم**	[tha enthezar **kawe**] ته کار **کوي**	[hagha enthezar **kawi**] هغه کار کوی	[mung enthezar **kawu**] مونږ کار **کوو**	[thasu enthezar **kaway**] تاسو کار **کوئ**	[haghoi enthezar **kawe**] هغوی کار **کوی**

Present Perfective

1st per. sing.	2ndper. sing.	3rd per. sing.	1st per. plu.	2ndper. plu.	3rd per. plu.
[za enthezar **wakram**] زه کار **وکړم**	[tha enthezar **wakre**] ته کار و **کړي**	[hagha enthezar **wakri**] هغه کار و **کړی**	[mung enthezar **wakru**] مونږ کار و **کړو**	[thasu enthezar **wakray**] تاسو کار و **کړئ**	[haghoi enthezar **wakre**] هغوی کار و **کړی**

Past Imperfective

1st per. sing.	2ndper. sing.	3rd per. sing. f/m	1st per. plu.	2ndper. plu.	3rd per. plu. f/m
[ma enthezar **kawale**] ما کار **کولی**	[tha enthezar **kawale**] تا کار **کولي**	[hagha enthezar **kawa/ kawala**] هغه کار **کوه /کوله**	[mung enthezar **kawalu**] مونږ کار **کولو**	[thasu enthezar **kawalay**] تاسو کار **کولئ**	[haghoi enthezar **kawal/kawalay**] هغوی کار **کول/کولئ**

Past Perfective

1st per. sing.	2ndper. sing.	3rd per. sing. f/m	1st per. plu.	2ndper. plu.	3rd per. plu. f/m
[ma enthezar **wakro**] ما انتظار **وکړو**	[tha enthezar **wakre**] ته انتظار **وکړي**	[hagha enthezar **wakri/wakri**] هغه انتظار **وکړی /وکړی**	[mung enthezar **wakru**] مونږ انتظار **وکړو**	[thasu enthezar **wakray**] تاسو انتظار **وکړئ**	[haghoi enthezar **wakre/wakre**] هغوی انتظار **وکړو/ وکړو**

Future Imperfective

1st per. sing.	2ndper. sing.	3rd per. sing.	1st per. plu.	2ndper. plu.	3rd per. plu. f/m
[za ba enthezar **kawam**] زه به انتظار **کوم**	[tha ba enthezar **kawe**] ته به انتظار **کوي**	[hagha ba enthezar **kawi**] هغه به انتظار **کوی**	[mung ba enthezar **kawu**] مونږ به انتظار **کوو**	[thasu ba enthezar **kaway**] تاسو به انتظار **کوئ**	[haghoi ba enthezar **kawe**] هغوی به انتظار **کوی**

Future Perfective

1st per. sing.	2ndper. sing.	3rd per. sing.	1st per. plu.	2ndper. plu.	3rd per. plu.
[za ba enthezar **wakram**] زه به انتظار **وکړم**	[tha ba enthezar **wakre**] ته به انتظار **وکړي**	[hagha ba enthezar **wakri**] هغه به انتظار **وکړی**	[mung ba enthezar **wakru**] مونږ به انتظار **وکړو**	[thasu ba enthezar **wakray**] تاسو به انتظار **وکړئ**	[haghoi ba enthezar **wakre**] هغوی به انتظار **وکړی**

Present Perfect

1st per. sing.	2nd per. sing.	3rd per. sing.	1st per. plu.	2nd per. plu.	3rd per. plu.
[ma enthezar kre **da**] ما انتظار کړی ده	[tha enthezar kre **de**] تا انتظار کړی دي	[hagha enthezar kre **di**] هغه انتظار کړی دی	[mung enthezar kre **da**] مونږ انتظار کړی ده	[thasu enthezar kre **de**] تاسو انتظار کړی دی	[haghoi enthezar kre **de**] هغوی انتظار کړی دي

Past Perfect

1st per. sing.	2nd per. sing.	3rd per. sing. f/m	1st per. plu.	2nd per. plu.	3rd per. plu. f/m
[ma enthezar kre **wa**] ما انتظار کړی وه	[tha enthezar kre **wa**] تا انتظار کړي وه	[hagha enthezar kre **wa/way**] هغه انتظار کړی وه/وئ	[mung enthezar kre **way**] مونږ انتظار کړی وو	[thasu enthezar kre **way**] تاسو انتظار کړی وئ	[haghoi enthezar kre **wu/ we**] هغوی انتظار کړی وو/وي

Future Perfect

1st per. sing.	2nd per. sing.	3rd per. sing.	1st per. plu.	2nd per. plu.	3rd per. plu.
[ma ba enthezar kre **we**] ما به انتظار کړی وي	[tha ba enthezar kre **we**] تا به انتظار کړی وي	[hagha ba enthezar kre **wi**] هغه به انتظار کړی وي	[mung ba enthezar kre **wa**] مونږ به انتظار کړی وي	[thasu ba enthezar kre **we**] تاسو به انتظار کړی وي	[haghoi ba enthezar kre **we**] هغوی به انتظار کړی وي

To write – ليکل [lekal]
(Simple Verb)

Present Imperfective

1st per. sing.	2nd per. sing.	3rd per. sing.	1st per. plu.	2nd per. plu.	3rd per. plu.
[za ye lekam] زه یی لیکم	[tha ye leke] ته یی لیکي	[hagha ye leki] هغه یی لیکی	[mung ye leku] مونږ یی لیکو	[thasu ya lekay] تاسو یی لیکئ	[haghoi ye leki] هغوی یی لیکی

Present Perfective

1st per. sing.	2nd per. sing.	3rd per. sing.	1st per. plu.	2nd per. plu.	3rd per. plu.
[za ye walekam] زه یی ولیکم	[tha ye waleke] ته یی ولیکي	[hagha ye waleki] هغه یی ولیکی	[mung ye waleku] مونږ یی ولیکو	[thasu ya walekay] تاسو یی ولیکئ	[haghoi ye waleki] هغوی یی ولیکی

Past Imperfective

1st per. sing.	2nd per. sing.	3rd per. sing. f/m	1st per. plu.	2nd per. plu.	3rd per. plu. f/m
[ma lekalo] ما لیکلو	[tha lekalo] تا لیکلو	[hagha lekalo/lekalo] هغه لیکلو/لیکلو	[mung lekalo] مونږ لیکلو	[thasu lekalo] تاسو لیکلو	[haghoi lekalo/lekalo] هغوی لیکلو/لیکلو

Past Perfective

1st per. sing.	2nd per. sing.	3rd per. sing. f/m	1st per. plu.	2nd per. plu.	3rd per. plu. f/m
[ma walekalo] ما ولیکلو	[tha walekalo] تا ولیکلو	[hagha walekalo/walekalo] هغه ولیکلو/ولیکلو	[mung walekalo] مونږ ولیکلو	[thasu walekalo] تاسو ولیکلو	[haghoi walekalo/walekalo] هغوی ولیکلو/ولیکلو

Future Imperfective

1st per. sing.	2nd per. sing.	3rd per. sing.	1st per. plu.	2nd per. plu.	3rd per. plu. f/m
[za ba ye lekam]	[tha ba ye leke]	[hagha ba ye leki]	[mung ba ye leku]	[thasu ba ya lekay]	[haghoi ba ye leki]
زه به یی لیکم	ته به یی لیکي	هغه به یی لیکي	مونږ به یی لیکو	تاسو به یی لیکئ	هغوی به یی لیکی

Future Perfective

1st per. sing.	2nd per. sing.	3rd per. sing.	1st per. plu.	2nd per. plu.	3rd per. plu.
[za ba ye walekam]	[tha ba ye waleke]	[hagha ba ye waleki]	[mung ba ye waleku]	[thasu ba ya walekay]	[haghoi ba ye waleki]
زه به یی ولیکم	ته به یی ولیکي	هغه به یی ولیکي	مونږ به یی ولیکو	تاسو به یی ولیکئ	هغوی به یی ولیکی

Present Perfect

1st per. sing.	2nd per. sing.	3rd per. sing.	1st per. plu.	2nd per. plu.	3rd per. plu.
[ma lekale de]	[tha lekale de]	[hagha lekale de]	[mung lekale de]	[thasu lekale de]	[haghoi lekale de]
ما لیکلی دی	تالیکلی دی	هغه لیکلی دی	مونږ لیکلی دی	تاسو لیکلی دی	هغوی لیکلی دی

Past Perfect

1st per. sing.	2nd per. sing.	3rd per. sing. f/m	1st per. plu.	2nd per. plu.	3rd per. plu. f/m
[ma lekale wa]	[tha lekale wa]	[hagha lekale wa]	[mung lekale wa]	[thasu lekale wa]	[haghoi lekale wa]
ما لیکلی وه	تالیکلی وه	هغه لیکلی وه	مونږ لیکلی وه	تاسو لیکلی وه	هغوی لیکلی وه

Future Perfect

1st per. sing.	2nd per. sing.	3rd per. sing.	1st per. plu.	2nd per. plu.	3rd per. plu.
[ma ba lekale wi] ما به ليکلی وی	[tha ba lekale wi] تا به ليکلی وی	[hagha ba lekale wi] هغه به ليکلی وی	[mung ba lekale wi] مونږ به ليکلی وی	[thasu ba lekale wi] تاسو به ليکلی وی	[haghoi ba lekale wi] هغوی به ليکلی وی

www.ingramcontent.com/pod-product-compliance
Lightning Source LLC
LaVergne TN
LVHW061308060426
835507LV00019B/2060

* 9 7 8 1 6 1 9 4 9 4 1 7 6 *